BOF !

Alberto Moravia est né à Rome en 1907. Son premier roman, *Les Indifférents*, qu'il publie à 22 ans, obtient un succès éclatant dès sa parution et témoigne déjà du réalisme et du pessimisme dont on retrouve trace dans toute son œuvre.
Ecrivain fêté, il voyage (Londres, Paris, Pékin ou Athènes) sans renoncer à l'Italie malgré des difficultés avec les fascistes. Il est considéré actuellement comme un des romanciers européens les plus marquants.

## DU MÊME AUTEUR

*Chez Flammarion :*

LE CONFORMISTE, 1952.
LA BELLE ROMAINE, 1953.
LA PROVINCIALE ET AUTRES RÉCITS, 1954.
LE MÉPRIS, 1955.
LA CIOCIARA, 1957.
UN MOIS EN U.R.S.S., 1958.
L'ENNUI, 1961.
AUTRES NOUVELLES ROMAINES, 1961.
AGOSTINO, 1962.
L'INDE COMME JE L'AI VUE, 1963.
L'AUTOMATE, 1964.
L'HOMME, 1965.
L'ATTENTION, 1966.
UNE CHOSE EST UNE CHOSE, 1968.
LA RÉVOLUTION CULTURELLE DE MAO, 1968.
LE MONDE EST CE QU'IL EST, 1969.
LE PARADIS, 1971.
MOI ET LUI, 1971.
UNE AUTRE VIE, 1974.
A QUELLE TRIBU APPARTIENS-TU, 1974.
DESIDERIA, 1979.
1934, 1983.
LA CHOSE, 1985.
L'HOMME QUI REGARDE, 1986.

*Paru dans Le Livre de Poche :*

LE MÉPRIS.

ALBERTO MORAVIA

# *Bof!*

NOUVELLES TRADUITES DE L'ITALIEN
PAR SIMONE DE VERGENNES

FLAMMARION

*Titre original :*

BOH

# REINE D'ÉGYPTE

AUJOURD'HUI, parce que mon mari parle sur un ton de réprobation d'une de nos amies qui, dit-on, tromperait son époux, j'explose avec une virulence qui me surprend car j'ignorais moi-même être aussi passionnément intéressée par ce sujet : « En ce qui regarde les femmes, comme tous les hommes tu es un naïf, je veux dire que tu crois qu'elles sont ce qu'elles semblent être. Pour toi, les femmes ont quelque chose d'enfantin, donc d'innocent, n'est-ce pas ? Pas de barbe, un joli visage rond ou d'un ovale délicat, des yeux immenses, un nez minuscule, une petite bouche. Toutes, elles ont l'air de petites filles même si elles ont atteint la cinquantaine. C'est comme cela qu'elles vous abusent si facilement. Mais ne te laisse pas prendre aux apparences. Je suis femme, moi aussi, je connais les femmes et je peux te dire qu'il n'y en a pas une, pas une seule, qui ne soit fausse, menteuse, déloyale, infidèle, dissimulée. Note bien que du point de vue féminin, cette fausseté n'existe pas; elle prend un autre nom. Et c'est là l'essentiel : les femmes ne sont fausses que dans leurs rapports avec les hommes, pas dans l'absolu. »

Mon mari ricane, le nez dans son assiette : « Et quel est le nom de la fausseté, du point de vue féminin, pour parler comme toi ? »

« Imagination, indépendance, pouvoir, liberté, aventure, vie, et caetera. »

« Toutes choses, sans aucun doute, éminemment respectables. Mais donne-moi un exemple. »

« Un exemple? Je peux t'en donner mille. »

« Un seul me suffit. »

Je suis prise à l'improviste et je m'énerve. Je me mords les lèvres; du bout des doigts je ratisse les miettes sur la nappe.

« Oh, toi! avec tes exemples, avec ton esprit pointilleux! Mais est-ce que je sais, moi? Tiens, par exemple, je connais une femme encore jeune, très belle, qui est en train de combiner, dans un subit accès d'imagination, par désir d'indépendance, par volonté de pouvoir, par besoin de liberté, par goût de l'aventure, en somme par faim de vie, un imbroglio incroyable. »

« C'est-à-dire? »

« Après avoir été seulement courtisée par un monsieur riche et vieux, elle en est devenue la maîtresse mais à condition que, chaque fois qu'ils coucheraient ensemble, il lui donnerait une certaine somme d'argent. »

« Je ne vois pas où, dans cette histoire, est l'imbroglio dont tu parlais. Il s'agit d'une chose très simple et, malheureusement, fort répandue. »

« Attends. La somme d'argent, elle la remet intégralement à un autre homme, jeune celui-là, dont elle est amoureuse. L'argent est versé à un groupe anarchiste. De son côté, le garçon est aussi amoureux d'elle mais elle se refuse obstinément à lui. Leurs rapports restent chastes. »

« Qu'est-ce que c'est que cette fille? Une de celles qui se prostituent pour ce qu'on appelle la cause? »

« Non, puisqu'elle aime ce garçon et que ce

garçon l'aime. Si elle se prostitue, c'est pour lui. »

« A propos. A propos tu m'as dit que, d'après ce que pensent les femmes, la fausseté peut prendre le nom d'indépendance. Indépendance vis-à-vis de qui ? »

« Vis-à-vis du mari. Il ne peut être question d'autre chose. »

« Ah ! bon ! Et pourquoi ? »

« Pour une raison purement matérielle : on habite avec son mari, dans la maison de son mari. Tout le monde sait qu'on peut se passer de tout sauf d'un toit. On est donc obligatoirement sous la dépendance du propriétaire du toit. »

« Du mari ? »

« Evidemment. »

« Ainsi donc les femmes seraient de pauvres malheureuses qui craindraient avant tout d'être jetées à la rue. Et qui se vengent de leur dépendance en combinant je ne sais quelle incroyable machination ? »

« Si tu veux. C'est à peu près ça. »

Après le déjeuner, mon mari a l'habitude de faire la sieste. C'est un homme plus âgé que moi, il pourrait être mon père. C'est vrai que d'un père il a la bonté protectrice, l'affectueuse indulgence et – ça c'est ma chance – les candides illusions. Quant à moi, malgré toute la sympathie que je lui porte, je ne le considère ni comme un père, ni comme un mari; textuellement, comme je venais de le lui expliquer, comme le propriétaire du toit. Un toit qui couvre les quatre cents mètres carrés d'un superbe appartement situé dans le quartier chic de Rome qu'on appelle *i Parioli*. Il est facile de comprendre que moi je dépends entièrement de lui car je ne possède rien et, s'il lui prenait l'envie de me jeter à la rue, il ne me resterait qu'à retourner chez les miens, en province.

Tout en remuant ces idées dans ma tête, je vais à

l'autre bout de la maison, je m'enferme dans ma chambre et, en baissant la voix pour la réduire à un murmure, je donne deux coups de téléphone. En parlant, je regarde, un peu rêveuse, du côté de la porte-fenêtre qui donne sur la terrasse. C'est un splendide dimanche d'été. Mon mari, qui a à faire en ville, m'a gardée près de lui pendant ces fêtes du Quinze Août, ce qui, entre nous, me fait un immense plaisir car je déteste les lieux de villégiature et les gens qu'on y rencontre. Le soleil brille avec une telle intensité que, au contact du feuillage immobile de notre vigne grimpante, la lumière semble se transformer en silence. C'est un dimanche comme je les aime.

J'en ai fini avec le téléphone. J'ouvre mon placard et je choisis ce que je vais mettre cet après-midi. Quelque chose de discret, de sérieux, de « comme il faut » : une petite robe de soie qui a un peu l'air d'un tablier avec deux grandes poches et une ceinture. Je m'approche de mon miroir pour retoucher mes paupières. On m'a si souvent répété que je ressemblais à cette reine de l'Egypte des pharaons que tout le monde connaît à cause d'un célèbre buste sculpté que, lorsque je me regarde, dans des moments comme celui-ci, involontairement, je subis la fascination de mon visage maigre et ardent, de mes yeux brillants et presque un peu exorbités, de mon nez fin et bien dessiné, de ma bouche sensuelle et dure. Et je ne résiste pas à l'envie de donner un baiser à mon reflet dans la glace.

Au rez-de-chaussée, je sors de l'ascenseur, je traverse le hall, je suis dans la rue. Un léger vent frais vient à ma rencontre et plaque ma jupe de soie sur mes cuisses et mon ventre. Ma voiture, énorme, qui a coûté très cher, est là, seule, en plein soleil. Mon mari dit que c'est surtout quand je suis au volant que je ressemble à la reine d'Egypte, avec ma tête hiératique projetée en avant, soutenue par mon long cou maigre. Il dit que je ressemble tout à fait à une reine d'autrefois dans un coche royal.

Je mets en marche en provoquant un ronronnement puissant et métallique. En même temps, je lève les yeux vers la maison. Tout dort, y compris, sans aucun doute, mon époux. Au troisième étage, deux grands stores orange se gonflent lentement, puis retombent dans le vent complice.

Dann, dann, dann, dann, dann, ma voiture quitte doucement notre rue étroite pour la longue avenue qui file droit avec ses platanes, les rails du tramway, ses immeubles aux volets clos. Tout est silencieux, désert. Aux carrefours, j'attends patiemment, solitaire, que le feu passe au vert. J'attends patiemment bien que je sois impatiente. La chose qui me rend impatiente devient, au fond, encore plus fascinante si je sais être patiente.

Dann, dann, dann, dann, dann, ma voiture suit le périphérique, d'un carrefour désert à un autre carrefour, en roulant à une allure modérée. Je conduis calmement, mes mains posées sur le volant, presque sans bouger. Je choisis une cassette : *Le Sacre du printemps* de Stravinski. Je la place dans la radio. C'est ce qu'il faut pour accompagner et scander mon parcours à travers les rues de la ville. Je règle le volume. J'allume une cigarette avec l'allume-cigare.

Dann, dann, dann, dann, dann, ma voiture passe au-dessus du Tibre, traverse la Piazza Ponte Vecchio, grimpe le long de la Via Cassia, arrive au croisement de la Camilluccia, tourne à gauche. A présent, elle se dirige vers Monte Mario en frôlant les beaux jardins d'invisibles villas. Un tournant, un deuxième, un troisième. Je jette ma cigarette, du bout de ma langue j'humecte mes lèvres sèches.

Voici le portail. J'arrête ma voiture à l'ombre, je

descends, je me faufile entre les battants entrouverts, je marche sans me presser sur le gravier de l'esplanade, les mains enfoncées dans les poches de ma robe, les yeux baissés. Avec ses trois étages de fenêtres fermées la villa me regarde venir vers elle. Un grand danois rose, gris et blanc me renifle, amical, il me reconnaît, il s'éloigne, indifférent, du côté des châssis vitrés de la serre des plantes tropicales.

Quelqu'un apparaît sur le seuil de la porte de la villa, entre deux grosses jarres de terre cuite débordantes de géraniums : un domestique. Lorsque j'arrive près de lui, il se recule et me laisse passer.

Combien de temps suis-je restée dans cette villa? Disons une heure et demie. Elle s'est, comme on dit, écoulée. Je franchis la porte, je marche sur le gravier de l'esplanade, les mains enfoncées dans mes poches, la tête baissée, comme je l'ai fait en arrivant. Le danois vient me renifler, amical, il me reconnaît puis il s'éloigne lentement en direction de la serre. Au moment où je pousse la lourde grille de l'entrée, je remarque que le soleil, qui tout à l'heure éclairait encore les étages supérieurs de la villa, a disparu en laissant la façade entièrement dans l'ombre. Me voici dans la rue; un vent léger qui vient de se lever plaque ma jupe de soie contre mes cuisses et mon ventre. Je m'assieds dans ma voiture, je mets en marche et je pars.

Dann, dann, dann, dann, dann, comme on se sent bien après s'être senti plutôt mal. Maintenant je voudrais que ma balade en auto ne finisse plus. Pour me sentir de nouveau reine d'Egypte, avec ma tête de profil projetée au-dessus de mon long cou, mes mains sur le volant, ma bouche soulignant une expérience amère. Une autre cassette dans le lecteur : cette fois, c'est le *Boléro* de Ravel. Ma voiture descend tournant après tournant en direction de la Via Cassia. Quelle merveilleuse journée! Quel temps splendide! Je conduis d'une seule main; j'allume une cigarette de l'autre que je passe ensuite sur mes cheveux noirs, lisses, qui forment sur ma nuque un petit chignon brillant. J'enfile dans sa fente le dernier bouton de ma robe, ouverte, je me demande pourquoi; je compte rapidement les billets de banque qui se trouvent dans une grosse enveloppe enfouie dans le sac qui traîne à côté de moi. Incroyablement fraîche et légère cette journée.

Ma voiture entre sur la Piazza Ponte Vecchio, prend le Lungotevere en laissant à sa droite les monuments de marbre du Foro Italico. Ma voiture tourne autour de l'obélisque, franchit deux feux rouges et verts, se faufile doucement dans l'ombre légère des platanes d'une avenue. A un endroit, peu importe lequel, de l'avenue, une jeune femme brune, plantureuse, en chandail vert et pantalon noir, se jette presque sous mes roues pour m'obliger à m'arrêter. Je freine brusquement; la fille s'approche, elle me parle, je prends l'enveloppe contenant les billets, je la lui tends; elle l'enfonce dans un sac qu'elle porte en bandoulière, elle me salue en s'éloignant, je repars.

Dann, dann, dann, dann, dann, ma voiture roule sous les platanes et va s'arrêter dans un coin qui n'a rien de particulier. Je coupe le *Boléro*, j'allume une cigarette, je fume sans bouger, comme si je réfléchissais. Mon visage n'exprime rien, je le sais. Je suis contente qu'il en soit ainsi. Ma cigarette terminée, je remets le moteur en marche, je prends le chemin qui va me ramener à la maison sur la colline des Parioli.

Un peu plus tard, après avoir pris ma douche et mis ma robe d'intérieur, en attendant le dîner, je vais m'asseoir sur la terrasse, dans le silence et la douceur de cette fin de journée. Mon mari vient lui aussi s'asseoir sur la terrasse en attendant le dîner.

Nous recommençons à parler des femmes; l'histoire de mon amie aux deux hommes, l'un riche et vieux, l'autre jeune et pauvre, qui couche avec le premier pour financer la politique du second, avec lequel cependant elle ne fait pas l'amour, l'intrigue. Alors je lui rapporte les derniers détails qui me sont parvenus sur ce personnage insolite : au rendez-vous habituel le jeune homme ne s'est pas présenté; à sa place il a envoyé une fille – peut-être sa nouvelle maîtresse – pour palper l'argent. Devant ce changement qui perturbe un équilibre déjà difficile, mon amie pense qu'il est de son devoir de reconsidérer sérieusement toute la situation avant de décider sur ce qu'il lui convient de faire.

# LE MONSTRE ROND

J'AI lu Platon il y a une vingtaine d'années quand je faisais mes études de médecine. De cette lecture, j'ai surtout retenu la légende de l'androgyne selon laquelle, à l'origine de l'humanité, il y eut un monstre tout rond qui possédait deux visages, quatre oreilles, quatre bras, quatre jambes, deux derrières et deux sexes. Zeus, préoccupé par la vitalité de l'être monstrueux, décida de le priver de sa force en le fendant en deux moitiés égales, de la même façon, dit Platon, qu'on fend un œuf dur avec un crin coupant. Depuis lors, les moitiés, l'une du genre féminin, l'autre du genre masculin, vont par le monde en recherchant, anxieusement, leur moitié du sexe opposé pour les compléter et leur permettre de reconstituer le monstre rond des origines. Pourquoi cette légende est-elle restée gravée dans ma mémoire? Parce que, du moins en ce qui me concerne, ce n'est pas une légende mais une vérité. En dépit de ma profession, de ma culture, de mon intelligence, de mon expérience, je cherche fiévreusement, éperdument, ma moitié masculine. Cette recherche, continuelle et désespérée, me fait commettre des folies; comme, par exemple, aujourd'hui, où je me trouve en train de grimper les marches de l'escalier d'un de ces grands immeubles aux loyers bon marché pour essayer de retrouver un certain Mario, maître nageur, entre les bras duquel je me suis sentie complète, il y a à peine dix jours, pendant mes vacances dans un hôtel du Circeo.

Naturellement l'ascenseur est en panne; lorsque j'arrive au sixième étage, après avoir franchi au pas de course douze paliers, je reste, au moins une minute, immobile devant la porte en essayant de reprendre mon souffle. Sur une plaque de cuivre, je vois, en écriture cursive, « Elda-Mode », peut-être pour donner une note d'élégance. Elda c'est le nom de la mère de Mario; et cette plaque prétentieuse et naïve contraste avec la modestie d'une porte de bois peinturlurée en gris, avec l'étroit palier envahi par les cruels rayons du soleil, avec la cage d'escalier crasseuse, avec la maison tout entière. Voilà, je respire mieux. Je lève le bras, je presse le bouton de sonnette.

La porte s'ouvre immédiatement, preuve de l'exiguïté de l'appartement. Une femme en blouse noire, un mètre de toile cirée sur l'épaule, quelques fils blancs un peu partout sur sa poitrine, sans doute la mère de Mario, apparaît sur le seuil. C'est une belle femme, mais d'une beauté fanée, revêche; la maternité, le travail, la nourriture l'ont déformée et alourdie; elle doit avoir mon âge, peut-être quelques années de moins; pourtant, de nous deux, c'est moi qui semble la plus jeune mais il est vrai que je fais teindre mes cheveux et qu'elle garde les siens gris.

Elle me regarde, me demande ce que je désire. Je réponds par un mensonge qui pourtant contient un fond de vérité : « Votre fils se fait soigner par moi. Il m'a téléphoné hier soir qu'il ne se sentait pas bien et qu'il désirait que je passe le voir. Alors je suis venue. » Pourquoi ce mensonge contenant un fond de vérité? Parce que c'est ainsi que notre aventure a commencé : dans une chambre de bonne où l'on suffoquait de chaleur, au dernier étage de mon hôtel, avec Mario en proie à une terrible colique, étendu sur son sommier en désordre; et moi, assise au bord de ce sommier et lui tenant la main; et lui essayant de se contorsionner le moins possible, son regard angoissé cherchant tout le temps le mien.

La mère ne s'étonne ni de ma présence ni de son prétexte; elle a l'air habituée à ce genre de choses. D'un ton de voix résigné, elle dit : « Je vais voir si mon fils est là. » Elle me tourne le dos sans me prier d'entrer; je la vois disparaître derrière un morceau de tissu qui, en guise de rideau, sépare l'entrée du reste du logement. J'hésite une seconde puis j'entre, je repousse le morceau de tissu, je regarde. Un petit couloir et, au fond, une porte vitrée, sans doute les cabinets; puis trois autres portes : une pour la cuisine, une pour le petit salon d'essayage, une pour la chambre de Mario. Et la mère, où couche-t-elle? Probablement dans le petit salon d'essayage sur un lit-divan. Durant ces réflexions, disons topographiques, je tends l'oreille.

La porte qui, à mon avis, serait celle de la chambre de Mario est entrebâillée et j'entends distinctement sa voix qui répond à celle de sa mère. La mère réapparaît brusquement; et moi je n'ai pas le temps de revenir à la porte d'entrée. Elle m'annonce avec son air tristement maternel : « Je regrette mais mon fils n'est pas là. » Je la fixe droit dans les yeux; elle soutient mon regard. Je m'exclame, frémissante : « Vous mentez, votre fils est là, j'ai entendu sa voix. » En parlant, je me suis avancée en direction de la porte de la chambre de Mario. Mario sort de sa chambre et se tient debout devant moi.

Ses cheveux noirs et brillants sont tout ébouriffés; il est en slip et en maillot de corps; il vient juste de sortir de son lit. Je remarque qu'il serre sous son bras une serviette de toilette bien pliée; stupidement je pense que je ne me le rappelais pas aussi petit, aussi bien proportionné, aussi poilu. En même temps, j'éprouve une sensation de poussée en avant, bizarre, urgente, qui, si je ne me dominais pas, me ferait courir vers lui, pour le prendre dans mes bras, pour serrer mon corps contre le sien. C'est la moitié dont parlait Platon, qui, après une longue recherche, a finalement trouvé l'autre moitié. J'ouvre la bouche, je commence « Mario... » mais je ne vais pas plus loin, brusquement paralysée par l'idée soudaine que Mario, pour un motif que j'ignore, ne veut plus entendre parler de moi et que, par conséquent, j'ai commis une erreur en m'aventurant jusque chez lui sous ce ridicule prétexte de visite médicale. Je ne me suis pas trompée. Mario me regarde un moment, les sourcils froncés; et voilà que de ces lèvres adorées jaillit, humiliante, brutale, l'invective, disons traditionnelle, de l'homme jeune contre la vieille amante. Avec de surcroît, la différence de milieu et de culture que, dans mon imagination platonicienne, moi, j'avais considéré comme des éléments destinés à mutuellement et réciproquement s'intégrer. Et avec, de surcroît, le lourd parler romain, on ne peut mieux fait pour liquider, aussi facilement que deux et deux font quatre, le plus grand, le plus tenace des amours avec des phrases dans le genre de : « Non mais... qu'est-ce que tu me veux? » « Moi, je te connais? » « Allez, va te regarder dans une glace! » « Elle se prend pour quoi, cette vieille peau? » et caetera.

Tandis que je bats en retraite comme une poule terrifiée se sauve, toutes plumes hérissées, pour échapper aux coups de balai d'une horrible fermière, les phrases que je viens d'entendre s'accrochent à moi. La mère, debout sur le seuil, me regarde, regarde Mario, étonnée mais calme; il semblerait qu'elle ait pour moi une certaine sympathie. Je passe devant elle, je sors sur le palier;

pas assez vite pour ne pas voir – dernier outrage – Mario entrer aux cabinets et claquer la porte vitrée aussi fort qu'il le peut.

Depuis cette malheureuse scène, il m'arrive quelque chose d'insolite mais, en même temps, de précis. Tous les matins, vers cinq heures, je me réveille en sursaut et je me mets à penser à Mario; je ne pense pas à lui dans le sens souvent employé : « Je pense souvent à toi », qui veut dire, dans le fond, non pas penser mais s'abandonner au sentiment affectueux qu'on éprouve. En imagination, je revois la façon humiliante dont il m'a chassée de chez lui. Je me revois sonnant à la porte, mentant à sa mère, entrant dans son logement; je vois Mario apparaissant devant moi, me regardant de la tête aux pieds et m'insultant avant de claquer exprès très fort la porte des cabinets. Là je suis sûre que vous pensez que je me retourne sur le côté et que je me rendors. Si vous pensez cela, c'est que vous ne connaissez pas la différence qu'il y a entre se souvenir et revivre. Se souvenir veut dire extraire de sa mémoire une personne, un événement, les regarder comme on regarde un vieux bijou retrouvé dans un tiroir puis vite replacé dans son tiroir, je veux dire dans sa mémoire, pour n'y plus penser. Revivre, au contraire, veut dire éprouver, et éprouver sans fin, les sensations ou les sentiments que cette personne ou cet événement éveillèrent en nous à un moment donné. On se souvient une seule fois; mais on revit des infinités de fois. Il ne vient à l'idée de personne de revivre les sensations désagréables. On ne revit que les sensations agréables; les autres, on préfère les oublier. Alors comment se fait-il que tous les matins, et de plus en plus souvent, je revienne en pensée à la scène où Mario me chasse de chez lui et en m'arrêtant principalement sur les détails qui m'ont été particulièrement cruels? Pourquoi est-ce que je m'attarde, bêtement fascinée, à savourer mon chagrin comme si c'était un délice profond et troublant? Je réfléchis longuement au problème et j'en arrive à me dire que, en réalité, durant ces évocations matinales, et grâce à une mystérieuse alchimie psychologique, mon chagrin se transforme en plaisir. Masochisme? Peut-être. Mais comment concilier le masochisme et le désir urgent de retrouver sa propre moitié, de recréer, complet, entier, le mythique monstre rond de Platon? Croyez-vous qu'on puisse dire complète une personne coupée en deux et dont l'une des moitiés humilie, outrage et dégrade l'autre?

Il semblerait que oui. Ce chagrin devenu voluptueux commence, après deux mois d'existence, à m'apparaître insipide et caduc. La grande scène où je revois Mario me chasser de chez lui me semble pâle, presque gommée, comme les pellicules des vieux films détériorés par le temps et l'usure. Malheureusement, je me suis habituée à me plaire dans cette délectation morose; tous les matins j'ai absolument besoin de revivre, d'éprouver de nouveau ces quelques atroces instants; alors je prends une décision, peut-être incroyable mais, dans la situation actuelle, logique. J'irai de nouveau chez Mario; je prendrai de nouveau le prétexte incongru d'une visite médicale; je me ferai de nouveau mettre à la porte de la même insultante manière. Peut-être que Mario me prendra par les cheveux pour me jeter par terre et qu'à coups de pied il me poussera sur le palier. Comme un drogué qui vient de trouver la possibilité d'acheter son stupéfiant préféré, je rentrerai chez moi avec une provision d'humiliation suffisante pour me permettre de vivre longtemps sans avoir besoin de chercher du ravitaillement.

Sans hésiter, il me faut passer aux actes. Tôt un matin, j'arrive devant le grand immeuble aux loyers bon marché; à pied (l'ascenseur est une fois de plus en panne), je monte les six étages, je sonne, la mère vient m'ouvrir. Je récite le mensonge de la visite médicale. Je m'attends à être éconduite par la mère mais avec, qui sait, une certaine sympathie dissimulée sous un masque de tristesse; je m'attends à voir apparaître Mario qui me couvrira d'injures. Pas du tout. La mère, toujours aussi tristement, m'accueille : « Vous pouvez y aller directement. Il est encore au lit. La dernière porte à droite », et elle s'en va. Plus morte que vive j'avance dans le couloir, je frappe à la porte. De l'intérieur, on me dit d'entrer, c'est sa chambre, petite, tapissée de photos de chanteurs et de footballeurs découpées dans des journaux illustrés. Mario, en slip et en maillot de corps, comme la première fois, est allongé sur son lit, les mains croisés sous la nuque. Il ne se lève pas, il ne fait aucun geste; il se contente de dire d'une voix rude mais gentille : « Je me demandais pourquoi on ne te voyait plus. Parce que j'ai été un peu trop brusque l'autre jour? Tu ne trouves pas que tu es bizarre? »

Brusquement, l'envie de me jeter sur lui, de le prendre dans mes bras, de serrer mon corps contre le sien me passe comme par enchantement. Quelque chose d'automatique, de mécanique vient de se produire. Je m'assieds au bord de son lit, je m'empare de son poignet, je compte les battements. Il proteste d'abord mollement parce qu'il semble ne pas comprendre, puis de plus en plus énergiquement; je ne l'écoute pas. Je repousse avec une froideur professionnelle une tentative de tendresse, je me lève, je lui dis qu'il faut qu'il se soigne, je sors mon bloc, je griffonne une ordonnance et je lui remets le papier. Ensuite, sans lui donner le temps de revenir de sa surprise, je sors de la chambre et de l'appartement, je m'engage dans l'escalier.

Au moment où je monte en voiture pour commencer ma tournée de visites, je suis prise, brusquement, d'une vague envie de rire. Je viens de me rappeler que, d'après ce qu'on dit, le monstre rond de Platon se déplaçait d'une façon ridicule en faisant la roue sur ses quatre bras et ses quatre jambes, comme les acrobates ou comme certaines divinités de l'Inde. Normal! Que peut faire d'autre un être aussi étrange qui doit son unité à sa désunion, sa force à sa faiblesse, ses joies à ses chagrins?

# LA FOLIE

UNE femme peut avoir beaucoup d'hommes dans sa vie; mais un seul père. C'est peut-être pour cela que la personne que dans mon cœur, j'appelle l'homme de ma vie fut finalement, après tout et surtout un père. Oui, un père digne au lieu du père indigne auquel je devais d'être au monde; un père, je préfère dire un papa, qui aurait pu me permettre de vivre ma vie entière comme une longue enfance protégée et heureuse. C'était bien cela qui faisait la vraie, l'authentique base de notre union. Peu importait que lui ait une trentaine d'années de plus que moi; et que moi je sois une sorte d'intellectuelle (je suis licenciée ès sciences et j'ai fait à un moment des recherches pour un professeur d'université) et lui un financier, probablement peu cultivé et plongé jusqu'au cou dans l'argent. Ce qui importait c'était qu'avec lui je me sentais capable d'aller de l'avant pendant toute mon existence, justement parce que, entre nous, en plus de la passion physique, qui dure ce qu'elle dure, il y avait l'amour paternel et l'amour filial qui eux durent, par définition, toujours.

Après presque deux ans de liaison secrète (il faudrait dire presque clandestine, puisque ayant femme et enfants, il était obligé de se cacher pour me voir), je décide de faire quelques courses dans un quartier un peu insolite et c'est en sortant d'un magasin que je remarque, non loin de moi, une personne très élégante, grande, bien faite, brune, de type métis, me semble-t-il, qui se tient debout au bord du trottoir comme dans l'attente de quelque chose ou de quelqu'un. J'ai à peine le temps de l'observer; une voiture que je connaissais bien a surgi; mon financier-papa était au volant. La voiture s'arrête, la porte s'ouvre, la femme monte, la voiture repart. La femme jette ses bras autour du cou de l'homme de ma vie pour lui donner un baiser au creux de l'oreille. Et ils disparaissent de ma vue.

Je me suis précipitée à la maison, je me suis assise dans mon studio, j'ai regardé autour de moi. Et brusquement j'ai eu, comment dire? j'ai eu, oui, une irrépressible envie de rejeter tout ce qui se trouvait là, de rejeter, n'ayons pas peur des mots, la réalité tout entière. Ces meubles, tous ces livres, ces tentures, ces tapis, j'avais maintenant l'impression de venir de les vomir et de les regarder avec le même dégoût, le même étonnement effaré avec lequel on regarde le répugnant petit tas de matières multicolores que son estomac malade vient de rejeter. C'était le soir et nous étions en hiver, et jusqu'à ce qu'il fasse complètement nuit je suis restée là, dans la contemplation de ma vie que je venais de vomir.

A tâtons, je suis allée dans ma chambre, je me suis effondrée sur mon lit et j'ai commencé à réfléchir à la façon dont, dorénavant, je devais me comporter vis-à-vis de mon amant. J'ai envisagé diverses solutions; aucune ne me convenait. Il fallait, certainement, m'en aller jusqu'à ce que ce sentiment de dégoût de la vie me soit passé; mais où aller?

Et puis, très logiquement, je me suis dit : « Il ne s'agit pas de quitter un endroit et de m'installer dans un autre. Il s'agit de quitter tous les endroits. » Aussitôt, sans hésiter, j'ai allumé ma lampe de chevet, je me suis versé un peu d'eau dans un verre et, deux par deux, j'ai avalé tous les comprimés de mon tube de somnifère. Au fond de moi, il n'y avait pas tant l'idée de la mort que celle de n'avoir plus ni sens ni intelligence, pour ne penser à rien, pour ne rien voir et surtout pour ne plus avoir devant les yeux l'image d'une voiture qui s'éloignait avec mon amant-papa au volant et cette femme, la voleuse d'amour, lui parlant tendrement à l'oreille. Je suis tombée dans un trou noir; j'en suis sortie douze heures après, couchée dans une chambre d'hôpital. C'est lui qui m'y avait fait transporter; lui, mon financier qui ne me voyant pas au rendez-vous qu'il m'avait fixé pour ce jour- là, avait eu le pressentiment d'un malheur. Dans la clinique où je me suis réveillée, on ne soignait que les troubles mentaux légers; ce n'était pas un asile psychiatrique; mon ex-papa n'avait pas cru que j'étais devenue folle; il m'avait fait entrer là parce que le médecin qui dirigeait la maison était son ami.

Mon amant avait-il deviné que j'avais tenté de me suicider à cause de lui? Je ne l'ai jamais su; mais qu'il ait soupçonné quelque chose n'est pas exclu car, durant toutes les années qui ont suivi l'incident, dans son attitude envers moi, j'ai cru déceler à la fois la gêne et le stimulant d'un sentiment de culpabilité. Je suis restée environ une semaine en clinique; j'avais fait dire par mon médecin que j'étais encore sous le choc de mon suicide manqué et que, pour le moment du moins, je préférais ne voir personne. Ces sept jours passés dans la solitude et le silence me furent très utiles. J'étais finalement arrivée à savoir comment me comporter en face de l'homme qui m'avait trahie : je ne romprais pas mes relations avec lui mais je ne les poursuivrais pas non plus : je les « suspendrais ».

Naturellement je ne voulais pas qu'il se lasse de moi, je voulais qu'il continue à s'occuper de moi, même si c'était en vain. Quelqu'un de vous pense peut-être que j'avais imaginé là une forme raffinée et cruelle de vengeance; il n'en était rien. En réalité, moi, j'aurais voulu le revoir parce que je l'aimais encore; en même temps, justement parce que je l'aimais et que mon amour avait été bafoué, je ne voulais plus le revoir. Alors, entre ces deux exigences opposées : la maladie mentale, dont on peut guérir mais dont on peut, aussi, ne pas guérir et qui, si on n'en guérit pas, empêche tous rapports avec autrui. Ma maladie mentale remplissait à merveille la fonction que je lui assignais : elle allait « suspendre » nos relations.

Pour une autre raison, mon séjour dans cette clinique me fut aussi très utile : après avoir bien observé les gens qu'on y soignait, j'étais arrivée à déterminer les caractères spécifiques de la maladie imaginaire dont, dès ce moment-là, je décidai d'être atteinte de façon chronique. J'avais choisi une forme légère, mais tenace – et peut-être incurable – de mélancolie dépressive qui, dans ses phases aiguës, était caractérisée par des nombreuses et très variées hallucinations. Je devais donc être triste, déprimée, misanthrope; en même temps, il fallait que je voie et entende des choses qui n'étaient pas là et qui ne pouvaient absolument pas y être.

Quelques jours après mon retour à la maison, j'ai téléphoné à mon ex-papa pour lui expliquer ce que je ressentais. Je lui ai dit que pendant que je lui parlais j'étais dans l'obscurité complète; que j'étais seule, vraiment toute seule; et qu'en même temps il me semblait qu'un homme habitait chez moi; et que cet homme je l'entendais vraiment marcher dans la chambre à côté, ouvrir et fermer les portes, chantonner à mi-voix. Mon ex-amant a paru très étonné : est-ce que je n'avais pas peur de ces bruits mystérieux? Non non, je n'avais pas peur, j'entendais des bruits, voilà tout. Est-ce que je n'aimerais pas qu'il vienne me voir, tout de suite, si je voulais? Sa présence ferait cesser mes hallucinations. Non non, par pitié, non, je ne pouvais pas le voir, je ne pouvais voir personne. Mais alors quand nous verrions-nous? Bientôt, très bientôt, dès que je serais rétablie; dans un mois, par exemple. Mon ton sincère, tout imprégné de tristesse réelle, l'a convaincu. C'est ainsi qu'après m'avoir fait jurer que je l'aimais encore, serment que je fis volontiers parce que c'était vrai, il m'a quittée sur la promesse que nous nous téléphonerions au moins une fois par semaine.

En jurant que je l'aimais, j'avais dit la vérité; quant à ce qui regardait mes hallucinations, j'avais menti. La présence d'un homme chez moi était bel et bien réelle. J'étais jeune, belle, je ne manquais pas d'amoureux. En sortant de la clinique j'étais tout de suite allée repêcher le moins moche d'entre eux, un étudiant, un nommé Manlio; sans attendre bien longtemps, nous avions couché ensemble. Je n'aimais pas ce Manlio, j'aimais mon financier, je ne voulais pas me venger, je ne voulais rien de précis; simplement la vie continuait. Avec, en plus, cette étrange fiction à cause de laquelle je niais, auprès de mon ex-amant, qu'elle continuât. En somme, ma maladie mentale s'élevait entre lui et moi comme une de ces vitres spéciales qui permettent de voir dehors et empêchent ceux qui sont dehors de voir ce qui se passe dedans... Moi je voyais mon financier et son amour pour moi; tandis que lui ne voyait ni moi ni, derrière moi, Manlio qui attendait avec impatience que je finisse de téléphoner.

Ainsi a commencé pour moi une double vie ou plutôt une vie divisée en deux parties, l'une réelle mais niée en tant que telle, l'autre irréelle mais fermement déclarée comme la seule réelle. Je vivais comme tout le monde, normalement, quotidiennement; cependant, à mon ex-papa, au téléphone, je continuais à dire que ma vie était « en suspens » à cause de mes troubles psychiques et que je ne recommencerais à exister que le jour où nous pourrions nous revoir. Ici quelqu'un pourrait me faire observer qu'il aurait été facile à ce monsieur de contrôler l'exactitude de mes dires, de se rendre compte que je n'étais pas malade, que j'avais un amant et tout le reste. Ma réponse serait que nous appartenions à des milieux très différents et que dans nos villes modernes des années peuvent s'écouler sans qu'on tombe sur des gens habituellement fréquentés autrefois.

Quelqu'un d'autre va dire qu'aucun homme ne téléphonera pendant des siècles à une femme qui refuse de le voir. J'ai là aussi une réponse et c'est que mon financier, se sentant coupable, voulait à tout prix se faire pardonner.

Depuis mon retour chez moi, après mon court séjour en clinique, cinq années sont passées et beaucoup de choses sont arrivées. Quelles choses dites-vous? Les voici, très brièvement. Dans mon lit, Manlio a été remplacé par Alessandro, Alessandro par Raniero, Raniero par Livio. J'ai fait plusieurs voyages à l'étranger et chaque fois avec un homme différent : Brésil, Inde, Maroc, Afrique du Sud. Après l'Afrique du Sud j'ai été enceinte de Livio, j'ai eu un garçon et pendant trois ans j'ai accompagné Livio dans tous ses déplacements; j'étais envoyée spéciale d'un grand quotidien. Ensuite j'ai rompu avec Livio et j'ai un second enfant de l'homme avec lequel je vis actuellement; il s'appelle Federico. J'ai changé trois fois d'appartement et deux fois de métier : je faisais de la recherche scientifique; je suis devenue secrétaire de rédaction d'une revue spécialisée dans l'urbanisme. Et caetera, et caetera. Mon ex-papa et amant continue à me téléphoner régulièrement.

Tout aussi régulièrement, je refuse de le voir en alléguant les hauts et les bas de ma maladie. Avec une voix que je ne prends qu'en parlant avec lui, douce, soumise, triste, réticente, je lui dis que je me sens mal, très mal, que je ne vois personne, que je suis toujours seule, que j'ai d'étranges mirages, des hallucinations : parfois je suis certaine d'avoir deux enfants; parfois d'avoir trois amants, tous les trois fous de moi; parfois de revenir d'un voyage dans un pays tropical; parfois d'avoir changé d'appartement... Je lui dis la vérité, mais en la lui présentant comme des illusions, comme des songes que je fais les yeux ouverts. Et toujours, avec des accents sincères quoique mêlés d'un peu de tristesse, je lui répète que je l'aime, que je n'ai jamais aimé que lui et qu'un de ces jours prochains nous nous reverrons. C'est curieux mais lui il a l'air de se laisser prendre à ce genre de promesses.

Maintenant je dois avouer que ces coups de téléphone mensuels avec le seul homme que j'aie aimé mettent sur un plan étrangement imaginaire, tenant surtout de l'hallucination, l'existence archi-réelle que je mène journellement. Cette fiction de maladie mentale (mais est-ce bien une fiction? N'est-ce pas déjà une maladie que de se prétendre malade?) donne aux gens et aux événements de ma vie une qualité fantomatique de choses rêvées qui, même lorsqu'elles se répètent et se développent, ne réussissent pas à me persuader totalement de leur existence effective. Et ceci est tellement vrai que parfois, au moment où je parle au téléphone avec mon vieil amant, je m'arrange pour que l'homme avec lequel je vis vienne s'asseoir à côté de moi pour m'embrasser et me caresser; comme si je voulais m'assurer de sa présence, que c'est bien lui et non une création de mon imagination.

Notre dernière conversation a été tellement typique que je ne résiste pas au plaisir de la transcrire telle quelle : « Comment vas-tu? » « Comme ci, comme ça. » « Mais encore? Mal? » « Disons plutôt mal. » « Veux-tu que je te dise de quoi tu aurais besoin pour guérir? D'un mari, de plusieurs enfants, d'une famille. Malheureusement, moi, je ne peux pas te donner ce genre de choses; mais je serais heureux que tu les aies. » « Tu as raison, j'aurais besoin d'une famille. C'est si vrai que lorsque je me sens très mal mes hallucinations prennent, comment te dire? un tour familial, conjugal. J'entends courir et rire des enfants dans la pièce à côté; la nuit je me réveille et il me semble avoir près de moi un homme endormi. Mais tu sais, j'entends vraiment les rires des petits et je touche vraiment le dos d'un homme endormi. » « Tu souffres beaucoup? » « Oh! oui, et quelquefois il me semble être devenue vraiment folle. Je veux dire qu'il me semble que mon état a empiré, que je suis irrémédiablement enfermée dans une étrange folie. » « Quel genre de folie? » « C'est facile à comprendre, non? Celle qui te fait croire que tu es normale, pareille à tout le monde. » « Ma pauvre chérie, oui je te comprends. Mais tu ne veux pas, tu ne veux vraiment pas que je vienne te voir? Moi je suis réel, tu sais, très réel, ma réalité mettra en fuite tous tes fantasmes. » « Non non, c'est impossible, je ne peux pas te recevoir, je me sens mal, très mal. » Sur ces mots nous nous sommes dit au revoir et moi, en toute hâte, je suis allée m'habiller. Mon irréel de mari m'attendait pour m'emmener dîner chez d'irréels amis. Eh, oui! il en faut peu pour changer la réalité en rêve, mais il en faut beaucoup pour changer le rêve en réalité.

## ORAGES ET FOUDRE

De temps en temps me tombe dessus ce que moi, dans mon langage secret, j'appelle un orage. Qu'est-ce que c'est, pour moi, un orage ? Attendez, je vais vous le dire : c'est le résultat d'une lente – elle peut durer des mois, des années – accumulation de haine à l'intérieur de moi-même; haine que j'éprouve contre quelque chose, mais sans que je puisse savoir quelle est cette chose, et que je compare à un orage, de plus en plus menaçant, de plus en plus inévitable, se condensant à l'horizon d'un beau ciel d'été. Comme cet orage, d'un seul coup, sans raison apparente, ma haine éclate; c'est alors, mais seulement alors et au travers des mots, justes, précis, horribles aussi, dont je me sers pour m'exprimer et, presque en état de transe, me défouler, que je découvre l'objet de ma colère, une sorte de cyclone auquel personne, ni moi-même, ne peut résister. Vous voulez me demander quel a été mon orage le plus important, le plus mémorable ? C'est certainement, j'avais à l'époque dix-huit ans, celui qui m'a fait prendre pour cible mon père, médecin-vétérinaire à G., une de ces petites villes de province qui semblent plongées dans un sommeil éternel. Ce jour-là, j'ai hurlé pendant trois heures de suite, sans m'interrompre, en présence de ma mère, de mes sœurs, de mes frères stupéfaits. Qu'est-ce que je disais en hurlant de cette manière insensée? De tout. Contre mon père, contre ma famille, contre la ville que nous habitions, contre le monde entier. Je hurlais que je n'en pouvais plus de cette vie provinciale et mesquine; que je voulais vivre et non végéter; que si cela continuait je m'en irais avec le camionneur qui passe devant chez nous sur la route, que je ferais la putain sur le trottoir. Je hurlais que je ne supportais plus ce qu'autour de moi on appelait « les gens bien », que la morale bourgeoise n'avait rien de commun avec moi, que je me sentais une vocation d'aventurière internationale... Malheureusement, je disais aussi que mes parents me faisaient honte, j'énumérais complaisamment, les uns après les autres, tous leurs défauts physiques et moraux. Qu'est-ce que je n'ai pas dit au cours de cet orage! Une trombe marine, un cyclone tropical qui aspire toutes les saletés d'un continent pour aller les recracher à des kilomètres de distance.

Et alors? Comment mon orage s'est-il terminé? Très très mal, parce qu'à cause du malaise que je ressentais après avoir si mal traité mes pauvres parents, et à cause aussi de mon impossibilité, effective, de continuer à vivre comme je vivais, j'ai épousé le premier venu; et à présent me voilà ici, avec ce premier venu dans les pattes et un orage (dont le premier venu est à mon avis responsable) qui va s'alourdissant, pratiquement, je le sens, depuis le jour où j'ai prononcé le fameux oui à l'église.

Mais le voilà, mon premier venu. Du fond de l'immense salle de séjour de notre appartement superluxe, le voilà qui avance au milieu des gros fauteuils, des canapés, des énormes coussins groupés dans chaque coin, minable, anonyme, insignifiant, en complet-veston gris foncé, vêtu comme n'importe quel petit fonctionnaire de dernier ordre, comme n'importe quel avocat sans cause ou autre larve, myope, mal rasé, chauve et, bien entendu, en deuil de je ne sais quel lointain parent défunt, avec le brassard de crêpe noir, la cravate noire, le mouchoir bordé de noir. Il marche à petits pas, comme peu sûr de lui; ce n'est peut-être qu'une impression que donnent ses mollets arqués et ses jambes torses. Dans une main il serre plusieurs journaux, visiblement déjà feuilletés. Dès que je vois ces journaux, quelque chose se déclenche dans ma tête, quelque chose qui serait comme un écrou de serrage de ma colère, et, de fait, immédiatement, j'explose : « Ah ! ça y est ! Te voilà toi et tes journaux ! Combien en lis-tu de ces journaux ? Cinq, dix, quinze ? Ceux de Rome, ceux de Milan, ceux de ta pourriture de ville ? Je voudrais bien savoir ce que tu cherches, ce que tu trouves dans tes stupides journaux ! Sois tranquille, ni toi ni moi ne ferons jamais la une des journaux. Les journaux, ne les lisent que ceux qui vivent, qui participent à la vie, qui ont une vie; mais toi, mais moi, est-ce que nous vivons ? Non, *mio caro*, nous, nous végétons. Alors pourquoi achètes-tu tant de journaux ? Tu crois peut-être que les plantes grasses de ma terrasse lisent les journaux ? »

Maintenant il se tient immobile devant moi; laid, misérable; il me regarde fixement à travers ses énormes verres de myope; a-t-il envie de me parler ? Je ne lui en laisse pas le temps : « Oh ! et puis le moment est venu de te dire que j'en ai assez de toi, d'être ton épouse, de toute cette odieuse baraque. Oui, je sais, nous avons un appartement de grand luxe qui a coûté un demi-milliard, qui a été installé par un décorateur très connu, où chaque meuble pèse une tonne et vaut des millions; mais, je te le demande, qu'est-ce que nous faisons dans cet appartement ? Rien, absolument rien. Ou plutôt oui, nous y menons la vie de famille. Ah ! la famille ! Parlons un peu de la famille. Parlons-en une bonne fois. Tu as le culte de la famille, toi, et grand bien te fasse; mais tu te trompes si tu crois pouvoir me l'imposer à moi, ce culte. Sais-tu, ou fais-tu semblant d'ignorer, que moi, dans cet appartement d'un demi-milliard, je n'ai jamais vu que les gens de ta famille. Certes ils sont nombreux; mais comme on dit à Rome : *ammazza, ammazza, é tutta una razza*[1]. La famille! Je sais, moi, ce que veut dire vivre en famille, oh! si je le sais! Ça veut dire avoir une tribu de frères, de sœurs, de beaux-frères, de belles-sœurs, d'oncles, de grands-parents, de neveux qui viennent bâfrer chez toi à midi, le soir, tous les jours. Ça veut dire passer toutes les soirées devant la télévision avec ta vieille barbue de guenon de mère et ta singesse, tout aussi barbue, de vieille fille de sœur. Ça veut dire passer son après-midi à traîner d'une vitrine à l'autre, d'une boutique à une autre, sans jamais rien acheter. Je me demande du reste bien pourquoi je m'achèterais des robes, des bijoux, des fourrures comme des femmes que je connais. Pour les faire admirer par la tribu, pour me faire belle pour ta famille? »

Il me regarde en laissant tomber ses journaux par terre; puis il fouille dans sa poche et, d'une main qui tremble, il allume une cigarette. Je sais bien que personne dans sa famille ne lui a parlé comme je viens de le faire; mais tant pis; je suis lancée et son air malheureux, au lieu de calmer ma colère, l'avive. Je hurle : « Ah! oui! on peut dire que j'ai une famille parfaite! Mais là où elle dépasse la perfection, c'est dans la religion. Ah! cette religion! Vous êtes si religieux, vous autres, qu'on pourrait presque affirmer que vous avez un Dieu tout à vous, un Jésus tout à vous, une *Madonna* toute à vous; mais surtout une armée de

1. Dialecte populaire romain, *il romanesco*. En empruntant le langage coloré de nos Méridionaux, on pourrait trouver une équivalence : « P... de p...! oui nombreux mais une seule race! » (N.d.T.)

saints tout à vous. Pèlerinages aux sanctuaires; prières et prières et prières du matin au soir; la religion, dans cette maison, elle ne risque pas de disparaître. Ici, nous ne sommes pas dans un magnifique appartement du plus élégant quartier de Rome, nous sommes dans un couvent, ici c'est une église. Et vas-y avec les images du Bon Dieu, avec les statuettes, avec les chapelets ramenés de Lourdes, avec les bouteilles d'eau du Jourdain ramenées de Jérusalem! Et vas-y avec les photographies d'évêques, de *monsignori*, avec les dédicaces, les autographes, la bénédiction! Mais moi, je ne m'intéresse pas à la religion, pas du tout, tu entends? Quand j'habitais chez mes parents en province, pour leur faire plaisir j'allais à la messe le dimanche, mais seulement le dimanche et pas comme ici, tous les matins! »

Et lui qu'est-ce qu'il fait pendant ce temps? Il fume et il me regarde; il me regarde et il fume. Je ne l'ai jamais vu ainsi; il me ferait presque peur; mais j'ai encore quelque chose à dire, l'orage n'a pas fini de gronder : « Sais-tu ce que je n'arrive plus à supporter dans notre belle vie de famille? C'est votre façon de parler. Je suis italienne, je parle italien et je ne comprends pas un traître mot de ce que vous dites. Que diable! Je voudrais savoir de quoi il est question dans vos confabulations, vos parlotes, dans ces petites messes basses que vous dites entre vous. De vos investissements, n'est-ce pas? De vos comptes dans les banques italiennes et suisses, n'est-ce pas? De vos actions, de vos obligations, de vos titres, de vos lingots, de vos pièces d'or, n'est-ce pas? Oui, je sais, tu es un gros homme d'affaires, tu gagnes, il me semble, beaucoup d'argent; mais ceci n'est pas une raison pour parler devant moi dans votre jargon incompréhensible. De quoi avez-vous peur? Que j'aille bavarder à tort et à travers à propos de vos dépôts à l'étranger? Que je vole la clef du coffre-fort?

Tous vos dialectes, tous vos mystères sont complètement inutiles. Je suis née pauvre; mais je suis fière et de tes sous j'en ai rien à faire. Sur tes sous, moi, j'y crache dessus. Alors parlez italien quand je suis là, parlez de votre argent, de vos intérêts en italien. Du reste, je ne vous vois pas, je ne vous entends pas. »

Il s'éloigne un peu pour aller écraser la cigarette qu'il vient d'allumer dans un cendrier posé sur la table placée au centre de la salle de séjour, puis il revient lentement vers moi, les deux mains enfoncées dans les poches de son veston. Et c'est le dernier écho de cette chose terrible qui bouillonne encore en moi : « Laisse-moi te dire encore une vérité : tu es trop bourgeois, trop traditionaliste, trop sérieux pour moi. Mais regarde comment tu t'habilles! Tu ressembles à un croque-mort. Tu ne vois donc pas dans les rues comment les jeunes se fringuent. Pantalons délavés, blousons rapiécés, barbes, cheveux longs, sandales, guitares! Toi et ta famille, en commençant par tes guenons de sœurs et en finissant par tes marmottes de frères, vous êtes tous trop bien pensants pour moi. Et maintenant tu vas entendre quelque chose que je n'ai jamais dit à personne; on dirait que c'est le jour des confidences, aujourd'hui, non? Tu sais qui est mon idéal masculin, tu le sais, ne dis pas non. Eh bien oui, c'est Alain Delon lorsqu'il fait le gangster, le cambrioleur, le racketteur, en un mot le délinquant. Eh oui, mon idéal c'est l'homme beau, intrépide, qui n'a peur de rien ni de personne, au revolver facile, à la vie légendaire, c'est Alain Delon qui passe son existence dans les boîtes de nuit, dans les palaces, qui court de Paris à New York, de New York à Rio de Janeiro et de Rio à Paris. Et toi, avec ton culte de la famille, ta religion, ta morale, ta fausse bonne éducation, quel résultat as-tu obtenu? Une épouse qui rêve les yeux ouverts d'être la femme d'un gangster. »

Ça y est : l'orage est passé et je suis libérée; pourtant, tout d'un coup je me sens inquiète. Je suppose que c'est parce qu'il me regarde comme il ne m'a jamais regardée : un regard neuf, fixe, résolu et, presque, inhumain. Il s'avance vers moi à pas comptés, il est maintenant tout contre moi, il tire une main de sa poche et... vlan, vlan et vlan, il me gifle avec une violence qui se veut outrageante, elle aussi neuve pour moi. Je vacille sous les coups, je reprends mon équilibre, je pousse un cri bizarre, surpris, comme si je voyais cet homme pour la première fois, et je m'enfuis. Me voici dans l'antichambre; me voici dévalant l'escalier; me voici dans la rue. Je ralentis le pas pour me diriger du côté du jardin public qui est tout proche.

Je vais vers la grande pelouse où quelques petits enfants sont en train de jouer; plusieurs bancs sont disposés tout autour. J'en choisis un vide, je m'assieds pour essayer de réfléchir. L'horrible souvenir des gifles que je viens de recevoir m'empêche de retrouver mon calme; et malgré moi, je me mets à pleurer. Des gens passent; j'ai honte d'être vue quand je pleure; sur mon banc quelqu'un a oublié un journal; je le prends, je fais semblant de m'absorber dans la lecture. Les larmes qui tombent de mes yeux sur le papier brouillent les caractères.

Mes larmes peu à peu s'arrêtent; je vois mieux. Alors, qu'est-ce que je vois en première page du journal? La photo d'un homme que je crois reconnaître. Une seconde fois je me penche sur le papier : c'est lui, je ne me trompe pas, c'est lui, c'est son visage, le visage de celui que j'avais baptisé du surnom peu aimable de « premier venu ».

J'ouvre alors en grand le journal; deux colonnes uniquement pour lui; dire que je venais de lui crier à la figure que jamais on ne parlerait ni de lui ni de moi dans les journaux! Voyons maintenant de quoi il s'agit.

Je commence à lire et je n'en crois pas mes yeux. Sur deux colonnes il y a tout; tout ce dont il ne m'a jamais parlé, tout ce qu'il m'avait caché : cambriolages, assassinats, association de malfaiteurs, drogue, prostitution. Oui, oui, prostitution. J'ai lu l'interview qu'il a donnée à un journaliste et au cours de laquelle il niait tout. Et dans la déclaration qu'il faisait pour conclure la conversation, je l'ai tout de suite reconnu : « Mais vous plaisantez, monsieur. Moi je ne sais rien de rien. Moi, je ne suis qu'un brave père de famille. »

A présent je comprends pourquoi ce matin il m'a paru si mal à l'aise, si malheureux avec sa masse de journaux qui pendait au bout de son bras. Pour la première fois de sa vie, il y était dans les journaux et il se sentait, comme on dit, démasqué devant le monde et surtout devant moi. Quand je pense que je lui ai lancé en pleine figure que mon idéal d'homme était le gangster. Me voilà servie.

Il y a eu l'orage; mais il y a eu la foudre aussi; et moi, elle m'a frappée de plein fouet. Incinérée, réduite en cendres!

Et maintenant, dites-moi un peu. J'ai épousé le plus conventionnel des hommes, et je découvre que c'est un délinquant. A votre avis, que me fallait-il faire? Epouser un délinquant pour découvrir quelque temps après que mon mari était une belle âme, un homme supérieur? Ou bien chercher – mais où? – quelque chose de nouveau, d'inconnu, qui m'aurait évité le dilemme dont je parle ici mais qui, au fond, n'existe pas? Hélas, la faute est mienne; j'ai fait une erreur; mais à quel moment ai-je commis cette erreur?

## CONTINUER A VIVRE?

GIFLES, coups de pied, coups de poing. *Borgata*[1], égout, tas d'ordures. Baraque, chaises, lit, mère, père, sœur. Ecole, grotte, sous-sol. Magasin, étalage, bijoux. Prison, prison, prison... J'aurais pu vous dire que je suis née et que j'ai grandi dans une *borgata* où les égouts étaient à découvert et où les tas d'ordures montaient jusqu'aux toits. Que j'habitais une baraque où il n'y avait que deux chaises, un grand lit où nous dormions tous, ma mère, mon père, ma sœur et moi. Qu'un jour, au lieu d'aller à l'école, j'ai suivi un *ragazzo* qui s'appelait Mauro, que nous avons fait l'amour dans une grotte humide aux murs de tuf, que pendant un an nous nous sommes rencontrés là et qu'ensuite nous sommes allés tous les deux nous installer dans un sous-sol. Qu'après avoir vécu de petits larcins et de vagues escroqueries, nous avons essayé de nous en tirer en montant un coup dans un magasin où nous avions remarqué un étalage de bijoux et que l'affaire a mal tourné. Mauro a réussi à s'échapper, tandis que moi j'étais bonne pour la prison... J'aurais pu continuer à vous raconter ma vie de cette façon. J'ai préféré vous dire les faits nus et crus pour vous faire comprendre le sens

1. *Borgata :* agglomération de taudis sans hygiène où vit la plus misérable population de l'extrême périphérie de Rome. (N.d.T.).

d'une vie comme la mienne, qui m'a toujours collé, comme on dit, au corps. Vous voyez, comme dans un tramway, quand les autres passagers sont collés à toi, que tu étouffes, que tu voudrais sortir pour respirer et que tu ne peux pas. Et encore si j'avais été de ces femmes que, la vie, ce sont elles qui l'agressent, de ces femmes que, la vie, ce sont elles qui la sollicitent, qui la stimulent continuellement, au point de ne pas la laisser vivre en paix. Moi, malheureusement, je suis une écorchée vive; je suis timide, impressionnable, tout m'offense, tout me blesse, tout me fait mal.

Quand je suis sortie de prison où j'avais fait presque quatre ans, j'ai tout de suite retrouvé Mauro qui désormais était mon homme. Nous nous sommes remis ensemble et, peut-être pour nous venger, nous avons de nouveau tenté un cambriolage de bijouterie, mais, cette fois, de nuit et en forçant la fermeture du rideau de fer. Ça a raté. La police est arrivée, j'ai pu lui échapper. C'est Mauro qui a été pris et condamné. En attendant sa sortie, je me suis présentée comme femme de chambre chez des gens qui avaient mis une annonce dans le journal.

La famille se composait seulement du mari et de la femme. Ce couple, bizarrement, ressemblait beaucoup au nôtre. Comme Mauro, le mari était un brun au teint coloré, pas très grand mais costaud; comme moi, la femme était une petite blonde avec un visage fin, mais avec un corps qui ne correspondait pas à son visage, robuste et bien découplé. La ressemblance s'arrêtait au physique. Le mari était professeur et la femme traductrice de langues étrangères; tandis que Mauro et moi, on était pratiquement des analphabètes. Quant aux livres! Je n'en avais jamais tant vu. Ils habitaient un appartement au dernier étage d'un vieux palais et, des livres, on commençait à en voir dans l'antichambre; ils tapissaient les murs du salon, continuaient dans le couloir, envahissaient la chambre à coucher. Il y en avait même dans la salle de bain et jusque dans la cuisine. La vraie différence entre nous deux, Mauro et moi, et ce couple, elle se tenait dans les livres et les mots des livres que ces gens employaient pour se parler entre eux et avec leurs amis. Des mots, mais ça je l'avais très vite remarqué, qui, au lieu de s'approcher des choses, de se confondre avec les choses, les éloignaient, les annulaient. En somme, la vie ne collait pas, n'avait pas d'emprise sur ces deux-là comme elle en avait sur Mauro et sur moi; parce qu'ils tenaient à distance toutes les choses dont elle est faite avec les mots qu'ils échangeaient et ceux qu'ils lisaient dans leurs livres, des mots qui étaient avant tout des mots, mais tout de même quelquefois des choses aussi... Mais oui, ces gens se défendaient des duretés de la vie avec les mots comme ils se défendaient de la pluie et du vent avec l'épaisseur des murs de leur vieux palais. Mauro et moi, nous n'avions rien pour nous défendre, nous vivions à découvert; et lorsque nous parlions, nous parlions seulement de choses. Quant aux livres, comment comprendre ce qu'ils disent si on ne croit pas, comme mes patrons, que les mots ne sont pas des choses.

Un jour Mauro est sorti de prison; et moi j'ai quitté ce couple qui tout en nous ressemblant était si différent de nous et je suis allée habiter avec lui dans une très vieille maison délabrée avec de ces balcons en fer forgé arrondis comme la poupe d'un navire. Cette espèce de masure se trouvait en contrebas de la gare des chemins de fer. Mauro, maintenant, fréquentait une bande de truands qu'il avait connus en prison et il « travaillait » avec eux; moi, on m'obligeait à rester à la maison pour monter la garde devant tout ce qu'on cachait de précieux, pour faire la cuisine et servir tout le monde. Les journées étaient longues et, généralement, je les passais allongée sur mon lit en écoutant le fracas des trains qui roulaient presque sur ma tête. La valise où Mauro enfermait ce qu'il avait volé était placée sous ce lit où je passais le plus clair de mon temps et, parfois, il me semblait qu'à travers le matelas montaient vers moi des vapeurs enivrantes; j'imaginais alors des histoires insensées. Dans ces sortes, disons de rêveries, je voyais, plus ou moins, toujours la même chose : Mauro et moi assis près d'une table couverte de livres, dans une maison pleine de livres. Calmes, heureux, détendus, nous parlions. Ah ! ça oui, nous parlions; nous parlions sans arrêt. Notre incroyable et merveilleuse sérénité venait, j'en étais sûre, des mots que nous disions, des mots vagues, imprécis, sans poids, faits de rien. *Parole, parole, parole.* Vers le soir, derrière les vitres de la grande baie près de laquelle nous nous tenions, les feux du soleil couchant allumaient des incendies. Le salon s'enfonçait peu à peu dans une mystérieuse obscurité et nous, sereins, distants, calmes, nous continuions à parler.

Et voilà qu'un jour Mauro arrive en courant, tout essoufflé. Il avait l'air de quelqu'un à la fois fou de joie et mort de peur. Il m'a montré deux sacs en similicuir, bourrés jusqu'au col, et il m'a dit que dans ces sacs il y avait de quoi vivre tous les deux et tranquilles jusqu'à la fin de nos jours. Tranquilles ! J'ai immédiatement pensé à mes rêves pleins de mots et je lui ai demandé ce que contenaient ces sacs.

J'ai cru que mon cœur allait s'arrêter de battre en l'entendant me répondre que c'était des bijoux qu'il venait de voler chez un commerçant; les bijoutiers, vous vous en souvenez peut-être, ne nous avaient jamais porté chance, mais Mauro m'a expliqué qu'il n'avait pas voulu partager avec les copains et qu'il gardait tout pour lui, mais aussi que les copains avaient deviné ses intentions, qu'ils se mettraient à sa recherche et qu'il convenait de filer au plus vite. D'accord, mais où ? A l'étranger : il m'a alors exhibé deux billets d'avion en ajoutant que pour le moment l'essentiel était que je cache sur moi les deux sacs qu'il avait apportés et que j'aille l'attendre au bar que je connaissais où il passerait me prendre.

De toute cette explication je ne retenais que mon obligation de cacher les deux sacs sur moi et, sans dire rien, j'ai remué la tête de gauche à droite pour signifier qu'il ne fallait pas compter sur moi pour ça. Devenu subitement pareil à une brute enragée, il a dit : « Non, mais... Qu'est-ce que ça veut dire ? »

« Ça veut dire que je ne veux rien cacher sur moi. »

« Quoi ? »

« Ne me regarde pas avec ces yeux, tu me fais peur. »

« Répète un peu ce que tu as dit ? »

Sans attendre ma réponse, il m'a attrapée par les cheveux et m'a jetée sur le lit. Alors, tandis que par moments il me giflait, par moments il me déshabillait, je me disais que, cette fois, la vie, sans pitié, était vraiment contre moi. C'était la vie, et pas mon pauvre Mauro, qui déchirait ma blouse, qui m'arrachait ma jupe, qui me serrait le cou, qui me donnait gifle sur gifle, qui, nue comme j'étais, me tirait par le bras pour me jeter par terre au milieu de la chambre et m'accrocher un sac sous le ventre, un autre sur la poitrine, comme on harnache une mule récalcitrante. Mauro m'a aidée à me rhabiller; puis il m'a poussée dehors en disant : « Vas-y. Marche tout droit , sans t'arrêter, jusqu'au bar que je t'ai dit et attends-moi. »

Tête basse, les joues en feu à cause des gifles, les sacs lourds comme du plomb, l'un sur la cuisse, l'autre sur les seins, j'ai commencé à descendre l'escalier; la vie n'avait jamais autant collé à moi. Arrivée au palier du deuxième, deux hommes que je n'avais pas vus dans l'ombre se précipitent pour me prendre chacun par un bras en même temps que deux autres s'élancent vers l'étage supérieur, vers notre appartement.

J'ai fermé les yeux; et j'ai attendu. Les types qui me tenaient parlaient entre eux mais je ne les entendais pas, je tendais l'oreille pour saisir un autre bruit : le hurlement d'un homme qu'on assassine. Rien. L'attente se prolongeait. Il y a eu un bruit, un bruit de pas; les deux autres étaient sans doute revenus. Je ne savais pas, je n'avais pas ouvert les yeux. Une voix disait : « Ils doivent sûrement être quelque part. On va voir ce qu'elle a à dire, celle-là. Filons, maintenant. »

Nous avons repris la descente. Les deux mêmes me tenaient toujours solidement sous les bras et les sacs me gênaient de plus en plus. Une auto nous attendait dans la rue devant notre porte; ils m'ont forcée à m'asseoir dedans et j'ai compris, à ce qu'ils disaient, qu'on m'emmenait quelque part où, bon gré mal gré, ils me feraient dire ce que je savais des bijoux. Alors moi, d'une voix à peine audible, j'ai tout simplement prononcé la phrase suivante : « Les deux sacs dont vous parlez, c'est moi qui les ai. »

Au même instant j'ai entendu les vitesses qui passaient de la troisième à la seconde, à la première, à croire que leur voiture avait des oreilles et qu'elle agissait de sa propre volonté. A en juger par l'obscurité complète nous devions être arrêtés en pleine campagne. Alors, comme des chiens sur un cerf à l'agonie, ils se sont tous les quatre jetés sur moi. Avec une frénésie incroyable des mains se sont agrippées à moi pour déchirer ma blouse, soulever ma jupe, pour m'étrangler en tirant sur la courroie du sac que j'avais sur la poitrine, pour scier la peau de mon ventre en extirpant celui qui pendait sur le haut de mes cuisses.

Sans même soulever les paupières, je les laissais

faire. J'étais sûre qu'ils avaient tué Mauro et j'espérais qu'ils allaient aussi m'assassiner.

L'un disait qu'il était d'avis qu'on me tue tout de suite; un autre a protesté : j'étais jeune et jolie, je pouvais rapporter gros; lui, volontiers, il me ferait travailler. J'ai tout de suite compris qu'au lieu de me faire disparaître ils préféraient m'acheminer vers ce métier que, du vivant de Mauro, j'avais toujours refusé de faire, quel que fût le prix qu'on me proposait. Sans autre explication ils m'ont flanqué à la figure ma blouse et ma jupe, la voiture a commencé à rouler pendant que je me rhabillais comme je pouvais. Après j'ai de nouveau fermé les yeux. Puisque j'étais réduite à n'être qu'un corps qui allait bientôt être mis en vente et qui déjà ne m'appartenait plus, il m'était désormais interdit de penser que la vie avait été et était toujours contre moi. Dès aujourd'hui, ce corps ne faisait qu'un avec la vie qui m'attendait. Autant dire que, tyrannisée et opprimée, je ne le serais que par moi-même. Qui, après avoir accepté d'être délivré de son propre corps, est jamais arrivé à continuer à vivre?

## PARLER POUR VIVRE

Le mot vient-il avant la chose ou la chose avant le mot ? Vit-on parce qu'on parle ou parle-t-on parce qu'on vit ? Pour moi, il n'y a pas de doute : on vit parce qu'on parle, parce que le mot et la pensée (c'est la même chose) viennent avant la chose. Du reste, jugez vous-même : si je n'avais pas découvert le mot « amour », tout flambant neuf pour moi, croyez-moi que j'aurais épousé ce petit instituteur d'école primaire, mon concitoyen, qui, lorsque nous sommes venus nous installer à Rome, devait se révéler, en face de la société complexe de la capitale, d'une irrémédiable nullité ? Et si je n'avais pas découvert successivement les mots – ceux-là aussi, nouveaux pour moi – « erreur », « déception », « ennui », croyez-vous que j'aurais compris que mon époux était une nullité ? À propos du mot nullité, savez-vous que c'est seulement lorsque je l'ai découvert, lorsqu'il a explosé comme une bombe dans notre modeste deux-pièces cuisine romain, en détruisant tout, en pulvérisant tout ce qu'il n'y a pas si longtemps, je considérais comme un délicieux nid d'amour, que j'ai compris que là où mon mari se tenait courbé sur les devoirs de ses élèves il n'y avait rien, absolument rien, pas même ce rien un peu excitant qu'est un point d'interrogation ?

Après ce torrent de mots, jamais avant ni dits ni pensés, mais se rattachant tous à ma situation familiale, je me suis enfoncée dans une sorte d'état léthargique. Je n'ai plus découvert de mots nouveaux. Je me suis contentée de végéter. Et puis voilà qu'un beau jour, brusquement, sans que rien ne le laissât prévoir, le mot « espoir » est venu illuminer cette lugubre torpeur. La chose s'est passée à l'exposition d'une femme peintre, sans grand talent mais très bien introduite dans le monde. Olga, l'épouse d'un richissime promoteur immobilier, a accepté de se laisser photographier avec moi, devant une des toiles. Et puis nous avons bavardé et alors le mystérieux mécanisme qui autrefois me permettait de découvrir, de temps en temps, des mots capables de changer ma vie, s'est remis à fonctionner. L'un après l'autre les voilà, en effet, qui apparaissent à ma conscience, disons verbale, quatre mots francs, brutaux, qu'un an auparavant je n'aurais jamais osé ni penser ni prononcer, tout à fait nouveaux pour une personne, comme moi, délicate, timide, bien élevée : « idiote », « percer », « exploiter », « rien-du-tout ». Quatre mots qui sembleraient n'avoir aucun lien entre eux; n'en croyez rien. Avec une facilité surprenante ils se sont alignés immédiatement les uns derrière les autres pour former cette phrase : « Cette idiote peut t'aider à percer. Si tu ne sais pas exploiter l'occasion, tu n'es qu'une rien-du-tout. » Est-ce utile de dire qu'une telle manifestation du cynisme verbal m'a tout d'abord terrifiée? Mais déjà un autre mot, complètement insignifiant celui-là, le mot « eue », dans le contexte d'une phrase plutôt vulgaire : « Vas-y, tu l'as eue », survenait, brusquement, pour confirmer que je n'étais plus l'ingénue que j'avais été. Olga et moi avons échangé nos numéros de téléphone; et je suis rentrée à la maison le cœur gonflé d'« espoir », le mot clef qui m'avait ouvert les horizons de l'avenir.

J'ai revu Olga, nous sommes devenues amies, ou plutôt non, elle est devenue mon amie et moi j'ai fait semblant de le devenir, en attendant l'occasion qui devait me permettre de « percer ». Deux mois sont passés et l'occasion est venue grâce à la découverte d'un mot à première vue tout à fait neutre : « invitation ». Eh oui! Olga et son mari venaient de se faire construire, sur la Cassia[1], une énorme villa dont le Tout-Rome parlait en racontant, bien entendu, n'importe quoi. Pour l'inaugurer, ils avaient décidé de donner une réception qui devait être le clou de la saison mondaine. Que me suggérait le mot « invitation » qui venait d'illuminer brusquement la pénombre de ma vie? Il me suggérait, je crois même qu'il m'ordonnait, de faire l'impossible pour être invitée à cette magnifique réception. Et pourquoi? Parce que tous les amis, tous les gens connus y seraient. Et ce mot « tous » rendait indispensable ma participation à la fête. « Tous » devaient en être; « tous » vraiment « tous ». Alors comment pourrais-je ne pas faire partie de ces « tous »?

Olga n'était pas belle. Grande, osseuse, avec des épaules si carrées que ses robes avaient l'air d'être restées accrochées à leur cintre, et ses hanches étaient si maigres, si dures, si mal enveloppées, qu'en la regardant il était impossible de ne pas évoquer la carcasse qui était sous sa peau; sa figure plate, livide, éclairée par d'inquiétantes pupilles qui reflétaient un tempérament névrotique, donnait toujours l'impression que cette femme attendait quelque chose des autres, même qu'elle exigeait cette chose avec l'autorité de quelqu'un qui croit détenir le pouvoir absolu. Quelle chose attendait-

1. Via Cassia : une des plus importantes voies consulaires de la Rome antique. (N.d.T.)

elle ? La première fois que je lui ai dit, comme ça, comme une chose sans importance, presque sans y penser : « Mais vous, Olga, qui êtes si belle... », j'ai compris, à son expression qui était devenue d'un seul coup sérieuse, attentive, celle de quelqu'un qui s'examine dans son miroir, qu'elle, à ce moment-là, se penchait sur ma phrase comme sur un miroir et qu'elle était contente de ce qu'elle y voyait. Alors le feu roulant de mots inédits s'est bousculé dans ma tête qui se demandait ce qui se passait : « vanité », « stupidité », « faiblesse », « adulation ». Et voici la phrase dans laquelle ces mots se sont placés en bon ordre, pour ainsi dire tout seuls : « Chez Olga la vanité n'a d'égale que la stupidité. Tu dois exploiter cette faiblesse en te servant de l'adulation. » Une longue phrase, dites-vous ? Mais le chemin que ces mots avaient parcouru dans mon esprit avait été aussi long que celui des taupes cherchant sous terre la lumière du jour.

Nous disons donc : « adulation ». Depuis ce jour je saisis toutes les occasions (et, s'il le faut, je les provoque) de louer les qualités imaginaires de cette femme sans qualité. Je loue son goût qui est exécrable, son intelligence qui est embryonnaire, son élégance qui est vulgaire, sa culture qui est en apprentissage, son tact qui est éléphantesque, sa beauté qui est inexistante. Vous vous souvenez du Roi nu du conte d'Andersen ? Eh bien, moi, systématiquement, je tiens le rôle du courtisan qui fait croire au roi qu'il est magnifiquement habillé. A propos de ce conte, je voudrais dire simplement, en passant, que le mot « adulation » m'a amenée dernièrement à découvrir un mot plus significatif, plus brutal, plus cruel : lèche-bottes. Mais il ne s'est rien passé de spécial, je veux dire qu'il n'est rien arrivé contredisant ma théorie du mot qui existe avant la chose. Effectivement, à peine avais-je découvert le mot lèche-bottes que, subitement, me voilà transformée en une lèche-bottes se comportant en lèche-bottes.

C'était la période des intenses préparatifs d'inauguration de la villa. Alors je suis devenue pour Olga l'amie inséparable, elle ne pouvait rien faire sans moi, c'est-à-dire sans mes flatteries perpétuelles. Tous les jours nous sortions dans sa monstrueuse automobile, conduite par un chauffeur galonné, pour faire nos ultimes achats dans divers magasins. Et moi, pendant que la voiture avançait péniblement à travers les rues de Rome congestionnées par un trafic insensé, je m'évertuais à entretenir le feu de mes louanges, assez ardent pour que rôtisse agréablement et graduellement ma vaniteuse milliardaire. Elle, elle se tenait bien droite, sa grosse poitrine pointant devant elle, sans me regarder, toujours de profil; mais avec l'oreille, qu'elle avait longue, simiesque, curieusement sèche, nue, cartilagineuse, tendue et largement ouverte pour accueillir le flot sucré des flatteries. Chez les fournisseurs, sa gratitude se transformait en cette espèce d'autoritaire dépendance dont elle se servait pour me demander mon avis avant de prendre n'importe quelle décision, pour m'écouter avec une extraordinaire attention qui, le plus souvent, aboutissait au choix que j'avais moi-même suggéré. J'avais voulu me rendre indispensable. J'y étais parvenue.

Un matin Olga demande à son chauffeur de nous conduire jusqu'à la nouvelle villa, sur la Cassia. Elle ne me l'avait encore jamais montrée et moi j'étais d'accord parce que cette promenade représentait pour moi un pas de plus en direction de mon invitation à sa fête. Nous étions presque en pleine campagne quand j'ai vu au sommet d'une colline isolée une vaste bâtisse de trois étages, rouge. Lèche-bottes, à mon habitude, j'ai tout de suite crié avec enthousiasme, qu'elle était superbe et qu'elle avait surtout le mérite de lui ressembler, à elle, Olga : mystérieuse, étrange, originale, surprenante. Ce n'était, bien au contraire, qu'une de ces maisons de campagne romaines démesurément agrandies, qui, justement à cause de cette démesure, deviennent d'une totale banalité; mais moi j'étais lèche-bottes et le mot « agissait ». C'est pourquoi j'en remettais autant que je pouvais, sans scrupule.

L'automobile s'arrête sur une sorte de vaste emplacement nu et battu par le vent; Olga et moi entrons à l'intérieur de la villa, et nous avons sous les yeux une grande salle de séjour meublée de fauteuils et de canapés disposés symétriquement : un hall d'hôtel, pas même de premier ordre. Je me jette dans des oh ! des ah ! pertinents; Olga, flattée, ouvre une porte en me demandant de fermer les yeux; elle me pousse en avant et m'ordonne de les ouvrir. Je vois alors une espèce d'affreuse salle à manger arrangée en brasserie bavaroise : plancher de bois ciré, tonnelets et pots de bière, immenses tables, sous-tasses de feutre, lourds tabourets, vitraux historiés aux fenêtres. Je sens qu'il faut me surpasser et à voix basse, l'air presque égaré, je murmure : « Non non, ce n'est pas vrai... Je rêve... Je ne peux en croire mes yeux. » L'immonde flagornerie dépasse toutes mes prévisions; Olga, en signe de gratitude, me serre furtivement la main. Tout beau, tout nouveau, voilà qu'explose dans ma tête le mot « plagiat »... Oui, une âme forte « doit » asservir une âme faible. Oui, moi, j'ai le devoir de « plagier » Olga. Je passe aux actes en réalisant tout de suite le programme condensé dans le mot nouveau. Autoritaire, je dis : « Et maintenant il ne nous reste plus qu'à voir qui nous invitons à notre réception. Prépare-moi ta liste d'invités. Demain j'irai chez toi et nous l'examinerons ensemble. » Docile, soumise, en somme « plagiée », Olga me répond : « J'allais te le proposer. »

Le lendemain donc j'entre et Olga se jette à mon

cou en disant : « Je me demande ce que je ferais sans toi ! » Elle s'est ensuite assise avec moi à son secrétaire et elle m'a soumis quelques feuillets couverts de noms et de ratures. Je lui ai dit qu'il fallait avant tout que je les lise pour me faire une idée d'ensemble; qu'après nous passerions à la discussion des noms de la liste, un par un. Olga a approuvé tandis que moi, avidemment, je commençais ma lecture. Ils y étaient tous, oui, ces « tous » qu'un jour j'avais découvert comme mot, avant de les découvrir comme chose; mais moi je n'y étais pas, sur cette liste. Quand je suis arrivée au bout, j'ai recommencé scupuleusement ma lecture : rien. Olga s'était servie de moi; pour m'utiliser mieux, elle m'avait fait pénétrer dans son intimité; mais elle ne m'avait pas invitée.

Ma vue s'est obscurcie, le monde est devenu tout noir. Dans ces ténèbres, comme des feux d'artifice, l'un après l'autre des mots nouveaux, étonnamment nouveaux, dont je n'avais jamais soupçonné l'existence, ont explosé : « esclave », « paria », « inférieure », et caetera. Leur sens était on ne peut plus clair : « Tu es une esclave, un paria, une inférieure. Il est normal qu'Olga ne t'ait pas invitée. »

C'est juste à ce moment-là que s'est vérifiée à l'intérieur de moi-même l'inversion complète du processus mental qui, un jour, m'avait amenée à découvrir le mot avant la chose. Brusquement, sans aucun rapport avec la docilité, la passivité des mots « esclave », « paria », « inférieure », la chose qui normalement porte le nom de violence, se déchaîne en moi. J'empoigne un coupe-papier pointu, je me jette sur Olga qui évitant de justesse ma main, s'enfuit en hurlant. Le reste, qui n'est fait que de choses se passant totalement de mots, est la suite logique de ce premier démenti à ma théorie. Je suis bouclée dans la salle de séjour; on appelle la police; du commissariat, je suis transportée dans une clinique pour malades mentaux. A présent, je suis ici, dans une cellule matelassée où, d'habitude, on enferme les folles furieuses.

Naturellement j'ai beaucoup de temps pour réfléchir sur ce qui est arrivé et en tirer les conséquences. Finalement, j'ai compris au moins ceci : jusqu'au moment où j'ai découvert d'abord le mot et ensuite la chose, tout a marché plus ou moins bien. Mais lorsque j'ai découvert d'abord la chose et ensuite le mot, tout a marché très mal. J'avais trouvé le mot « inférieure »; j'aurais dû me comporter en inférieure. Je me suis, au contraire, comportée en « rebelle » en donnant, pour la première fois, la priorité à la chose. Mais la chose a été interprétée par les autres de façon toute différente. Là où je voyais la révolte, ils ont vu la folie. Et ils m'ont enfermée dans un asile d'aliénés.

## DEDANS ET DEHORS

J'AI du succès auprès des hommes et je m'étonne moi-même de ce succès parce que je ne suis vraiment pas belle. Oui, avec mon teint brouillé, ma peau foncée, mes yeux verts à fleur de tête, ma bouche trop grande pleine de dents trop blanches, tout en jambes, maigre mais avec une poitrine qui dégringole presque jusqu'à ma taille, je me considère comme carrément laide. Les hommes disent que ma voix est irrésistible et, s'ils le disent, il faut les croire. Comment est-elle, cette voix ? Les uns disent profonde, gutturale, grave, rauque. D'autres que c'est une voix d'homme. D'autres encore qu'elle est provocante. Un seul a dit une chose juste : c'est une voix qui vient du « dedans ».

D'accord, mais il faut savoir qu'en moi, sauf ma voix, rien ne vient du « dedans »; tout vient du « dehors ». Par exemple, ma tête ne fonctionne pas, absolument pas... J'ignore ce que signifie être lucide, réfléchie, rationnelle; vingt-quatre heures sur vingt-quatre, je suis aussi abrutie que si je traînais un perpétuel et formidable rhume de cerveau. Mais cela ne me déplaît pas. Au contraire. Pour ainsi dire, je crois que cet abrutissement me protège; il serait comme une sorte de muraille derrière laquelle je m'aplatirais tout en me tenant aux aguets. Mais son principal effet est de me partager en deux, je veux dire entre un « dedans » mystérieux d'où vient ma voix et un « dehors » sans mystère d'où me vient tout le reste. Je m'explique : abrutie comme je le suis, je ne pense jamais rien, je ne décide jamais rien, je ne choisis jamais rien. C'est ce qui est « hors » de moi, choses ou individus, qui pense, décide, choisit.

Ainsi, par exemple, quand je me lève, mon cerveau est tellement engourdi que je ne sais même pas si je suis éveillée ou si je continue à dormir. Chancelante, perplexe, hésitante, stupide, je vais jusqu'à la porte de ma minuscule salle de bain et je fixe mon regard atone sur un invraisemblable chaos d'étagères, de tablettes, hautes, basses, de flacons, de petits pots, de miroirs à main, d'objets de toutes sortes. Un heureux hasard fait que mes yeux aillent se poser sur un verre d'où dépassent une brosse à dents et un tube de dentifrice; hébétée comme je reste, je n'aurais pas pensé toute seule qu'il faut se brosser les dents. Brosse et tube de dentifrice « m'ordonnent » de le faire. Et moi, j'obéis. Ma toilette terminée, la même chose se passe avec mes vêtements qui, d'une chaise de ma chambre en désordre, me commandent de m'habiller; si mes vêtements ne faisaient pas preuve d'autorité, je crois que je me baladerais nue toute la journée en cherchant à me rappeler ce que je dois faire, mais sans jamais y arriver; et puis tous les petits gestes quotidiens, comme préparer mon petit déjeuner (la théière, posée n'importe où, me le suggère); aller faire le marché (mon cabas, suspendu au porte-manteau de l'entrée, me l'ordonne); acheter le journal ou un hebdomadaire illustré (les kiosques sur les trottoirs me le demandent avec insistance); et ainsi de suite. Lorsque j'en ai terminé avec le marché, je me mets à flâner d'une rue à l'autre, entre Campo dei Fiori et Piazza Navona, mais ce n'est pas le fait précis de ma propre volonté; la chose est due à l'intervention continuelle du « dehors » dans le cours somnolent et inerte de ma vie. Du reste, pour d'autres choses plus importantes, il en va de même. En amour, par exemple, je suis, comment dire? *promiscua*, comme on dit chez nous, ce qui signifie que je ne suis pas exclusive, non pas parce que j'ai ce qu'on appelle du tempérament, mais parce que je ne sais pas dire non. Pour illustrer ma passivité, il me suffira de rapporter ce que disaient l'autre soir, dans un bar, deux garçons de ma connaissance : « Celle-là? Inès? Là où tu la mets, elle reste. Tu lui donnes un petit encouragement et, après, ça va tout seul. »

Tout ceci ne regarde que mon « dehors ». Et mon « dedans », alors? Il existe, mais comment faire pour vous en parler? Comment fait-on pour parler d'une chose dont on ne sait rien de précis? C'est peut-être à mon « dedans » qu'il faut attribuer ma passion pour la peinture. Je sais que je n'ai aucun talent; ce qui ne m'empêche pas de passer tous mes après-midi à peindre. Je vis dans une seule pièce minuscule; je suis donc obligée de ne travailler que sur des petits formats, en me tenant debout dans un coin de fenêtre pour que la misérable lumière de la cour, profonde comme un puits, puisse éclairer directement ma toile. Qu'est-ce que je peins? Eh bien, je peins mon « dedans » en me laissant guider par lui. Quelqu'un du métier, je veux dire un peintre, a vu mes tableaux et il m'a dit que je devrais les exposer. Mais moi, tout en lui donnant raison (c'est une idée qui vient du « dehors » et je ne peux pas la rejeter), je renvoie la chose dans un avenir lointain et vague. En réalité, je me demande comment on fait pour exposer son propre « dedans », pour le mettre sous les yeux de tout le monde comme ces viandes sanguinolentes qui sont sur les étals de marbre des boucheries.

Mon « dedans » ne se limite pas à la peinture; il me joue parfois des tours qui me laissent perplexe. Ce qui m'est arrivé dernièrement peut en donner une idée. Depuis quelque temps j'étais persécutée par les attentions d'un homme, modèle type parfait du bon bourgeois. Attendez, j'ouvre une parenthèse : par bourgeois, je n'entends rien de politique (je ne m'occupe pas de politique, je n'y comprends rien) ni de social (je n'ai rien contre la société); pour moi, simplement, un bourgeois c'est quelqu'un qui n'est pas un abruti comme moi et qui se sert de sa tête pour penser. Pour penser à quoi et comment? Voilà le hic : à mon avis des banalités, des saletés, des stupidités; en somme tout ce qui vient du « dehors ». Je ferme la parenthèse et je reprends. Donc ce bourgeois se postait dans les rues du quartier où il avait remarqué que j'avais l'habitude de flâner et il me suivait partout où j'allais, sans me parler, en se tenant à deux ou trois pas derrière moi comme s'il avait été mon ombre. Une ombre qui pourtant ne me ressemblait guère : il était petit, trapu, avec quelque chose d'un sanglier, aussi bien dans son torse lourd et musclé que dans son visage où l'avancée prononcée du nez correspondait à l'absence de menton. Toujours habillé de gris, chemise blanche, maigre cravate mal nouée, chaussettes courtes, chaussures lacées. Peut-être que quelqu'un dira que je donne beaucoup trop d'importance aux apparences? Bien obligée vu que je suis la passivité faite femme et que mon « dehors », l'apparence justement, me fait faire tout ce qu'il veut.

Dans le cas de ce bourgeois, mon « dedans » n'a d'abord pas voulu en entendre parler. Ensuite, comprenne qui pourra, cet air de petit sanglier, ce costume gris, ces chaussettes courtes ont « agi » et, un jour où l'homme m'avait suivie jusqu'à la porte de chez moi, je me suis retournée vers lui et, de mon air le plus abruti, le plus inexpressif, j'ai dit : « Tu peux monter si tu veux, je te ferai du café. » Est-ce que vous allez me croire? Les deux pieds joints, il s'est incliné, il m'a tendu la main et il a dit : « Permettez-moi de me présenter : Eugenio pour vous, professeur de gymnastique. » Sans répondre, je me suis glissée dans la petite entrée obscure en lui jetant un coup d'œil furtif pour voir s'il me suivait. Il m'a suivie.

Dès que nous avons mis les pieds dans mon appartement-pièce unique, il s'est jeté sur moi et il est arrivé ce qui est arrivé. Je ne vais pas me mettre à vous décrire notre, disons si vous voulez, amour parce que je ne saurais rien en dire : ce genre de choses me reviennent du « dehors » et ne laissent aucune trace « dedans », même pas comme souvenirs. Après, quand tout a été fini, nous nous sommes retrouvés sur mon lit, lui à plat ventre et moi allongée sur le côté, derrière lui, appuyée sur un coude, avec les yeux levés regardant le plafond, plus abrutie que jamais. Alors il s'est mis à parler. Dieu, ce que cet homme pouvait parler! Il a parlé de lui, de sa vie (il avait toujours fait un métier qui regardait le corps : prof de gym, directeur de gymnase, masseur, infirmier, entraîneur); de ses amours (les étudiantes lui plaisaient bien, il avait cru que j'en étais une); de ses voyages (il était allé partout avec des groupes d'athlètes; il se souvenait surtout du Japon, des geishas et des maisons de thé); de ses goûts musicaux (il préférait les chansons à la mode et la musique légère); de ses idées politiques (il était pour la junte militaire du Chili, pour l'ordre et les lois mais il voulait aussi, pour les masses, du sport, des « ponts », le bien-être sinon « ils font de la politique »); de ses idées sur la religion (il n'y croyait pas mais il en fallait); des livres qu'il lisait (des policiers mais aussi de l'histoire); et, naturellement, de sport (il savait tout, il connaissait tout le monde, les footballeurs, les boxeurs, les coureurs cyclistes, les coureurs automobiles, les nageurs, les barreurs).

Je l'ai écouté un bon moment, totalement hébétée, en laissant errer mon regard stupide sur le désordre de ma chambre. Et puis lui, il a fait un mouvement, un mouvement quelconque : il s'est assis, il m'a tourné le dos, pour prendre son paquet de cigarettes dans la poche de son veston accroché au dossier d'une chaise, à côté du lit. Alors quelque chose m'est venu du « dedans »; sans reprendre haleine, d'un seul trait, en voyant son dos nu, blanc et lisse, stupéfaite moi-même de le dire, j'ai dit : « Si tu ne t'en vas pas immédiatement, je te plante mon couteau dans les reins. » La preuve que ma menace ne venait pas du « dehors », par exemple de la vue d'un couteau, mais du « dedans », c'était que non seulement un couteau n'était pas à la portée de ma main, mais que je n'en possédais aucun. C'est alors que ma fameuse voix rauque et gutturale est entrée, instantanément, en fonction. Il m'a regardée, les yeux écarquillés par l'étonnement, il a fait un bond hors du lit, il s'est rhabillé *prestissimo* et il est parti. Sur le pas de la porte, il s'est arrêté une seconde pour mettre un doigt contre sa tempe comme pour dire que j'étais folle.

Après je suis restée un moment sans bouger, abrutie, les yeux fixés dans le vide. Ensuite je me suis levée, j'ai remis mes vêtements et, toujours aussi abrutie, toujours sans penser à rien, je suis allée vers mon chevalet. J'ai pris un pinceau et j'ai dessiné une grande tache rouge, ronde et comme effrangée, avec tout autour une quantité de protubérances effilées qui faisaient penser à une tête échevelée, à des cheveux partant dans toutes les directions. Je me suis alors souvenue avoir vu dans un livre sur l'astronomie une reproduction de l'incendie produit par une explosion du soleil, si gros, lui, que la terre n'était qu'un petit point noir perdu dans une mer de feu. Sans le vouloir, mais certainement inspirée par mon « dedans », j'avais peint cet incendie ou quelque chose d'approchant. Après y avoir travaillé tout l'après-midi, je me suis arrêtée pour écrire au bas de ma toile : « Explosion solaire. » Et puis, étendue sur mon lit, j'ai regardé mon tableau pendant cinq heures, de sept heures à minuit. A la fin je me suis endormie.

## LA VIERGE ET LA DROGUE

J'AI grandi avec le cauchemar d'une mère alcoolique, nymphomane, écervelée et, surtout, peintre velléitaire et raté... Ma mère s'est très vite séparée de mon père, un honnête ingénieur, constructeur de digues (peut-être un symbole que cette profession!), et elle est allée vivre avec l'amant de service, dans une mansarde, au dernier étage d'un palais très ancien. Mon père et moi sommes restés dans notre appartement des Parioli. J'ai dit que j'avais le cauchemar de ma mère, mais en plus de ce cauchemar j'avais le cauchemar de moi-même que je voulais, en tout, différent du sien. Dans sa vie, ma mère s'était tout permis : les hommes, l'alcool, la peinture et mille autres choses impossibles ou illicites. Moi, depuis ma petite enfance, je me suis employée à me créer des tabous, bien décidée à tout me refuser; à commencer par les jouets, les bonbons, les gâteaux (en classe, chez les religieuses, je renonçais à tout ce dont j'avais envie pour l'offrir à la Madone) et jusqu'à l'amour quand j'atteignis l'âge. Renoncer, m'interdire, me refuser. Voilà ce qu'était ma vie. A vingt-quatre ans j'étais encore vierge; en compensation, j'avais une licence de philo, dont je ne savais que faire; j'avais choisi cette discipline uniquement pour être le contraire de ma mère, semi-analphabète et pseudo-artiste.

Tout de suite après avoir passé mes examens, je me suis mise à faire de la décoration, ma vraie vocation. Mais devinez où je suis allée ouvrir mon bureau? Au rez-de-chaussée du vieux palais où habitait ma mère. Presque comme si je voulais lui prouver que l'Art avec un grand A, auquel elle croyait, était mort; et qu'il fallait maintenant forcer la création artistique à se plier aux idées modernes commerciales et pratiques.

A cette époque, quiconque m'aurait rencontrée se serait exclamé : « Oh! celle-là, alors! Elle sort d'un journal de mode, non? » C'était vrai. Vous vous rappelez les photos publicitaires des revues où les mannequins présentaient « la dite ligne » de la « dite saison »? Ces filles maigres à faire peur, aux yeux perdus dans le vague, au sourire éclatant, aux poses ridicules et désarticulées de marionnettes, avec leurs jambes jetées d'un côté, leur buste de l'autre, leurs bras tendus vers le ciel, avec dans l'expression de leur visage quelque chose de stérile et d'hystérique; et tout ceci pour donner une importance exagérée à la mode, pour, en quelque sorte, dramatiser la présentation d'un manteau ou d'une robe. Eh bien, moi, quand j'ai commencé à avoir du succès comme décoratrice-ensemblière de la riche bourgeoisie des beaux quartiers, j'étais exactement comme ça. Pour me définir, il n'y avait qu'à dire que je refoulais tous mes instincts. Je refoulais si bien que j'avais presque oublié que j'étais vierge. Il y avait aussi que je ne pouvais m'empêcher de voir un rapport entre refoulement et succès; rien ne vaut le succès pour nous faire oublier le prix que nous avons payé pour l'obtenir.

Je m'occupe de l'installation de l'appartement d'un jeune diplomate célibataire. Il m'invite à déjeuner, à dîner, il m'envoie des fleurs, il m'emmène au cinéma, au théâtre, il me téléphone tous les jours. Finalement nous nous fiançons; mon père, qui le trouve très sympathique, approuve; ma mère, qui le déteste parce quelle le trouve « bourgeois », n'approuve pas. Nous nous marions à l'église, nous invitons une centaine de gens au repas de noce, nous partons pour la Grèce. En somme tout se passe normalement, sauf la première nuit dans un hôtel d'Athènes, où mon époux, après quelques vaines tentatives, se jette à mes genoux, pleure et m'avoue qu'il est impuissant. Nous sommes rentrés à Rome par deux avions différents, lui toujours impuissant et moi toujours aussi pure et sans tache.

Ce mariage raté aurait dû être pour moi un signal d'alarme. J'aurais au moins dû comprendre que j'avais épousé « exprès » un impuissant : pour ne rien donner à personne, pour demeurer vierge. Je n'avais pas compris la sourde et triste colère qui m'avait envahie. Je cherchais quelque chose, je n'étais plus aussi sûre de moi, je sentais que j'étais en train de manquer ma vie. Finalement, à force d'y penser, j'ai cru comprendre : mon erreur consistait dans le fait que je vivais en égoïste, en dédiant tous mes instants à moi-même; et comment? En me refusant pratiquement tout. Je devais, au contraire, me laisser aller, m'intéresser aux autres ou à un autre; aimer. A présent, la virginité avait, à mes yeux, perdu sa signification de pureté; elle n'était plus que sécheresse et froideur. Oui, pour n'être plus vierge, je devais tomber amoureuse, aimer un homme et me consacrer à lui.

Un soir, la voix rauque et basse de mon alcoolique de mère me dit au téléphone qu'il y a en ce moment chez elle, dans sa mansarde, une petite réunion; elle me demande pourquoi je ne viendrais pas, que sûrement je m'amuserais, que ces derniers temps je lui avais donné l'impression d'être fatiguée et nerveuse. J'allais lui répondre que je n'avais pas envie de m'amuser quand, brusquement, je me suis dit : « Mais est-ce que vraiment tu n'as pas envie de t'amuser? » Alors j'ai accepté.

Cette petite *party* de ma mère était une réunion, triste, d'un certain nombre de personnes pareilles à elle : de peintres sans marchand, d'écrivains sans talent, d'intellectuels sans prestige mais qui tous, de l'avis de ma mère, étaient destinés, dès demain, à la gloire. En face d'eux j'ai ressenti le même sentiment de dégoût qu'en face de ces vieux machins, plus ou moins rigolos, qui traînent chez les brocanteurs et dont ma mère avait rempli son logis. Moi, j'étais pour les gens arrivés; comme j'étais pour les énormes canapés, pour les tables massives, pour les tapisseries riches de couleurs mais coûteuses.

Déjà je cherchais une excuse pour filer quand je vois ma mère sauter au cou d'un nouveau venu, un garçon d'une beauté extraordinaire. Ma mère le présente à la ronde. C'était un étranger, un Américain qui s'appelait Roberto, ou plutôt Bob. Lorsqu'ils sont arrivés devant moi, ma mère me l'a jeté littéralement dans les bras en disant, et en clignant malicieusement de l'œil, que nous étions faits l'un pour l'autre. Il s'est accroupi à mes pieds, son verre en main; mais il n'a rien dit. Alors moi, je l'ai regardé; et quand j'aurais dû, comme le veut la bonne éducation, détourner les yeux, j'ai continué à le regarder. Dieu, qu'il était beau! Malhonnêtement, impudemment, avidement, je me suis absorbée dans la contemplation de ses stupéfiants yeux glauques et liquides, de son nez droit et pur, de sa merveilleuse bouche dédaigneuse et fière. Il se laissait admirer de bonne grâce mais toujours sans dire un mot : il devait être habitué. Voilà que tout d'un coup il se lève et, sans même me saluer, il s'en va.

Au moins pendant une minute je suis restée sans faire un mouvement, plus stupéfaite qu'indécise; et puis j'ai couru après lui. La première chose que j'ai vue en me précipitant sur la place, devant la maison, c'est mon type immobile, perplexe, debout au milieu des automobiles en stationnement. Instinctivement, je suis allée m'installer au volant de ma voiture et j'ai laissé une des portières ouverte comme je l'avais vu très souvent faire aux prostituées motorisées dans les coins des avenues où elles ont l'habitude d'attendre. J'ai attendu quelques secondes; il est venu directement vers moi, il s'est assis à mes côtés et, sans hésiter, il m'a donné l'adresse de l'endroit où il désirait se faire conduire; exactement comme s'il avait parlé à un chauffeur de taxi.

J'ai fait semblant de ne pas comprendre, de ne pas avoir entendu et je n'ai pas bronché; alors nous nous sommes expliqués. Il voulait tout simplement, parce qu'il était sans argent, que nous allions ensemble jusqu'à un certain bar, assez loin du centre, où il rencontrerait quelqu'un qu'il appelait une *connexion*, c'est-à-dire, comme il me l'a plus tard appris, et sans aucun embarras, un vendeur de drogue au détail. Naturellement, en plus du voyage en auto, il pensait que je payerais le prix demandé pour la drogue. Il s'exprimait correctement en italien, avec quelques expressions dialectales et un léger accent des faubourgs romains, très drôle sur ses lèvres. A présent, je comprenais son silence et son indifférence. J'avoue que je ne m'attendais pas à ce genre de proposition. Imbue de morale comme je l'étais, il me semblait que certaines choses devaient être dites avec plus de componction et moins de liberté. Il interprétait mon silence, fait surtout d'étonnement, comme un début de refus; alors, avec un air bizarre, angoissé, il m'a proposé un troc : si je l'accompagnais et si je payais la drogue il se disait prêt à s'acquitter de sa dette par une prestation, disons si vous voulez sentimentale; tout de suite, j'ai pensé : « Je dois vraiment avoir la dégaine d'une vieille fille affamée d'amour, puisqu'il me propose ce genre de chose »; après, je me suis rendu compte que ce n'était que frénétique, spasmodique impatience de toxicomane. Alors, j'ai senti que, inconsciemment, je venais de prendre une décision sauvage. Brutalement, je lui ai dit que je ferais tout ce qu'il voudrait, mais après l'amour, pas avant. J'avais probablement parlé sur un ton encore plus péremptoire, plus angoissé que le sien; il m'a regardée pendant seulement une seconde, étonné; et puis très vite, ayant sans doute jugé que je ne céderais pas, il a dit d'accord. Nous sommes ressortis de la voiture, je l'ai pris par le bras, presque comme si j'avais peur qu'il ne s'enfuie, nous sommes revenus dans le vieux palais.

Mais allez-vous y croire? Une fois dans mon bureau, quand, après m'être déshabillée, je me suis approchée de lui qui attendait assis sur le divan, l'air méditatif, une cigarette aux lèvres, il a fallu que je l'avertisse : « Fais attention, je suis vierge », il m'a fait une scène, mais à sa manière puérile et gentille. Il me semble entendre encore sa voix, à la fois lasse et exaspérée, qui protestait dans son drôle d'accent américano-romain. Mais qu'est-ce que tu racontes? Tu es vierge? Et tu me dis ça comme ça? Mais tu devrais avoir honte, non? Et pourquoi avoir tant attendu? Est-ce que je ne me rendais pas compte que pour lui ce serait un double travail? En somme, pourquoi n'avais-je pas parlé quand nous étions en bas dans la voiture? Il ne serait pas revenu avec moi, il aurait cherché quelqu'un d'autre. Et caetera, et caetera.

Je ne lui ai rien répondu; j'étais trop mortifiée, mais, en même temps, sûre de l'emprise que j'avais sur lui en sentant dans sa voix plus de résignation, agacée, c'est vrai, que de révolte. En effet, voilà qu'avec une violence expéditive mais pas triste il se jette sur moi. Tout s'est passé beaucoup plus facilement, beaucoup plus rapidement, beaucoup plus amicalement que je ne l'avais imaginé. Et puis, est arrivée la grande, la véritable, la merveilleuse surprise de cette nuit inoubliable : au lieu de me rappeler ma promesse de le conduire à la rencontre de sa *connexion*, voilà qu'il s'endort dans mes bras. Nous sommes restés ainsi pendant deux heures, moi allongée, lui me tenant dans ses bras, sa tête appuyée sur ma poitrine, et puis je me suis levée pour aller chercher une couverture que j'ai jetée sur lui; de nouveau je me suis glissée à ses côtés, j'ai recommencé à réfléchir et, finalement, j'ai compris : la Providence m'envoyait un homme qui semblait taillé sur mesure pour « mon moralisme »; je me devais de le sauver de la drogue par mon grand amour. J'avais, enfin, trouvé quelqu'un à qui me consacrer et dont le sauvetage me sauverait moi-même.

Je ne vais pas raconter en détail l'histoire de notre amour. Tous les amours se ressemblent et mes lecteurs peuvent imaginer le nôtre en pensant à l'un des leurs. De plus, sur l'amour il n'y a rien à dire, c'est une chose ineffable, et quand on parle de l'amour on parle, en réalité, des circonstances latérales qui l'accompagnent. En ce qui me concerne, la circonstance s'appelait drogue. Ce qui laissait supposer que je l'aimais surtout parce que je voulais le sauver mais pas que je voulais le sauver parce que je l'aimais. Faut-il vous dire que ma victoire sur la drogue a été rapide et totale? Toute ma terrifiante capacité de répression, à la manière d'une armée qui attaque l'ennemi en choisissant son point faible, s'est déployée contre l'habitude funeste de ce garçon, tout ensemble affectueusement docile et sournoisement rebelle. J'ai remporté cette victoire grâce à une astuce d'un genre lui aussi répressif : en associant Roberto à mon métier de décoratrice, en remplaçant la drogue par le travail. Il n'était pas sot, il avait du goût, il était paresseux seulement parce qu'il n'avait aucun amour-propre. D'autorité, je l'ai nommé, ou plutôt j'en ai fait mon secrétaire, avec des appointements et des tâches bien précises. A son habitude, il s'est soumis avec une apparente bonne volonté à sa nouvelle condition. J'essayais de ne pas le montrer mais j'étais folle de joie : j'aimais et j'étais aimée. Et j'étais aimée par un des plus beaux hommes qui soient au monde. Et puis, la catastrophe, imprévisible. Un jour je ne le vois pas arriver au bureau. A sa place, un billet d'injures dans lequel je lis que je suis trop bourgeoise, qu'il en a assez de mes canapés, de mes fauteuils et que si, grâce à lui, je ne suis plus vierge, je le suis restée mentalement... Il me quitte donc, il me remercie pour tout et me prie instamment de ne pas essayer de le rechercher.

J'étais atterrée, effondrée. C'était l'échec complet au moment même où je m'imaginais avoir réussi. J'avais vraiment cru être utile, tandis qu'au contraire je n'avais été que nuisible. Même lorsque j'aime, j'ai irrésistiblement besoin de refuser, de défendre, de créer, d'inventer des tabous. Chez Roberto j'avais cherché, par amour, c'est vrai, à créer le tabou de la drogue. Mais, à présent, logiquement, même s'il s'agissait de la logique insensée de la passion, il me fallait intervertir la direction de mon dynamisme. Jusqu'ici j'avais interdit : maintenant je devais permettre, libérer, désenchaîner.

Je suis montée voir ma mère dans sa mansarde. J'avais rencontré Roberto chez elle. Elle devait savoir où il était passé. Elle peignait comme d'habitude un affreux tableau, mais, tout de suite, elle a posé ses pinceaux pour venir à ma rencontre. Pendant quelques instants, devant cette petite femme en salopette maculée de couleurs, au visage de vieille pomme, vaguement mongol, j'ai vraiment eu l'impression de me trouver chez une rivale victorieuse et cruelle. Et dans ma folie, j'ai presque été sûre que c'était elle qui m'avait volé mon amant. Elle m'a très vite rassurée. Le garçon en question était allé vivre à la campagne avec une femme d'un certain âge, très riche, dans la villa dont elle était propriétaire. Peut-être avait-il recommencé avec la drogue? Mais non, me répondit ma mère, avec une certaine ingénuité, il n'en est plus question; c'était le grand amour, le premier amour de sa vie, sans drogue, ni autorisée ni défendue. Eh oui, n'ai-je pas pu m'empêcher de penser, cet amour dont il avait besoin et que moi je n'ai pas été capable de lui apporter.

Alors ma passion m'a suggéré une décision grave, mais à la limite, criminelle. Je connaissais un médecin qui avait été amoureux de moi et qui l'était encore. Je suis allée le trouver et je lui ai dit qu'il fallait absolument qu'il me procure une seringue et un peu d'héroïne. Alors je l'ai vu me regarder d'un air triste, mais aussi si furieux qu'un moment j'ai craint qu'il n'ait envie de me jeter à la porte de son cabinet. Pourtant, subitement, il m'a paru se calmer; et, avec un cynisme encore supérieur au mien, il m'a dit qu'il me donnerait tout ce que je voudrais si, seulement une fois, je voulais coucher avec lui. Je ne lui ai pas dit oui; ou plutôt je le lui ai dit en allant m'étendre sur le petit lit recouvert d'une toile cirée blanche, comme prête à subir une intervention tout aussi indispensable que désagréable. Le lendemain, je recevais un petit paquet contenant une seringue et des ampoules. J'ai mis le tout dans mon sac et, en voiture, je suis partie en direction de Sacrofano, où se trouvait la villa où Roberto habitait avec ma rivale.

Je suis arrivée vers midi. Au moment où j'allais m'engager dans l'avenue qui conduisait à la villa, une autre auto en sortait : c'était lui qui était au volant. Derrière le premier tournant, il disparut; j'ai immédiatement fait marche arrière pour le suivre. Finalement, je l'ai rejoint; il roulait doucement, comme quelqu'un qui chercherait à être abordé. Lorsque j'ai été à sa hauteur, j'ai klaxonné et lui, tout de suite, il s'est rangé le long du fossé. Je me suis rangée à côté de lui et, sans un mot, en le regardant droit dans les yeux, je lui ai montré ma seringue. Je l'ai vu pâlir, se troubler et sa lèvre inférieure s'est mise à trembler. Il a fait un geste comme pour me dire « Entendu » et il a sauté à bas de sa voiture. J'ai fait de même. Mais déjà il me précédait pour se faufiler à travers un passage s'ouvrant dans une haie et marcher au milieu d'une prairie où l'herbe dense du mois de mai arrivait jusqu'aux genoux.

On voyait que mon offre silencieuse avait réveillé son amour ou, tout au moins, sa méchanceté; ou peut-être qu'ingénument il y voyait l'écroulement de mes principes de moraliste. Nous nous sommes aimés avec une violence inhabituelle, enfouis dans l'épaisseur et la profondeur de l'herbe. Après l'amour, je suis restée allongée sur le dos, les yeux tournés vers le ciel lumineux où deux oiseaux se poursuivaient comme pour le plaisir de se faire admirer dans une danse heureuse. Lui, il s'était assis par terre à côté de moi et il m'aurait été facile de voir son bras dénudé et sa main palpant la veine dans laquelle il allait enfoncer l'aiguille placée au bout de la seringue. Mais j'avais volontairement fermé les yeux; après un bon moment, comme je sentais son corps glisser le long du mien, je les ai rouverts et je l'ai regardé; étendu par terre, les paupières baissées, très pâle, immobile, ses cheveux blonds mêlés aux tiges vertes des herbes foulées. Stupidement je me disais que la drogue apportait la sérénité, comme la mort. Et puis, ne le voyant toujours pas bouger, je l'ai appelé, je l'ai secoué, j'ai alors compris qu'il était mort.

## SENSATIONNEL !

Je crie à ma mère : « Tu ne sais pas qui je suis. Tu n'as pas la moindre idée de qui vit à côté de toi, sous le même toit que toi »; et je sors en claquant la porte. Installée dans ma misérable petite voiture que je conduis au ralenti pour ne pas fatiguer le moteur qui aurait grand besoin d'une révision, je me demande, mais comme ça, pour m'amuser, ce que, au fond, je suis. Alors je m'aperçois que je n'ai que l'embarras du choix. Qui je suis? Je suis une grande poétesse en train d'écrire un poème immortel; j'habite un magnifique appartement avec terrasse, au dernier étage d'un énorme building new-yorkais, et de ma fenêtre je vois tous les autres gratte-ciel qui jouent à celui qui montera le plus haut dans le ciel; je suis une biologiste géniale qui découvre le bacille du cancer : dans le silence et la solitude de mon laboratoire parisien, je connais l'intense joie de la plus grande découverte du siècle; je suis une héroïque révolutionnaire latino-américaine : j'avance sur une ancienne route espagnole le long des balcons de fer forgé, les poches pleines de bombes, un pistolet caché dans mon sein. Mais pourquoi, tout en n'étant rien, suis-je une grande poétesse, une grande biologiste, une grande révolutionnaire? Pour la simple raison que « je sais » être tout cela. Et pourquoi « sais-je » cela? Attendez, nous y voilà. D'où peut venir, sinon de la réalité, l'idée de sa propre grandeur? Impossible de ne pas être de cet avis : s'il y a l'idée, il y a la chose et vice versa; un point s'est tout.

Cette réflexion me rend ma bonne humeur compromise tout à l'heure par une phrase de ma mère : « A vingt-huit ans, tu n'es qu'une bonne à rien, une paresseuse, qui passe son temps à fumer, à écouter des disques, à se ronger les ongles, à presser ses furoncles. » Cette allusion à mes petits furoncles fait baisser mon exaltation comme baisse le niveau de l'eau qui bout lorsqu'on y verse un peu d'eau froide. Oui, c'est vrai, ces petits boutons ne me laissent aucun repos : dès que l'un s'en va, un autre arrive; il faut dire que j'éprouve un certain plaisir à les presser devant ma glace durant des heures et des heures, et même à les inventer lorsque je n'en découvre pas; oui, j'en suis à triturer des coins de peau saine jusqu'à en faire sortir du sang. Cet abattement moral dure peu. L'eau dans la casserole qu'est ma tête recommence à bouillir. L'exaltation entraîne de nouveau mes idées. Vas-y! Vas-y! Bang!

Je tire mon frein à main, j'ouvre ma portière, je me précipite dehors. Encastré dans le garde-boue de ma bagnole, se dresse, rutilant, intact, le coffre d'une énorme automobile de luxe, type cabriolet, de couleur beige. Un individu d'âge moyen, grand, mince, en complet gris, coiffé d'un affreux chapeau en tissu enfoncé jusqu'aux yeux, se tient devant moi, un bic et un carnet dans ses mains gantées. L'inévitable foule de badauds avide de distractions à bon marché s'est déjà formée autour de nous. En parlant du nez, l'individu dit : « Vous veniez de droite, signorina, et vous m'avez coupé la route. Aucune importance. Donnez-moi vos coordonnées, votre contrat d'assurance. »

Moi, je regarde mon garde-boue en bouillie et je hurle : « Quelles assurances? Quelles coordonnées? Et maintenant me voilà sans voiture et qui sait pour combien de temps? Dites-moi ce que je vais faire? »

« Vous irez à pied. Vos coordonnées, s'il vous plaît. »

« A pied c'est toi qui iras, gueule de croque-mort. Qu'est-ce que tu crois? Que tu me fais peur parce que tu as des sous et que moi, apparemment, je peux passer pour une pauvre malheureuse? Tu te trompes, même avec tes lunettes cerclées d'or, tu es aveugle. Je suis quelqu'un que tu ne peux pas imaginer, quelqu'un devant qui tu devrais t'agenouiller. »

« Voilà ma carte de visite. Je vous prie de me donner vos coordonnées, vos papiers d'identité. »

« Identité, mon œil. Ecris : un génie. Oui, je suis un génie, c'est comme ça, et toi, dans ton carnet, tu écris : un génie. »

Autour de nous la foule rigole, elle s'amuse beaucoup. Elle avait espéré un esclandre et maintenant elle l'a... L'homme à la grosse cylindrée attend le sourcil froncé, son bic et son carnet dans ses mains gantées. Un agent de police sort on ne sait d'où et m'oblige à lui donner mon état civil : Zoé Proietti, vingt-huit ans, fille de Giovanni et de Rosa De Santis, célibataire, dactylographe. Au fur et à mesure que je donne ces informations, j'ai exactement la sensation que, sans aucun doute, un loup, ou un léopard, éprouve, après un dur combat, en se voyant enfermé dans une cage. Moi je suis le loup, le léopard, c'est-à-dire le génie; et les barreaux de ma cage sont mes nom, prénom, les nom et prénom de mes parents, mon âge, ma profession, mon adresse.

Mais voyez un peu de quoi est capable l'intelligence. A peine terminé l'incident que je viens de raconter, assise au volant de ma voiture, je sens que mon exultation repart de plus belle; j'ai de nouveau la tête en feu. Presque sans m'en apercevoir, je vais me ranger dans une petite rue que je connais bien, je m'arrête devant une devanture pour regarder des pantalons pas mal du tout, je réponds du tact au tac à deux petits imbéciles qui se sont approchés de moi pour me débiter des inepties, je fais encore des tas d'autres choses, mais dans un état d'âme qu'on pourrait presque qualifier de lyrique, qui m'empêche de savoir que je les fais.

C'est ainsi que je me trouve devant la porte de Geremia. Comment y suis-je arrivée? Mystère.

Geremia c'est mon petit ami. Lui aussi c'est un génie mais dans un genre différent du mien. La différence entre lui et moi, c'est que moi je suis un génie qui pourrait se développer dans n'importe quelle direction : sciences, art, politique; lui c'est un génie, disons, spécialisé. La spécialité de sa spécialisation est d'écrire des scénarios pour le cinéma. Les scénarios qu'il invente sont sensationnels. Il n'y a pas d'autres mots : de vrais, d'authentiques chefs-d'œuvre. Naturellement, étant donné que Geremia est un génie, les gens font exprès de ne pas reconnaître sa génialité. C'est la raison pour laquelle ses scénarios s'amoncellent dans un casier et qu'un génie comme lui est obligé de vivre d'expédients, et, pratiquement, dans la misère.

Je monte quatre à quatre les marches humides et raides en ruminant toutes ces idées (beaucoup d'autres arrivent, se bousculant les unes les autres; mon cerveau est un océan en furie) et, au cinquième étage, je frappe à une petite porte crasseuse. Geremia vient m'ouvrir. Il est grand, il a une grosse tête de cheveux bouclés, un front bas, de petits yeux, un gros nez, une grande bouche. C'est un visage simple, de cette couleur uniformément neutre de ce pain peu cuit que mangent les paysans; son père en est un; il habite une petite métairie à la campagne et il pioche la terre. Mais moi, « je sais » qu'il est un génie, comme « je sais » que je suis un génie. Oui, un génie comme il y en a peu; et il faut que je le tienne serré parce que, si je le perdais, je me demande où j'en retrouverais un semblable.

J'entre et je vais m'asseoir dans un fauteuil défoncé et boiteux, le seul meuble de ce bordel qu'est la pièce unique dans laquelle il vit. Je demande : « Tu as téléphoné au producteur ? »

Il s'est assis au bord du lit. Il me répond d'un air renfrogné :

« Oui, je lui ai téléphoné. »

« Et alors ? »

« Il me l'a refusé. »

« Le salaud, l'imbécile ! »

« Ah ! oui, l'imbécile ! Parce que cette fois j'avais écrit un scénario sur mesure pour " sa " comédienne. Qu'est-ce qu'il veut ? Si je pouvais au moins savoir ce qu'il veut. Avec mon scénario, il était certain de dépasser le milliard. »

« Le milliard ? Dis plutôt deux, trois milliards ! »

Je retrouve au fond de mon paquet de cigarettes écrasé un tout petit mégot; je l'allume en me brûlant les lèvres.

« Relis-le. Il est sensationnel. Je veux l'écouter encore une fois. »

Il accepte parce que moi je suis le génie qui commande et lui le génie qui obéit. Il se lève et repêche au milieu d'un monceau de papiers le fascicule qu'il cherchait, va se rasseoir sur son lit, tousse deux ou trois fois et commence à lire, avec la lenteur et l'application du paysan qui fait tout avec lenteur et application.

Son scénario raconte un garçon et une fille qui cambriolent une bijouterie et qui, avec l'argent volé, achètent un bout de terrain à la campagne pour y construire une maison et travailler aux champs. Geremia lit et moi je l'écoute en fumant et en approuvant de la tête les plus beaux passages.

Lorsqu'il se tait, je dis d'un ton profondément convaincu : « Une fois de plus : sensationnel ! Un chef-d'œuvre ! Geremia, tu es un véritable, un authentique génie ! »

Il ne dit rien; il est là le front baissé comme un bœuf qui aurait reçu un coup de bâton entre les deux cornes; enfin il se décide : « Je suis peut-être un génie mais je n'arrive pas à placer mon scénario et on n'a pas un rond; ni toi ni moi n'en avons, de l'argent. »

De nouveau, il se tait; puis il reprend d'une voix traînante et pleurnicharde : « J'en ai assez, moi, de vivre de cette manière. J'ai décidé de rentrer au pays, chez les parents. J'aiderai mon père à la terre. Après je verrai. »

« Ce qui veut dire que nous allons nous séparer. Je me trompe, dis ? »

« Tu ne te trompes pas. Il va falloir nous séparer. »

« Geremia, ne mens pas, tu veux me quitter ? »

« Ce n'est pas moi qui le veux, mais la situation. »

Alors tout d'un coup, je comprends que je dois faire un gros effort, d'abord pour l'empêcher de m'abandonner et, ensuite, et surtout, pour lui redonner confiance en lui. Ma tête est, comme toujours, un feu d'artifice d'idées : une explosion d'initiatives hardies. D'un air résolu je jette mon mégot réduit à quelques misérables filaments de tabac et je dis : « Geremia, j'ai une idée. »

« Quelle idée ? »

« Geremia, on ne veut pas de ton scénario, n'est-ce pas ? Alors, s'ils n'en veulent pas, nous allons le leur faire accepter de force. »

« Tu ne sais pas ce que tu dis. Comment peux-tu obliger un producteur à faire un film s'il n'en a pas envie ? »

« Qui te parle de film ? Qui te parle de producteur ? Ton scénario, c'est nous qui le vivrons et qui l'imposerons au monde! Au lieu de faire un film sur un gars et une fille qui pénètrent chez un bijoutier, qui lui flanquent leur pistolet sous le nez, qui embarquent tous les bijoux, c'est nous qui entrerons dans la boutique, qui braquerons le pistolet, qui embarquerons les bijoux. »

« Mais ce serait un cambriolage? »

« Oui. Pratiquement, oui. »

## UNE FEMME QUI A DU NEZ

J'AVAIS seize ans quand un homme d'aspect bénin et paternel, mais de caractère violent, autoritaire et dissimulé, un quadragénaire avec au milieu du crâne une tonsure de prêtre, un estomac bombé de boxeur, trapu, ventru, asthmatique et boiteux, m'a découverte dans une petite ville de l'Italie centrale où je vivais dans ma modeste famille, m'a emmenée à Rome pour me faire devenir une sorte d'appendice poétique prolongeant sa très ordinaire, sa très vulgaire personnalité. Vous me demandez pourquoi je l'avais épousé? Peut-être parce que j'avais été touchée par son insistance; mais surtout parce que j'étais une sotte : je voulais à toute force quitter la maison et voir le monde. Eh bien, je l'ai vu, le monde, et pendant trois ans; mais c'était le monde de mon superoccupé, de mon archilouche de mari. Médiateur dans je ne sais combien de *combinazioni* politico-financières, intermédiaire entre contrebandiers et revendeurs, ruffian et trafiquant équivoque, durant trois ans cet homme m'a exhibée dans un tourbillon de déjeuners suspects, de dîners allusifs, d'excursions racoleuses, de fêtes ambiguës, de réunions à double sens. J'étais l'épouse belle, élégante, spirituelle, rêveuse (vous vous souvenez certainement de la Vénus de Botticelli? Je suis comme elle; identique :

même corps longiligne, blanc, souple, onduleux, mêmes yeux violets) mais en même temps l'idiote dont la seule présence « promouvait » son mari à l'égal de la possession d'une automobile de grande marque ou de celle d'une somptueuse piscine privée dans son propre jardin. De plus j'étais un merveilleux appât présenté à l'hameçon de certaines affaires avec l'idée que leurs réussites en seraient facilitées par l'espérance d'une improbable aventure : bien que toujours exhibé et offert, l'appât n'avait jamais encore été dévoré.

Un mot était dans l'air de cette vie trafiquée, énigmatique, un mot semblable à une très légère mais persistante odeur : *mafia*. Pourtant, durant les trois années passées, pour ainsi dire, collée à mon mari, ce mot je ne l'ai jamais entendu prononcer ni par lui ni par aucun de ses amis; pas une seule fois. Il ressemblait à une de ces odeurs diffuses, fines, qu'on remarque lorsqu'on n'y pense pas et qui disparaissent dès que l'odorat se réveille pour les préciser et les identifier. Moi je l'avais dans le nez, cette odeur de *mafia*, je la sentais s'infiltrer à travers mes jolies narines diaphanes dans tout ce que mon mari disait et faisait, dans les gens qu'il fréquentait, dans tout ce que ces gens disaient et faisaient; mais ce n'était toujours qu'une odeur, je veux dire qu'un soupçon; et aujourd'hui encore, je ne sais rien de plus précis. Il pouvait s'agir de la *mafia* aussi bien que d'un genre d'affairisme licite, tumultueux; qui sait? Du reste, comment faire pour demander à son mari : « Dis-moi, mon chéri, est-ce que toi aussi tu es *mafioso?* » C'est impossible. D'autant plus que j'étais sûre que le mien aurait haussé les épaules en me répondant : « La *mafia?* Qu'est-ce que tu racontes? La *mafia* n'existe pas. Ce sont les journalistes qui l'ont inventée. De vieilles histoires, des contes d'autrefois. Aujourd'hui il n'y a plus de *mafia*, il n'y a plus de *mafiosi.* »

Cette odeur, d'autre part, devenait encore plus envahissante lors de réunions n'ayant rien à voir avec les affaires, je veux dire les anniversaires, les commémorations, religieuses ou pas; mariages, premières communions, enterrements, Noël, Pâques, et caetera. Nous nous réunissions chez l'un ou chez l'autre dans de très grandes maisons meublées et décorées avec un luxe tapageur, d'un goût douteux, fastueux et provincial; ou parfois dans ces salles dites « pour noces et banquets » de certains restaurants. Tous les amis intimes étaient là avec leurs femmes, souvent leurs enfants et même les amis de nos amis avec, eux aussi, femmes et enfants; après un échange général de baisers, de congratulations, de caresses, d'exclamations, de cris admiratifs, de compliments, de souhaits de toutes sortes, on se mettait à table. Dieu, ce que mon mari, les amis de mon mari et les amis des amis de mon mari pouvaient manger! Moi, à ces nourritures, excellentes d'ailleurs, je touchais à peine; stupéfaite, je regardais tous ces gens, rouges, congestionnés, en faisant machinalement des petites boules de mie de pain et je me demandais, comme d'habitude, d'où pouvait venir, mêlée aux odeurs de cuisine, cette tenace puanteur de *mafia* dont je n'arrivais pas à me débarrasser. Quelquefois je me disais que j'étais injuste; qu'une aussi désagréable odeur ne pouvait émaner de personnes aussi bonnes, aussi cordiales, aussi simples et si aimables et que l'odeur, c'était moi qui l'avais dans mon nez. Mais à quoi servent les idées en face d'une sensation? A rien.

C'est à propos d'un de ces banquets que notre première et unique dispute conjugale a éclaté entre mon mari et moi. Comme, en rentrant à la maison en voiture, il s'était mis à commenter, l'air ravi, notre dîner, je me suis mise brusquement en colère, étonnée moi-même de m'entendre hurler : « Ah! non! ne me parle pas de ce dîner! »

« Mais, mon amour, tout était délicieux. »

« Oui, tout était délicieux mais, en même temps, tout était dégoûtant. »

« Mais, mon trésor, pourquoi dégoûtant? »

« Pourquoi, je ne sais pas, mais tout était dégoûtant. Oui, dégoûtant le jeune marié, dégoûtante la jeune mariée, dégoûtant le prêtre, dégoûtants les témoins, dégoûtants les parents du marié et de la mariée! Et moi, au milieu de cette dégoûtation, je me suis sentie encore plus dégoûtante que les autres. »

« Mais, voyons, tu ne les connais pas, tu ne peux pas les comprendre, et puis, tu es trop différente d'eux : autre éducation, autres habitudes. Un jour tu apprendras à les connaître et tu verras que ce sont tous de braves gens, tous des gens comme il faut. »

Alors j'ai eu envie de le blesser pour le voir jeter son masque bonasse et me montrer son véritable visage. Je savais comment faire, avec quel mot précis; et, sous l'emprise de la colère qui s'était emparée de moi, je n'ai pas hésité : « Je ne les connais pas et je ne tiens pas à les connaître. Je ne veux rien savoir d'eux. Ce que je sais c'est que j'en ai plein le dos de servir de miroir aux alouettes pour favoriser les malpropretés d'un mari qui mériterait qu'un jour ou l'autre je le fasse pour de bon cocu. » J'avais dit le mot magique, le sésame; et le masque était immédiatement tombé. Mon mari a rétrogradé pour aller s'arrêter doucement le long du trottoir. En tirant le frein à main et sans me regarder, il a murmuré entre ses dents, avec un calme extraordinaire : « Tu as dit cocu ou est-ce que je me trompe? Dis-moi si je me trompe. » J'ai eu peur, je l'avoue, et j'ai répondu : « Je n'ai pas dit ce mot. Quelle idée? Tu as mal entendu. » C'était un mensonge dans le style de la *mafia*, éhonté, absolu, total, qui niait l'évidence; mais lui, il l'a accepté, sans broncher et tout de suite. Il a dit, en se penchant un peu en avant pour remettre en marche, il a dit : « Ah ! bon, bon. Il m'avait semblé. J'avais sûrement mal entendu. »

Comme je l'ai dit, trois ans de ma vie ont passé entre ces réunions d'affaires et ces fêtes de famille. Et puis voilà qu'un beau matin je me réveille avec une sensation de nausée et un drôle de goût dans la bouche. Je rapproche ce malaise d'une certaine irrégularité dans ma physiologie et je pense que je pourrais être enceinte. Une visite à mon médecin transforme la supposition en certitude.

Heureuse, ma première impulsion a été de courir chez mon mari pour le rendre heureux à son tour. C'était bien une impulsion, mais ni très forte ni vraiment joyeuse, conventionnelle au fond, vous savez de ces conventions auxquelles il est difficile de se soustraire parce que, depuis des temps immémoriaux, l'humanité tout entière s'y soumet. Quelques minutes après, incomparablement plus profonde et plus sincère, bien que triste et désespérée, une deuxième impulsion a effacé, a écarté la première. Non, cet enfant ne devait pas naître puisqu'il naîtrait d'un tel père et au milieu de ces gens pour devenir, plus tard, inévitablement, un homme comme son père, comme les amis de son père, comme les amis des amis de son père.

Je ne perds pas mon temps à trop réfléchir. Je cours chez une veuve d'un certain âge, née dans ma ville et à laquelle me lie une solide amitié; je lui raconte un mensonge, que je suis enceinte d'un homme qui n'est pas mon mari, elle me donne l'adresse d'un médecin complaisant qui me délivrera de cet enfant non désiré, je vais au mont-de-piété, j'engage une bague, je téléphone au médecin et je prends un rendez-vous pour le surlendemain. Enfin, sereine, apaisée comme quelqu'un qui a accompli strictement son devoir, je rentre à la maison.

Ce soir-là, exécutant un plan bien mûri, j'ai

emmené mon mari et quelques-uns de ses bons amis voir *Il Padrino*[1], ce célèbre film sur la *mafia* qu'on donne dans notre quartier. En bonne ex-étudiante en lettres, je voulais imiter Hamlet lorsque, devant son oncle assassin de son père, il fait interpréter par une troupe de comédiens la scène de la mort. Je voulais voir quel effet ferait ce film sur des gens que, à tort où à raison, je considérais comme des *mafiosi*. Ah! bien oui, parlons-en de mon idée d'Hamlet! Parlons-en d'un film suscitant confusion, remords, frayeur! Après le cinéma j'ai invité toute la bande à souper froid à la maison. Et voilà que là ces hommes grossiers, ignares, se mettent à discuter gravement, sérieusement des mérites et des défauts « artistiques » du *Padrino*! De quoi rire, n'est-ce pas? si je n'avais pas eu tellement envie de pleurer. Subitement envahie par je ne sais quelle fureur inutile, sous prétexte d'aller à la cuisine aider mon mari à sortir les bouteilles de champagne du frigo, j'ai planté là mes invités.

Les bouteilles étaient sur la table, noires au milieu de la blancheur éblouissante des carreaux de faïence. Aussi noir que les bouteilles, mon mari, sur le blanc environnant, gisant sur le sol, les jambes écartées. Pour la première fois depuis que vous vivions ensemble, la chaussure orthopédique à l'énorme talon bien ciré qu'il porte à cause de sa jambe plus courte que l'autre m'a fait pitié. Je me suis agenouillée, j'ai vu que ses yeux grands ouverts ne me regardaient pas; j'ai compris qu'il était mort; une attaque d'apoplexie.

Il me fallait maintenant avertir ses amis, improviser une scène de douleur conjugale à leur goût, c'est-à-dire histrionesque, bouleversante. Mais avant je devais exprimer à ma façon mon immense, merveilleux, joyeux soulagement. En

1. *Le Parrain*, film de F. Coppola sur la *mafia* new-yorkaise. (N.d.T.)

soutenant de mes deux mains mon petit ventre qui déjà me semblait un peu plus rond que d'habitude, en lançant de côté et d'autre mes jambes, en maintenant mes yeux dans une immobilité rêveuse, j'ai dansé autour de la table en chantonnant à mi-voix une petite berceuse qui disait à peu près ceci : « Mon enfant, mon enfant/tu grandiras fort et beau/sans père et sans parrain/mon enfant, mon petit enfant à moi. »

# L'IDÉE DE LA DÉESSE

Je sors de chez moi pour aller chez l'homme que j'ai aimé pendant ces deux dernières années et que j'ai cessé d'aimer depuis douze heures. Mon amour a duré autant qu'a duré le succès de cet homme, un metteur en scène de cinéma très connu; et il a fini hier soir dans la salle de projection où l'on présentait son dernier film, au moment où, la lumière étant revenue, les spectateurs, pour la plupart des critiques cinématographiques, après s'être regardés en silence, ont filé à l'anglaise, sans même serrer la main de l'auteur, comme on le fait toujours.

De mon fauteuil, dans le noir, j'ai suivi la lente mais inéluctable dégringolade du film vers la catastrophe, en même temps que celle de mon amour vers la froideur et l'indifférence. Bonifazio, mon metteur en scène, était assis à côté de moi; je lui tenais la main, une habitude prise dès le début de notre liaison. Un peu avant le mot FIN, je la lui ai retirée et, lorsqu'il a tenté de me la reprendre, je l'ai repoussé en murmurant, mais je me demande encore pourquoi, une phrase imprévisible aussi bien pour lui que pour moi : « Laisse-moi tranquille. Tout est fini entre nous. » Je l'ai vu se replier immédiatement sur lui-même comme si je venais de le frapper en plein cœur avec une flèche empoisonnée. Il m'a raccompagnée chez moi sans ouvrir la bouche. Sur le pas de ma porte, il a dit seulement : « Je te prie de m'épargner tes commentaires. Maintenant, il s'agit avant tout de sauver notre amour. *Ciao*, à demain matin. »

Sauver notre amour ! Je conduis très lentement, presque automatiquement, à travers la foule heureuse et pressée qui encombre les rues à l'heure du déjeuner et, en jetant un coup d'œil sur ma personne, je m'aperçois que la fin de notre amour est déjà lisible dans la façon dont je me suis aujourd'hui habillée. Mais il faut que je dise que, dès le début, Bonifazio s'est fait de moi une idée à laquelle j'ai dû, par la force des choses, me conformer. Il disait que j'avais un corps de déesse, et une âme de petite fille; malheureusement, lui, disait-il aussi, n'avait que faire de la petite fille puisqu'il n'aimait que la déesse. Bonifazio n'est, en somme, qu'un authentique masochiste. Pour lui faire plaisir j'ai dû transformer mon véritable caractère, dans le fond infantile, capricieux volubile et ingénu, en celui d'une virago autoritaire, impassible, impitoyable. Même chose pour la manière de m'habiller : j'ai été obligée de renoncer à la liberté des frusques hippies, vers lesquelles j'étais naturellement portée, pour adopter le style « habillé », ce qui signifie qu'on se promène toute la journée parée comme une statue qu'on met sur les autels. Mais aujourd'hui, grâce à l'échec retentissant du film, je sens que je peux me révolter contre l'idée absurde qui fait de moi une déesse. Et à présent, en me regardant, je constate que ce matin, au lieu de mettre mes habituels « déguisements » de grands couturiers, j'ai enfilé un chandail qui n'a plus de forme et un pantalon vieux et délavé. Bonifazio n'a pas voulu entendre parler de la petite fille que je suis restée parce que en réalité, il voulait être, lui, l'enfant qui a toujours besoin d'être caressé, bercé, même puni. Mais les meilleurs jeux ont une fin : à présent, c'est la petite fille qui se délivre de la déesse et qui se retrouve elle-même.

Il est toutefois certain que le fiasco de Bonifazio me crée pas mal de problèmes. Je ne suis ni assez sotte ni assez ingrate pour ne pas reconnaître que, du point de vue matériel, je dois beaucoup à Bonifazio. Il a trouvé un emploi à mon père chômeur; il paye les études de mon jeune frère en Suisse; il donne de temps en temps un petit rôle de figurante à ma sœur; il nous permet à tous d'habiter un appartement dont il est le propriétaire sans nous réclamer un sou de loyer. Quelqu'un de vous pense, peut-être, que Bonifazio a fait tout cela parce que c'est moi qui le lui ai demandé? Rien n'est moins vrai. C'est lui qui m'a imposé cette aide qui, au fond, ne concerne que ma famille, dans le seul but, on ne peut plus clair, de m'enchaîner à lui en se rendant utile, ou, pour mieux dire, indispensable. Pour parler net et brutalement, ce sont ses succès et non ses gentillesses qui m'ont fait rester avec Bonifazio; j'ai un besoin presque physiologique du succès, qui est pour moi le succédané, le symbole et la preuve d'une puissante sexualité. Mais, à présent, Bonifazio n'a plus de succès; et moi je découvre qu'il n'est également pas facile de le quitter parce qu'il est entré dans ma vie, je devrais dire dans celle de ma famille; et que son astucieux calcul de m'enchaîner à lui en aidant les miens se révèle, finalement, très juste, de cette manière mystérieusement collante propre aux choses qui s'installent en nous mais dont on ne décèle la présence que lorsqu'il est trop tard pour s'en libérer. Donc, que je le veuille ou non, je me trouve devant un dilemme attristant : ou quitter Bonifazio en sacrifiant ma famille, ou rester avec lui en me sacrifiant moi-même.

Arrivée, me semble-t-il, au point mort de mes réflexions, mes yeux tombent, par hasard, sur un gros cahier vert posé dans la boîte à gants, entre un petit sac de bonbons et le carton de mouchoirs en papier. C'est un exemplaire d'un projet de scénario, il est là depuis au moins un mois; c'est un jeune réalisateur, Girolamo, dont le premier film a remporté l'hiver dernier un grand succès, qui me l'a donné. Mais il me l'a donné en me demandant bêtement, à moi qui suis connue pour mon ignorance crasse, de le lire, et de lui téléphoner ce que j'en pense; de fait, sur la couverture du cahier vert, un numéro de téléphone est écrit au crayon rouge : une manière comme une autre de me dire que je lui plaisais et de m'obliger à lui dire qu'il me plaît. Le cahier est là depuis plus d'un mois et, naturellement, je ne l'ai pas lu; mais durant ces trente jours le message, sous-entendu dans la bizarre demande de conseils, a agi lentement, mais profondément. J'en ai la preuve : ce matin je me suis habillée en clocharde, pas tant pour embêter Bonifazio qui me veut déesse que pour faire plaisir à Girolamo qui lui, du moins si j'en juge par sa facon de s'habiller, me veut hippie. Mon chandail déformé, mon pantalon en loques « sont » mon avis favorable sur son manuscrit; comme sa demande de le lire « était » tout simplement une déclaration d'amour. Alors comment faire maintenant pour qu'il soit au courant du message sous-entendu dans mes vêtements? Facile : en lui téléphonant, en lui fixant un rendez-vous, en me montrant à lui.

Je donne un coup de frein brutal sur l'avenue où je suis en train d'avancer au pas; je sors ma voiture de la file des véhicules et je vais m'arrêter devant un grand café bourré de monde. Je descends, j'entre, j'achète un jeton à la caisse, je vais m'enfermer dans la cabine téléphonique. Je suis très timide; je constate que, pendant que je forme le numéro, mon cœur bat très vite et que le souffle me manque. Quand j'entends la voix de Girolamo dire dans l'appareil : « *Pronto* », je suis obligée de lutter contre l'angoisse qui m'étreint, avant de pouvoir prononcer mon nom d'une voix à peine audible. Non, mais voyez ce que peut faire le succès! A l'instant même, le ton vibrant, assuré, agressif de Girolamo, comme un alcool très fort et d'effet immédiat, fait disparaître la dépression ressentie devant le fiasco de Bonifazio, me vivifie, me gonfle presque; je dirais même physiquement car j'ai l'impression d'être brusquement à l'étroit dans la cabine téléphonique. Nous nous disons une quantité de choses, confusément, tumultueusement, comme si nous explosions de joie tous les deux au même moment. Il finit par me demander, avec encore un peu de réticence, s'il pourra me voir dans le courant de la semaine. Impudemment, je lui réponds que je passerai chez lui dans le courant de l'après-midi.

En sortant de la cabine, j'ai très précisément l'impression que les gens entassés dans la salle se retournent sur mon passage, comme si ma conversation avec Girolamo venait soudain de me rendre étonnamment plus visible et plus provocante. Alors, à ma grande surprise, je découvre que, sans le vouloir, j'ai résolu mon dilemme : je resterai avec Bonifazio et je ne ferai aucun tort à ma famille qui désormais dépend de lui; mais le succès, dont apparemment je ne puis me passer, je vais le demander à Girolamo. Je suis tellement contente d'avoir eu cette idée que, avant de reprendre mon volant, je me regarde dans la petite glace accrochée au pare-brise et je me vois, comme la gosse que je suis, en train de me cligner de l'œil en me tirant la langue. Au lieu d'aller directement chez Bonifazio, je rentre chez moi, j'arrache mes vieilles nippes pour remettre mes trucs solennels qui me transforment en statue.

Un peu plus tard, je monte en ascenseur jusqu'au superbe appartement de Bonifazio. L'ascenseur est un char féerique dans lequel se tient debout une déesse sereine, impassible, inhumaine. C'est vrai : lorsque Bonifazio ouvre la porte et qu'il me voit, muette et immobile, les yeux fixés sur lui, il fait un mouvement pour se jeter à mes pieds. Mais il retient son geste et me précède pour aller s'asseoir à sa table de travail. Moi je me tiens devant lui, silencieuse, tout offerte à ses regards. Alors, sincère, humble, il dit : « Comme tu es belle ! Au moins autant que mon film est exécrable. »

## L'APPARTEMENT

En somme que m'arrive-t-il ? Il m'arrive que je suis bloquée, sans remède, et pas depuis quelques semaines ou quelques mois ou quelques années mais depuis toujours, peut-être même depuis avant ma naissance. Il m'arrive que je n'ai goût à rien et que continuellement je change, pour autre chose, tout : les études (quatre facultés en cinq ans); l'acquisition des langues (successivement, et sans résultat, l'espagnol, le français, le russe, l'anglais); les amis (de ce qu'on appelle la *jet-society* aux bandes hippies et puis de plus en plus bas jusqu'à me mêler de temps en temps à des groupes assez louches, presque des délinquants); les hommes (une demi-douzaine d'importants; les autres, beaucoup plus).

Je change non pas parce que je vais au bout de mes expériences, mais parce que je ne les fais pas. Comme change éternellement de position dans son lit quelqu'un qui souffre d'insomnie mais qui, pour autant, ne s'endort pas. Encore une fois, que m'arrive-t-il ? Il m'arrive, pour le dire en quelques mots, que « je n'ai pas de vrai destin ».

Je réfléchis dans un ascenseur qui me monte au quatrième étage d'une maison où je viens pour la première fois, avec, à mes pieds, deux énormes valises remplies de mes affaires. L'ascenseur continue à monter, moi je pleure et mes sanglots redoublent à chaque étage que nous franchissons. Je pleure parce que je suis sûre de faire une bêtise, inutile, qui confirmera une fois encore l'échec de mon existence. Poussée par le désespoir, mais peut-être aussi parce que j'avais trop bu, l'autre soir, chez des gens, je me suis laissée aller, comme une folle, à me confier à une dénommée Viva dont je ne savais rien mais qui, à en juger par son genre de beauté froid et vulgaire, par son langage concis et compétent, devait faire le métier de prostituée (si elle ne fait pas ce métier, cela voudrait dire que je ne sais plus reconnaître une prostituée). Je lui ai dit que j'étais bloquée; je lui ai dit que de mes dix dernières années il ne me restait qu'un trou noir et que j'ignorais comment elles avaient passé; je lui ai aussi dit que j'avais trente ans; je lui ai dit que la coupable de tout ça c'était ma famille car j'étais obligée de vivre avec mes parents et mes deux sœurs, sans même une pièce à moi pour travailler sans rendre de compte à personne. Naturellement, Viva a laissé tomber la partie, disons, existentielle de mon discours; en femme pratique, elle n'a retenu que ce que je disais de mon histoire de chambre. Très amicalement, presque affectueusement (mais pourquoi, puisque nous nous connaissions à peine ?), elle m'a dit qu'elle s'absentait pour deux mois; que si je voulais elle me donnait les clefs de son appartement, que je pouvais y aller travailler, et même habiter : à cause de ces cambrioleurs, dont on parle tant aujourd'hui, elle, ça l'arrangeait que quelqu'un soit là pendant son absence. Dans un de mes élans d'enthousiasme soudains mais toujours éphémères, j'ai accepté. Et me voilà dans cet ascenseur avec deux valises pleines de vêtements et de livres, de livres démantibulés dont j'ai besoin pour préparer mes examens et pour, enfin, apprendre l'anglais et le français.

L'ascenseur s'arrête au dernier étage; j'en sors,

j'en tire difficilement les deux valises et les pousse à coups de pied jusqu'à la porte que j'ouvre après avoir traficoté au moins trois serrures l'une après l'autre. J'entre et j'ai ma première surprise : l'appartement n'est pas sombre du tout, comme je me l'étais bêtement imaginé, mais plein de lumière, éblouissante, dure, *viva*, comme le prénom de la propriétaire. Deuxième surprise : Viva a placé un peu partout des petits billets d'avertissements, de conseils, d'interdits. Je fais le tour de l'appartement composé d'une grande salle de séjour et d'une petite chambre à coucher; partout ces petits billets si pleins de raison, si pleins d'autorité. Dans la salle de bain : « Ne pas jeter de coton dans les cabinets », « ne pas faire fonctionner le chauffe-eau et l'air conditionné en même temps », « ne pas essuyer son truc avec l'essuie-main ». Dans la cuisine : « Ne mettre dans le four que les récipients allant au feu », « fermer le gaz avant de sortir », « n'employer que le détersif X pour laver la vaisselle ». Dans la salle de séjour : « Ne jamais poser les cigarettes allumées et les verres pleins sur les bras des fauteuils et des canapés », « brosser les disques après les avoir écoutés », « ne jamais oublier d'éteindre la télévision, l'air conditionné, la radio, le tourne-disque, après s'en être servi ». Dans la chambre à coucher, un seul billet mais peut-être le plus curieux : « Téléphoner à volonté. Répondre si c'est nécessaire. »

Mais à part ces billets qui témoignaient des préoccupations presque maniaques d'une parfaite maîtresse de maison, l'appartement de Viva n'a aucun caractère, ne révèle rien de sa personnalité, il est absolument anonyme. Le blanc y domine, presque aucune autre couleur : blanc le séjour avec des divans blancs, des tapis blancs, des rideaux blancs; blanche la chambre à coucher : lit immense et bas, moquette blanche, placards blancs. Naturellement blancs aussi les carreaux de faïence de la salle de bain et de la cuisine. Oui, tout est blanc dans la lumière blanche d'un soleil voilé qui entre par la fenêtre de la salle de séjour; mais, bizarrement, cette blancheur n'éveille aucune idée de pureté comme, traditionnellement, cela devrait arriver. On pense plutôt à une vie extrêmement colorée par des teintes intimes et prohibées qui se serait libérée au milieu de rites mercenaires sur fond immaculé. Le silence de la maison invite lui aussi aux mêmes réflexions : ce n'est pas une maison silencieuse, c'est une maison dans laquelle, semble-t-il, on vient à peine de cesser de parler mais où demeurent encore les échos de voix inconcevables, des mots inaudibles.

Inquiète, je cherche d'autres indications, d'autres messages en dehors de ceux donnés par les bouts de papier. J'ouvre des tiroirs, je soulève les coussins des canapés, je regarde dans les placards. Je ne trouve rien, ou plutôt je trouve des vêtements de tous les jours, des objets de ménage; rien qui me parle, qui m'ordonne de faire quelque chose. Et d'ordres, moi j'en ai besoin. Le destin n'est-il pas un ordre auquel il serait vain d'opposer un refus? A la fin, désolée, je m'arrête au milieu de la salle de séjour. Me faudra-t-il défaire mes valises, pendre mes vêtements dans les placards, installer mes livres sur l'étagère, mes cahiers sur la table et revenir aux velléités de mon existence sans destin?

Du centre de la salle de séjour, je jette un coup d'œil dans la chambre à coucher, dont la porte est ouverte, et je découvre quelque chose de soudainement vertigineux : quelque chose de noir sort de dessous l'oreiller qui se trouve à la tête du lit. Alors, lentement je traverse la salle de séjour, je me penche au-dessus du lit, je dirige ma main vers le traversin. Avec une obscure sensation de surprise, je ramène peu à peu à moi une combinaison noire tout ajourée, une paire de bas noirs à couture, un porte-jarretelles noir, une paire de gants noirs et, en enfonçant ma main plus profondément sous le coussin, une petite cravache, noire elle aussi.

Alors je me redresse et je regarde. Tous ces objets noirs sont là, sur le couvre-lit blanc, disposés en un certain ordre que, sans m'en apercevoir et en les tirant de leur cachette, je leur ai moi-même donné comme aurait pu le faire une femme de chambre stylée chargée de préparer les sous-vêtements que sa patronne désire mettre pour sortir. La combinaison est dépliée ou, si l'on veut, allongée; le porte-jarretelles frôle le bord de la combinaison; les bas ceux des jarretelles. Les gants, l'un d'un côté, l'autre de l'autre, évoquent l'idée des bras absents; à portée d'un des gants, la cravache. Mon regard se baisse : les bas pendent dans le vide et, sur la descente de lit, il y a une paire de vernis noirs aux bouts effilés et aux talons aiguilles étonnamment hauts. Alors, brusquement, je me demande pourquoi Viva a oublié tout cela sous son coussin et je me dis qu'avoir laissé ces choses à l'endroit où je les trouve c'est comme si elle m'avait écrit un billet disant : « Mettre cette lingerie, empoigner cette cravache. » Alors moi, tout en rêvant un peu, je commence à me déshabiller.

Et je le fais sans hâte, docilement, avec un scrupule professionnel, avec la vague et stupide volonté d'éloigner pour un temps tout souci. Viva est grande, avec de larges épaules, une opulente poitrine, des hanches étroites, de longues jambes. J'ai le même genre de corps. Une seule différence : Viva est blonde et moi brune. Mais peut-être que Viva fait teindre ses cheveux.

Je passe la combinaison, je m'assieds sur le lit, j'enfile les bas que je tire le plus haut possible, bien au-dessus des genoux. Je me lève, j'agrafe le porte-jarretelles. Ensuite c'est le tour des gants longs jusqu'au coude et des chaussures que je lace en me baissant jusqu'à terre. Ça y est, j'ai terminé. A pas lents, inhabituellement hautaine et étonnamment grande, je vais me placer devant la glace.

Comme le corps d'une femme change selon les vêtements qu'elle porte ! Mon corps à moi, maintenant que je l'ai paré comme me l'a suggéré, comme l'a voulu Viva, est là dans le reflet de la glace et je ne le reconnais plus. Sous la transparence provocante de cette combinaison à jours, les cercles qui entourent mes bouts de seins sont larges et sombres comme des pièces de monnaie de cuivre; mon pubis se dessine comme une proéminence velue et agressive, mes cuisses, voilées de noir, semblent plus rondes, plus blanches, mes mollets plus charnus. Je me baisse pour empoigner ma cravache et voilà que le téléphone posé sur la table de chevet se met à sonner.

Il sonne une fois, deux fois, trois, quatre; je le regarde en fronçant les sourcils et en brandissant ma cravache. Il continue à sonner, arrogant, insistant, impérieux, pressé. Il n'y a aucun doute, il sonne pour moi; c'est un message, ce sont d'autres ordres qui surviennent après ceux écrits sur les bouts de papier, après ceux du linge caché sous l'oreiller. Alors, tandis que la sonnerie semble ne plus vouloir s'arrêter, je vais prendre mon sac que j'ai posé à côté du téléphone, je tends la main, j'évite de toucher le récepteur, voilà : il est ouvert. La petite liasse de billets de banque que j'ai emportée pour subvenir à mes besoins pendant les deux mois que je vais passer dans l'appartement de Viva est là. C'est le moment de me payer. Avec deux doigts j'extrais quelques billets, je commence un geste comme pour les déposer sur la petite table, et puis je change d'idée : le personnage que j'ai accepté d'être exige un autre endroit; je les glisse à droite, entre mon bas noir et ma peau, à la manière des prostituées des bordels.

Le téléphone recommence à sonner; pour moi,

bien sûr. Dans la sonnerie, on devine de l'étonnement, de la colère et, pourquoi pas? une certaine menace. Je le laisse faire : il se défoule. Tout tranquillement, en marchant majestueusement en équilibre sur mes talons aiguilles, en battant de ma cravache contre ma jambe, moi, je me dirige du côté de la fenêtre. Je tire sur un cordon, le rideau s'ouvre; je m'installe dans un coin pour que personne ne puisse me voir et je regarde dehors, à travers la vitre.

Cette maison se trouve dans le quartier des Parioli; devant moi le panorama habituel : des maisons et des maisons grimpant les unes au-dessus des autres, le long de la colline, de tous les côtés, en rangs serrés; et au milieu de tout ce ciment, comme une touffe de poils sous une aisselle, le bouquet d'arbres de quelque beau vieux jardin.

Je regarde avec une étrange mais forte attention ce panorama. Etrange, puisqu'il n'est rien arrivé, et que moi, je le regarde comme si tout était arrivé. Qu'est-ce que je ressens au fond de moi pendant que mes prunelles s'agrandissent et se dilatent en regardant sans voir? La sensation de vivre une vie qui se réalise, qu'on contemple au moment où elle est vécue. Alors, brusquement, je me rends compte que je suis venue dans cet appartement, que j'ai fait ce que j'ai fait pour pouvoir enfin regarder, à travers la fenêtre, le ciel et ses nuages, les toits, les façades des maisons des Parioli, les arbres de ce jardin. Et à présent, il ne me reste qu'à me rhabiller, à reprendre mes valises et à m'en aller.

# JUDITH ET HOLOPHERNE

Rien n'est plus triste à voir qu'un collant troué ou déchiré à l'endroit le plus intime du corps. Tout en expliquant au téléphone à mon ami que le moment est venu de se quitter, je regarde mon corps allongé sur mon pauvre lit-divan et je m'aperçois que mon collant, le seul qui me restait encore en bon état, est bon à mettre à la poubelle. L'air vaguement de sirène que le collant confère au corps féminin en affinant ses formes et en voilant sa couleur est compromis par une déchirure qui part de ma taille et aboutit sous mon ventre. La déchirure laisse à découvert un grand morceau de peau blanche; on dirait que la sirène a perdu une partie de ses écailles... A l'autre bout du fil j'entends la voix de mon ami qui me demande sur un ton angoissé pourquoi je veux qu'on se quitte.

Je réponds : « Parce qu'il y a un nouvel homme dans ma vie », et suis presque tentée d'ajouter : « Et que, grâce à cet homme, j'aurai tous les collants que je voudrai et beaucoup d'autres choses encore. » Mon ami élève la voix pour me demander si, ce nouvel homme, je l'aime.

Avec un respect scrupuleux de la vérité, je réponds : « Je ne l'aime pas, j'ai de l'amitié pour lui et il est riche. Ça me suffit. » Je crois que j'aurais mieux fait de me taire. Ma sincérité fait immédiatement s'écrouler la digue du respect et un flot d'insultes jusqu'alors contenu me submerge de toutes parts. Distraitement, j'écoute une voix hargneuse en même temps que j'élargis, avec le plaisir enfantin de détruire, la déchirure de mon collant. J'entends que cette voix dit que la putain qui attend le client sur une avenue de la périphérie est cent fois mieux que moi parce qu'elle, au moins, ne dissimule pas la vente de son propre corps sous l'excuse de l'amitié; je décide alors, froidement mais fermement, que j'en ai assez entendu; et je recours au truc que j'ai déjà adopté avec d'autres amoureux trop insistants : je fais comme si la ligne venait d'être brusquement coupée et je me mets à crier : « *Pronto! Pronto!* » comme si je n'entendais plus rien alors que j'entends parfaitement la voix de mon ami qui, lui, continue à m'insulter, puis qui se lasse et crie à son tour « *Pronto! Pronto!* » comme s'il craignait que nous ne soyons plus en communication. Chacun de notre côté, nous crions : « *Pronto! Pronto!* » lui de plus en plus furieux, moi de plus en plus indifférente. Finalement, je repose l'écouteur tout doucement et, consciente de ma méchanceté et de ma cruauté, je coupe la communication. Ouf! ça y est! Je vais me lever et faire ma valise. Le nouvel homme de ma vie m'attend à l'aéroport. Il fait des affaires. Il se rend en Espagne pour des questions d'exportation et il veut que j'y aille avec lui.

Mais dès que je commence à transporter mes vêtements et mon linge des tiroirs à ma valise, je constate que toute ma garde-robe est plus ou moins dans l'état de mon collant : soutiens-gorge décolorés, slips troués, bas filés, chemisiers brûlés, jupes déformées, pantalons en loques, tout mon linge, tous mes vêtements, ceux de dessus comme ceux de dessous, témoignent des désavantages d'avoir une âme orgueilleuse et désintéressée.

C'est vrai, j'ai eu, jusqu'à maintenant, beaucoup d'aventures amoureuses; mais toutes comme une brave paumée honnête et passionnée qui ne pense qu'au sentiment et pas du tout à l'argent. Ce serait donc aujourd'hui que, pour la première fois, l'intérêt prendrait le pas sur le sentiment? Vie nouvelle mais aussi vie désinvolte et cynique. A propos de désinvolture, après ce rapide examen du lamentable état de ma garde-robe, je prends une décision tout à fait en accord avec la situation : je vais laisser tous mes haillons dans mon logement d'étudiante sans le sou; je n'enfilerai qu'un manteau et je me présenterai à l'aéroport, devant le nouvel homme de ma vie, nue comme l'enfant qui vient de naître. S'il n'est pas idiot, il comprendra la signification symbolique de ma nudité. Et dès notre arrivée à Madrid, il fera le nécessaire pour me vêtir de pied en cap.

Quelques heures plus tard, tandis que notre avion commence à rouler, en nous ballottant un peu, sur la piste d'envol, je dis au compagnon assis à côté de moi : « Je suis partie sans valise et même sans vêtements : regarde »; et, sans m'inquiéter de son air scandalisé, j'entrouvre mon manteau pour qu'il puisse voir que je n'ai rien dessous, absolument rien, et j'ajoute : « A Madrid, tu m'achèteras tout, n'est-ce pas? » Et lui : « Nous achèterons tout ce que tu voudras. » Et, en prononçant cette petite phrase, il me prend la main parce qu'il est gentil, très; mais il exige que je le sois aussi. Nous nous serrons mutuellement les doigts; puis l'avion se lance en avant, roule quelques instants sur le sol, le quitte et s'élève obliquement vers les nuages.

A Madrid, nous descendons dans un hôtel de premier ordre; notre après-midi se passe à courir les magasins pour me refaire une garde-robe. On dirait que nous jouons avec une de ces poupées qu'on vend aujourd'hui, leurs habits à part, pour que les petites filles puissent s'amuser à les leur mettre elles-mêmes, slips, chemisiers, jupes. La poupée c'est moi, nue sous mon manteau; et m'habiller, pour mon compagnon, c'est un jeu érotique puisqu'il est amoureux et que dépenser son argent pour moi l'amuse; et qu'il veuille s'amuser de cette manière me fait plaisir. Soutiens-gorge, collants, slips, pantalons, jupes, blouses, bas, porte-jarretelles, chaussures, mouchoirs, sac, gants, robe de chambre et pour finir, une valise d'avion, légère et assez grande pour tout y enfermer; l'après-midi vole, joyeux, tendre, drôle, exactement comme si nous jouions ensemble à habiller entièrement la poupée que je suis.

De temps en temps, dans la rue, il s'arrête, ouvre mon manteau et dit : « Voyons, voyons, qu'est-ce qu'il manque encore? » et moi je ne peux m'empêcher d'éclater de rire, heureuse. Nous rentrons enfin à l'hôtel, fatigués et contents, avec ma grosse valise pleine de choses neuves. Mon compagnon sort pour ses affaires; alors, seule dans la chambre, je me laisse aller au plaisir ingénu que me cause ce luxe dans lequel je me trouve plongée pour la première fois de ma vie. Comme la moquette est douce et souple sous mes pieds! Comme sont flatteurs tous ces miroirs qui, dans l'ombre, me renvoient mon image! Comme sont légers, frais, lisses les draps dans lesquels je me glisse délicieusement pour me détendre quelques minutes! Oui, décidément, l'homme que je n'aime pas mais pour lequel j'ai de l'amitié est en train de gagner du terrain. Il est presque certain que, si les choses continuent à se passer de la sorte, je vais l'aimer pour de bon.

Le lendemain il retourne de nouveau à ses affaires; je suis seule et je vais visiter le musée du Prado. La peinture ne m'intéresse pas beaucoup, mais que peut faire une femme seule, bien habillée – très bien habillée –, belle, dans une ville étrangère où elle ne connaît personne, sinon aller visiter un musée? Je suis donc au Prado, allant de salle en salle, laissant errer mes regards sur des chefs-d'œuvre de la peinture. Je me dis qu'il serait bien de m'arrêter devant un tableau pour l'examiner de plus près; mais je me sens distraite, trop loin de ces préoccupations. Et voilà que tout d'un coup je suis obligée de m'arrêter, comme fascinée. Je suis devant un grand tableau qui représente une scène célèbre : le meurtre d'Holopherne par Judith. Ce n'est pas le sujet qui me fascine, mais l'extraordinaire ressemblance entre Judith et moi : même corps robuste, presque athlétique; même forte poitrine; même dos musclé; même flancs larges; même nuque délicate; même petite tête; même visage avec de grands yeux noirs et limpides, un nez fin, une bouche charnue et rouge comme une cerise.

C'est moi; sans aucun doute, c'est vraiment moi; et ce que je fais semble mystérieusement fait pour moi. Qu'est-ce que je fais? Eh bien, je lève en l'air la tête d'Holopherne, sanguinolente, avec ses cheveux pendants et ses paupières fermées, qu'à l'instant même je viens de séparer du tronc qui gît devant moi. Pourquoi ce geste terrible me concerne-t-il si bizarrement? Je ne sais pas. Je tâche de réfléchir mais je ne trouve pas de réponse, je sors du musée, et retourne à l'hôtel.

J'y retrouve mon compagnon; ensemble nous sortons pour aller visiter, aux environs de Madrid, l'Escurial. Durant la visite et au restaurant où nous dînons, il se montre extrêmement gentil et follement amoureux. Au palais, pendant la visite des appartements privés de Philippe II, sans tenir compte de ce que la petite chambre du roi donne au-dessus de l'abîme glacial de l'église, il veut absolument m'embrasser; au restaurant, il mange d'une seule main : de l'autre, il tient la mienne en enfonçant ses doigts entre les miens presque comme pour suggérer un analogue emmêlement de nos corps. Cette extraordinaire passion commence à me troubler. Et si j'allais me mettre à l'aimer? Je ne suis pas un pur esprit; je suis une personne faite de chair et d'os; le désir d'un homme et tout ce qui témoigne de ce désir, les cadeaux, le luxe, les achats, l'argent, eh, oui, le simple, le brutal argent en billets de banque, en monnaies, rien de cela ne me laisse indifférente. Qui a dit que l'amour était un sentiment pur et désintéressé? Celui qui a dit cette sottise ne savait rien de l'amour qui, en réalité, est comme un arbre couvert de belles fleurs parfumées dont les racines s'enfoncent dans du fumier.

Dans la soirée nous allons dans un cabaret et nous nous asseyons à une table pour boire du vin et regarder des danses folkloriques. Mon compagnon ne fait que me murmurer des mots passionnés et je ne peux nier que, parfois, je lui réponds par des regards plus ou moins enflammés. Naturellement, lui, en voyant l'ardeur de mes regards, redouble d'attentions et d'amour. Sur une petite estrade, une femme en mantille danse le flamenco; alors moi, sans doute excitée par le bruit des castagnettes et des talons qui scandent la danse, et cédant peut-être à je ne sais quelle impulsion, j'approche ma bouche de son oreille pour murmurer d'une voix vibrante : « Je t'adore. » Et lui, tout de suite : « Moi aussi. »

Il est très tard quand nous regagnons notre hôtel; sous le regard impassible du portier de nuit, nous traversons le hall enlacés comme des gosses. Et puis, à peine entrés dans la chambre, nous faisons l'amour; ensuite nous nous endormons, nus tous les deux. Environ deux heures après, je me réveille en sursaut. L'obscurité m'enveloppe, je suis complètement nue et je me rends compte que je suis agenouillée sur le lit en tenant dans ma main un long couteau de chasse que nous avons acheté la veille pendant notre cavalcade à travers les rues et les magasins. Je me sens tendue, contractée : dans l'état de quelqu'un prêt à commettre un crime. Effarée, délirante, je cherche et trouve la lampe de la table de chevet, je l'allume et vois, horrifiée, que la pointe de mon couteau est dirigée vers le dos de mon compagnon qui, à cause de sa position repliée sur lui-même, donne l'impression d'être sans tête. Brusquement me revient le souvenir du tableau du Prado où l'on voit Judith qui se dresse, vengeresse, à côté du corps décapité d'Holopherne. Comme un automate, je jette mon couteau, j'enfile mon manteau et, sur la pointe des pieds, je sors de la chambre.

Je descends dans le hall et cours m'enfermer dans la cabine téléphonique, où je compose le numéro de mon ex-ami à Rome. Alors il se passe quelque chose d'affreux. Presque sans attendre, j'entends sa voix qui dit : « *Pronto!* » Je réponds : « C'est moi, je te téléphone de Madrid... *Pronto!... Pronto!* » Mais lui, peut-être pour se venger de moi, peut-être parce que son appareil est en dérangement, continue à hurler – je l'avais fait moi aussi il n'y avait pas si longtemps à Rome – *Pronto! Pronto!* comme si quelque chose s'interposait entre nous pour nous empêcher de nous parler. Nous continuons avec nos *Pronto! Pronto!* lui d'une voix calme et moi de plus en plus désespérée; finalement, avec un clic la communication est cette fois vraiment coupée. Je sors de la cabine et je remonte dans la chambre.

Dans le noir, j'enlève mon manteau et me glisse sous les couvertures. Je suis Judith pas encore homicide qui se couche à côté d'Holopherne encore vivant. Je me dis que, pour le moment, il vaut mieux ne pas dépasser la phase initiale du récit biblique. Nous verrons plus tard. Très vite, je m'endors.

# SUPERBODY

Depuis quelque temps, il me semble que mon mari scinde la personne que je suis en deux parties bien distinctes : l'une agaçante, superflue, négative; l'autre apaisante, utile, positive. Je n'ai pas été longue à comprendre que, des parties en question, la première va de mon cou au sommet de mon crâne et la seconde de mon cou à la pointe de mes pieds. Dès que j'ouvre la bouche pour parler, mon mari m'interrompt, me met en boîte, me singe, me décore du nom aimable d'idiote. Tout au contraire, lorsque je suis allongée sur mon lit ou que, sans parler, je marche un peu en avant de lui, son regard s'attarde sur moi avec une bizarre satisfaction mêlée d'un certain remords. Naturellement, cette curieuse manière de se comporter éveille en moi, crée en moi une tendance analogue, je veux dire une tendance à la dissociation. Par exemple, quand je parle, mes idées, de plus en plus souvent, se confondent, mes phrases s'embrouillent, deviennent vagues, pusillanimes; je sens très bien ce que mon mari, corps et âme, proclame : « Mais quelle idiote! Impossible d'être plus gourde que ça! » Tandis que, et aussi de plus en plus fréquemment, lorsque je suis sur mon lit, paresseusement allongée, ou lorsque je marche, mais surtout quand je sais qu'il me regarde, il m'arrive de prendre des poses pour me faire encore davantage admirer et désirer. Et je sais ce que dans ces moments-là mon mari pense : « Non, mais regardez... Quel corps! Ma pauvre idiote de femme possède le plus beau corps du monde! »

Je crois qu'il est impossible de comprendre le comportement de mon mari si on ne sait pas qu'il est ce qu'on appelle à présent un « producteur » (sous-entendu, de films de cinéma), qu'il s'est fait à peu près tout seul (genre officier sorti du rang), qu'il est totalement dépourvu d'ambitions intellectuelles et artistiques et qu'il est spécialisé dans le film commercial, le plus souvent pornographique. C'est justement à l'occasion du tournage d'un porno que moi, célèbre vedette du cinéma érotique, je l'ai connu. Tout de suite il est tombé amoureux fou de moi; de mon côté, je le voyais tel qu'il est, plutôt vulgaire, c'est indéniable, mais bon garçon et gentil. Et puis un jour, sans doute parce qu'il s'était fait plus insistant, je l'ai épousé.

Quelque temps après mon mariage, fatiguée d'exhiber en gros plan sur les écrans les formes provocantes de ma trop célèbre académie, j'ai placé mon producteur de mari, mais vraiment brutalement, devant l'*aut... aut*[1] : ou bien il me faisait donner un premier rôle dans un film intéressant et sérieux ou dans ce qu'on appelle un film d'art, ou bien je restais chez moi pour remplir mes devoirs d'épouse et de maîtresse de maison. Bien entendu, sur le moment, il m'a promis tout ce que je demandais; mais peu à peu, le feu de la grande passion déclinant, il a visiblement recommencé à penser à moi comme protagoniste d'un des films qu'il avait l'habitude de financer. Il ne le disait pas, il n'en avait pas le courage; il le laissait entendre rien qu'à la manière dont il me regardait; j'ai déjà

1. *Aut... aut : Aut Caesar aut nihil* (Ou empereur ou rien), devise latine attribuée à César Borgia et employée couramment par les Romains d'aujourd'hui. (N.d.T.)

signalé cette manière bien à lui située entre l'admiration et le remords.

Ces remords admiratifs de mon cher mari étaient devenus, depuis quelque temps déjà, plus visibles, à cause d'un film sur lequel il comptait tout particulièrement, qui, dès la première soirée, fut le four le plus complet de sa carrière. Toujours d'une humeur infernale, il semblait perpétuellement sur le point d'exploser dans des colères qu'il ne contrôlait plus.

Et ces fameux regards, oscillant entre déception et approbation, se posaient de plus en plus fréquemment sur moi; ils devenaient même assez pesants pour me troubler. Ils finissaient par m'obliger à me préoccuper tellement de mon propre corps que j'en arrivais à ne plus penser qu'à lui. Mais oui, à présent, presque continuellement, j'en étais arrivée à me demander : « Que fait mon sein droit ? S'est-il échappé ou se tient-il sagement sous la dentelle de mon soutien-gorge ? Et mon ventre ? A-t-il décidé de se pavaner tout nu ou se cache-t-il, comme il se doit, dans la gaine qui le maintient sagement jusqu'au nombril ? Et qu'advient-il à ma fesse droite ? Quels mouvements fait-elle ? Monte-t-elle ? S'abaisse-t-elle ? Roule-t-elle mieux que la gauche ? »

Et voilà qu'un de ces derniers soirs, comme nous nous trouvions seuls tous les deux, assis en face de la télévision, lui dans un coin du canapé, moi dans l'autre, une irrésistible impulsion m'oblige à me lever (sans penser ni à mon sein droit, ni à mon ventre, ni à ma fesse gauche) pour me précipiter sur l'écran et sur le bouton qui coupe l'émission. La chose faite, je reprends ma place sur le canapé et j'attaque : « Alors ? Et comment marche ton dernier film ? Assez mal, non ? »

« Ne dis pas d'inepties. Il marche très bien. C'est un gros succès. »

« Il n'est pourtant resté en exclusivité qu'une semaine. »

« Toujours la même idiote! Comme si tu ne savais pas que les salles ont des engagements à tenir. Tu verras, quel succès quand d'autres salles le reprendront! »

« Les critiques ont écrit que c'était un mauvais film, vulgaire et, par-dessus le marché, très ennuyeux. Il semble que, pour une fois, les critiques aient eu raison. »

« Les critiques ne comprennent rien. Je te dis que ce film me rapportera un argent fou. »

Ensemble, brusquement, nous nous sommes tus : nous avions l'air de deux escrimeurs qui se regardent calmement avant l'assaut. C'est moi qui ait porté la première botte : « Je suis ta femme, je t'aime bien, ça me fait de la peine de te voir aussi nerveux, si malheureux. Réponds-moi franchement; si je te disais : " Par amour pour toi, je renonce au film sérieux, au film d'auteur, j'accepte d'être la vedette, plus ou moins déshabillée, d'un de ces films érotiques dans lesquels j'ai remporté, ou plutôt mon corps, ou plutôt mes seins, mon ventre, mes fesses ont remporté un immense succès ", que me répondrais-tu? »

A peine croyable! Et pourtant, c'est vrai! Gros, gras, asthmatique comme il est, il s'est jeté à genoux devant moi, il s'est emparé d'un de mes pieds et, après lui avoir arraché sa chaussure, il l'a couvert de baisers tout en hurlant : « *Evviva! Evviva! Evviva!* Enfin! Je reconnais bien là ma chère, ma très très chère Lucilla! »

Je ne m'étais pas trompée. Dans sa tête ne restait qu'un seul espoir : me faire accepter de revenir à cet exhibitionnisme qui m'avait rendue célèbre. Et ces regards dont il me gratifiait de plus en plus souvent, ces regards où je lisais à la fois un certain plaisir et un certain refus étaient ceux d'un homme d'affaires, qui s'inquiète de voir son capital rester inutilisé, par conséquent ne rapportant rien de tangible. Alors mon pied, celui que ce soir il venait de couvrir de baisers, a pris son élan pour aller le frapper en pleine figure. Ensuite, debout dans une attitude très digne, je me suis entendue prononcer ces phrases : « J'ai remarqué que depuis quelque temps tu me regardes comme autrefois un trafiquant de chair humaine regardait l'esclave qu'il avait achetée en se demandant à quel prix il convenait de la vendre... Eh bien, non... Moi, tu ne me mettras pas en vente, ni aujourd'hui, ni demain, ni jamais. Même si cela doit te rendre fou de rage, même si cela te consterne, ces seins-là, mes seins, s'effondreront et deviendront pareils à deux vieilles outres vides et flasques, ce ventre, il se déformera au point de ressembler au sac à provisions que les bonnes femmes traînent avec elles pour faire le marché, mes hanches, mes cuisses s'élargiront comme les flancs de ces barcasses qui transportent des matériaux lourds, sans que tu puisses rien en tirer du point de vue argent, sans que le moindre photogramme soit vendable. J'ai fini. Adieu. »

Tombé en arrière, il restait là, sans bouger; il me regardait en tâtant sa bouche à l'endroit où mon pied l'avait frappé. Et puis j'ai vu que ses lèvres commençaient à vouloir former le mot « idiote », mais, avant qu'il ne sorte, j'ai crié : « Non, je ne suis pas idiote, souviens-toi de ce que je te dis, je ne suis pas une idiote, en rien une idiote et bientôt, très bientôt, je te le prouverai. » Je lui ai tourné le dos et je suis sortie en courant. Mais comme elle doit avoir l'air ridicule une femme telle que moi lorsqu'elle ne contrôle plus, mais plus du tout, les mouvements de son corps!

Ces phrases de défi que je venais d'adresser à mon mari n'étaient ni fortuites, ni improvisées. Depuis quelque temps, je me sentais assez sûre de moi parce que, deux mois auparavant, Gildo, le directeur d'une maison de production rivale de celle de mon mari, m'avait fait une proposition de travail conforme à mes goûts actuels. « Un film d'art? Un film d'auteur? » s'était exclamé ce charmant jeune homme, cultivé, courtois, moderne, bien de son temps, en enlevant ses lunettes pour mieux m'observer de son beau regard si intensément expressif. Il m'avait donné l'impression de vouloir fouiller jusqu'au fond mes yeux pour créer entre nous un vrai rapport humain, intime; complice peut-être? « *Mia cara* Lucilla, moi, je ne peux pas vous imaginer autrement que dans un film d'art, un film d'auteur. Uniquement. Pensez-y, prenez votre temps. Le jour où vous serez décidée, venez me voir ici, à mon bureau. Et si vous prenez votre décision en dehors des heures de travail, venez chez moi. A n'importe quelle heure. Je serai là. Je vous attendrai. »

Je l'avais écouté, j'avais accepté sa proposition mais, comme on dit vulgairement, « en gros »; je savais que j'aurais besoin d'un prétexte pour abandonner mon époux qui, de toute évidence, ne supporterait pas de me voir dans un film produit par une autre maison que la sienne.

Eh bien, maintenant je l'avais, ce prétexte : mon mari venait de me le donner lui-même; aussi, comme j'étais, en pull et en pantalon, je me retrouve dans le vestibule et, l'instant d'après, dans la rue. Gildo n'habitait pas loin de chez nous. A pied, je me suis lancée pour traverser deux ou trois petites rues solitaires, mais de grand standing, où les voitures étaient rangées sagement le long des trottoirs. Je courais; tout en courant, je sentais que les mouvements de mon corps étaient extrêmement maladroits et je maudissais mon mari : c'était lui qui m'avait appris à penser exclusivement à mon corps. Cette honte que j'en éprouvais aujourd'hui disparaîtrait bientôt puisque j'étais sur le point de débuter dans un film digne de moi où j'oublierais mon corps, définitivement. Voilà la porte d'entrée, voilà le bouton de sonnette, voilà l'interphone. A la voix d'homme du monde qui demandait qui était là, j'ai répondu tout d'un trait : « C'est Lucilla, ouvre-moi, je me suis échappée de la maison, j'ai quitté mon mari, il faut que je te parle. » Mais voyons, existait-il déjà quelque chose entre nous deux? Pourquoi est-ce que je m'adressais à lui de cette manière intime? Non, non, il n'y avait rien entre nous, rien en dehors de sa promesse de me faire interpréter un film sérieux. Rien, mais tout : puisque cet espoir de pouvoir « m'exprimer » était « tout » pour moi.

Accompagnée d'un bourdonnement discret qui ressemblait à la voix de Gildo, la porte s'ouvre; j'entre, je fonce dans l'escalier; mon corps est toujours agité de mouvements brusques et incohérents; je n'attends pas d'avoir retrouvé mon souffle, je sonne; Gildo apparaît sur le seuil et je me jette en sanglotant dans ses bras. Connaissez-vous cette impression particulièrement désagréable qui consiste à imposer à quelqu'un un rôle auquel il ne s'est pas préparé? Ainsi Gildo. Pendant que très affectueusement il me soutenait, refermait sa porte, m'amenait jusqu'au salon, j'ai brusquement compris que lui, Gildo, au rôle d'amant, il ne s'était pas du tout préparé. Sa main effleurait à peine mon épaule; son corps s'arquait en arrière pour ne pas toucher le mien; son menton s'appuyait fortement sur mon crâne pour empêcher ma bouche de remonter jusqu'à la sienne. Aimablement, il m'a pilotée vers un canapé; et lui, il est allé s'asseoir en face de moi, à distance respectueuse. Je me suis arrêtée de pleurer et j'ai dit : « Excuse-moi, mais ce n'est pas tous les jours qu'on quitte un mari. » Il m'a répondu, tout en retirant ses lunettes et en me fixant avec ses yeux de magnétiseur : « Tu n'as pas à t'excuser. Je te comprends et je respecte la douleur. »

Alors, moi aussi, j'ai eu envie de le regarder plus attentivement que je ne l'avais jamais fait, pour me rendre compte de ce qui, en dehors de sa voix trop distinguée, me choquait en lui. J'ai vite compris. Ses yeux, très beaux, noirs, profonds, inaltérablement brillants mais immobiles comme ceux d'un hypnotiseur, s'accordaient mal avec son nez et sa bouche, le premier tordu et écrasé, la seconde informe quoique légèrement enflée. Avec ces yeux-là il était né, tandis qu'au contraire son nez et sa bouche semblaient avoir été remodelés sur son visage – très bien, pour ça il n'y avait rien à dire – à la suite d'un accident dont il avait dû être victime.

Ces réflexions personnelles furent rapides. Gildo reprit la parole et c'est très souriant qu'il me dit : « Je vais t'expliquer comment je te vois dans le film que, je l'espère, tu interpréteras pour nous. Ecoute-moi bien parce que, pour l'instant, rien n'est écrit, rien n'est encore définitif. Je te dis simplement comment je te vois, comment je te verrai sur l'écran, le film terminé, bien installé dans un confortable fauteuil d'une des salles de la production. »

Après quelques instants de silence il a commencé : « Je vois une femme très belle, tourmentée par un drame typiquement existentiel. Cette femme a un cerveau, cette femme a une âme; mais les gens s'obstinent à ne s'intéresser qu'à son corps. Alors elle, pour se venger, décide d'être comme tous la veulent, rien d'autre qu'une sensationnelle, éblouissante, fascinante chose de chair. Toujours pour se venger, elle se met à exagérer, elle en fait trop, en un mot elle se comporte en nymphomane. Je la vois se donner à un homme, puis à un autre, puis à un autre, puis à un autre. Je la vois perdant la tête au milieu de tous ses amants; son corps est infatigable, sa nudité ne fait grâce de rien. Je la vois monter et courir dans des escaliers, entrer dans des chambres, se jeter sur des lits, aller et venir nerveusement dans son appartement, attendre près des fenêtres, sortir sur les balcons. Toujours vêtue de sa seule beauté, dans une incessante exhibition de son corps. Mais attention! Encore une fois, attention! Cette femme ne se comporte pas ainsi parce que cela lui plaît. Cette femme souffre et elle ne comporte ainsi pour se venger de l'incompréhension des hommes. Comme si elle voulait leur dire : c'est vous qui avez voulu que je ne sois rien qu'un corps. Très bien. Je serai comme vous me voulez. Je serai un supercorps. Mais qu'en dis-tu, Lucilla? Pourquoi le film n'aurait-il pas pour titre : *Supercorpo*, ou *Superbody*, en anglais, pour toucher la clientèle internationale? »

Il avait parlé très lentement, sans doute sur le rythme de ce film qu'il venait d'imaginer et dans lequel il affirmait pouvoir me donner le premier rôle; j'avais eu le temps de préparer ma réponse : « Bon. Maintenant, à mon tour je te dis ce que je vois. Je vois un bel hypocrite de directeur de production qui, sachant que mon académie, que mon nu, si tu préfères, rapporte pas mal, veut, tout en me parlant de drame existentiel, veut me faire faire un film érotique et commercial de plus. Je vois ce même hypocrite me chanter n'importe quoi en pensant que je suis une pauvre idiote qu'il mènera par le bout du nez. Je vois, pour finir, la pauvre idiote se frapper la tempe du bout de son joli doigt comme pour dire : tu es fou mais moi pas, puis sortir du salon pour aller retrouver son mari qui, au moins, lui, ne sait rien des drames existentiels et ne pense, ouvertement, qu'à gagner le plus d'argent possible. »

Je vous ai dit comment j'ai exécuté ma sortie, comment je suis rentrée à la maison pour dormir avec mon mari, le marchand de chair humaine.

Depuis ce soir-là, j'ai renoncé au film sérieux. Et plus jamais mon mari ne m'a demandé de redevenir vedette de cinéma.

## L'AUTODIDACTE

Pourquoi suis-je ce que je suis? Hier, à huit heures du soir, j'ai répété une fois de plus à l'Autodidacte (je l'appelle ainsi à cause de sa passion pour la « culture »; en réalité, son vrai nom est Gaspare et il est commerçant) que je l'aimais à la folie; aujourd'hui, à peine vingt-quatre heures après, je l'attends en pensant, avec une haine fortement ancrée, à la meilleure manière, je veux dire la manière la plus cruelle, la plus outrageante, de m'en débarrasser. Que s'est-il passé entre hier et aujourd'hui pour faire souffler en sens contraire le vent de mes sentiments? C'est la question que je me pose, recroquevillée au fond de mon lit où, pratiquement, je passe ma vie au milieu d'un invraisemblable fouillis de journaux, d'hebdomadaires illustrés, de téléphone, d'annuaires téléphoniques, de plateau de petit déjeuner, de plateau de déjeuner, de radio tonitruante, de livres à peine parcourus et laissés ouverts.

Je cherche le motif de cette incroyable versatilité et plus je le cherche moins je le trouve. Peut-être parce que entre l'Autodidacte et moi il y a une grande différence d'âge? Lui a cinquante ans et moi, vingt-huit. Ou bien parce qu'il est marié et père de trois grands enfants et n'a pas la moindre envie de quitter sa femme pour moi? Ou parce qu'il est commerçant et qu'il a un magasin sans prétention (il vend des cravates et des chemises), au contraire de moi qui suis, comme on dit, de bonne famille noble, à l'aise, pour ne pas dire assez riche? Ou parce que, devant moi, il étale sa culture, sa culture d'autodidacte, un peu comme s'il voulait m'ensorceler, en se donnant l'air d'être omniscient et que moi, après avoir été longtemps fascinée, je commence, sans doute inconsciemment, à me révolter? Ou parce que, au lit, il est, sans comparaison possible, extraordinairement viril et que la virilité, surtout si on s'en flatte trop, peut, on le sait, devenir agaçante? En réalité ces motifs sont insuffisants, qu'ils soient pris séparément ou en bloc. Finalement, mon seul motif valable serait, paradoxalement, l'absence de motif. Vous voyez, comme lorsqu'on entend dire : « Je n'ai rien à lui reprocher mais il y a en lui quelque chose qui ne me va pas »; hélas, bien souvent, ce quelque chose qui ne vous va pas crée, un jour ou l'autre, une hostilité qui entraîne la rupture.

Vous me demandez quand cette marée amoureuse, pendant plus d'un an si forte, si impétueuse, a commencé à amorcer son reflux? Cela, du moins, je le sais de façon certaine. Précisément hier soir à onze heures et quart, au restaurant de la Via Cassia où nous étions en train de dîner. Il était assis en face de moi et ne faisait rien d'autre que me regarder de ses gros yeux stupides d'hypnotiseur de foire. Tout de même, au bout d'un certain temps, il a avancé sa main en passant par-dessus la table et il a pris la mienne en murmurant : « Tu m'aimes, dis? » Alors moi, j'ai vu à sa montre-bracelet qu'il était onze heures et quart. Au même instant, j'ai ressenti comme une contraction douloureuse au bas du ventre et j'ai été envahie par une brusque colère qui m'a donné l'impression que quelque chose allait exploser au-dedans de moi; j'ai baissé mes yeux que je savais brillants de fureur et je lui ai répondu dans un souffle : « Mais voyons, quelle question! » Ce fut, je crois, ce qu'on pourrait appeler une réaction physique mais je crois que réaction physiologique conviendrait mieux : une seconde avant onze heures et quart j'étais détendue, abandonnée, ouverte à son désir; l'instant d'après, contractée, méfiante, refermée.

Le voilà. Son coup de sonnette très bref, comme venant de quelqu'un tellement sûr de son fait qu'il peut être discret, commence à réveiller mon aversion. Peut-être qu'on doit au sentiment d'hostilité qui m'intoxique et m'obnubile, mon oubli de passer mon peignoir pour aller, toute nue, lui ouvrir la porte. Dès que j'ouvre, mes seins disparaissent sous une masse énorme de roses rouges délicieusement parfumées qu'il vient de me jeter du palier où il se trouve encore. Je dis d'une voix lente et maussade : « Merci, merci beaucoup, elles sont superbes. » Je lui donne un baiser, par-dessus son bouquet, je le fais entrer, je lui tourne le dos et je vais directement à la salle de bain. Je donne un tour de clef, je soulève le couvercle de la cuvette des cabinets, j'y jette les roses, je m'assieds, je fais pipi. Un peu soulagée mais non calmée, je me mets sous la douche pour recevoir le jet d'eau bouillante. Quand je sors de la salle de bain, en peignoir, bien peignée et rafraîchie, ma haine n'est plus le poison torpide de tout à l'heure; c'est une lame effilée prête à tuer.

Je suis assez bonne cuisinière et souvent, dans le passé, je lui ai préparé des repas plus ou moins élaborés. Mais aujourd'hui, je n'ai rien voulu faire; je me suis contentée de téléphoner à un traiteur pour demander qu'on me livre un repas complet. Lui, il s'est installé tout de suite à la petite table dressée dans la cuisine. Sans faire attention à lui, j'ouvre le réfrigérateur et j'en extrais du saumon fumé, des œufs à la russe, du rosbif, de la salade, du fromage, des fraises et de la crème. Après ça, je m'assieds en face de lui qui commence à manger avec grand appétit en mastiquant de cet air bien décidé qui autrefois m'attendrissait et qui m'irrite à présent. Sans toucher au peu que j'ai mis dans mon assiette, je me demande froidement quel prétexte je vais pouvoir bien inventer pour provover une bagarre déterminante.

Ce prétexte, c'est lui qui va me le fournir presque tout de suite. Ce n'est pas pour rien que je l'ai appelé l'Autodidacte; comme je crois l'avoir déjà dit, non seulement il est passionné de savoir, mais il ne vit que pour en parler et pour le divulguer. Il change souvent de thème; un jour c'est l'existentialisme, un autre le zen; ou un écrivain, Proust ou Kafka; ou encore, je ne sais pas, moi, le dernier bouquin sur l'écologie. Ce soir, il s'agit de la cybernétique, un de ses sujets préférés, peut-être à cause de ce quelque chose de magique que cette science si pleine d'implications philosophiques lui confrère, selon lui, à mes yeux. Tout en continuant à manger de bon appétit, il m'explique les prodiges du *feed-back*, en d'autres termes, de la rétroaction. Après m'en avoir donné une définition sommaire (« il s'agit d'un effet réactionnel, dit action en retour, engendré dans un organisme, un mécanisme, par son propre fonctionnement dont il assure un contrôle »), voyant que je ne dis rien, ne faisant que le considérer de bas en haut, il ajoute, sur un ton à la fois enthousiaste et didactique : « Tu ne comprends pas? Attends, je vais te donner un exemple. Tu connais, n'est-ce pas? les chaudières au naphte. Un thermomètre est plongé dans l'eau de la chaudière. Lorsque l'eau dépasse une certaine température, mettons soixante-dix degrés, le thermomètre, en se dilatant, coupe le contact électrique et, par conséquent, arrête l'arrivée du naphte. Alors, immédiatement, la température commencera à baisser en provoquant finalement un nouveau contact électrique qui, à son tour, remettra en action la pompe du naphte. Dis-moi s'il n'est pas merveilleux qu'une machine puisse se régler d'elle-même, je veux dire de façon purement automatique, qu'elle puisse communiquer des informations ou, si tu préfères, qu'elle *pense*, et qu'elle agisse en conformité avec sa pensée? »

Je ne dis rien, je continue à le regarder avec une lourde et dédaigneuse attention... Mais voilà que, tout d'un coup, je découvre que mon Autodidacte, à force de m'endoctriner, m'a transformée moi-même en autodidacte qui allait être capable de se libérer de lui. Sans me presser, d'un air très désagréable, je finis par répondre : « Tu as raison, c'est merveilleux une machine qui devient autorégulatrice. Mais c'est une chose qui n'arrive pas seulement aux machines; aux gens, aussi. A moi, par exemple. »

Il me regarde, étonné; le verre qu'il était en train de porter à ses lèvres reste suspendu entre ciel et terre : « Elle te concerne en quoi, cette histoire? Nous parlions de chaudières. »

« Et comment elle me concerne! Il ne t'est jamais venu à l'idée que je suis une chaudière dans laquelle ton naphte ou, si tu veux, ton insupportable amour, a fait monter la température de manière excessive? Maintenant que tu le sais, dis-moi, un peu, mon cher surdoué, ce que tu penses qu'il va arriver. »

Il est nettement stupéfait. Peut-être davantage de me voir me servir contre lui de son savoir que du ton hostile de ma voix. Je poursuis : « Veux-tu que je te le dise, moi, ce qui arrivera, ou plutôt ce qui est déjà arrivé? L'apparition de quelque chose qui, ayant la même fonction que le thermomètre dans ta chaudière, interrompra le flux de l'amour que tu as pour moi. Veux-tu que je te dise aussi comment s'appelle ce quelque chose? Ce quelque chose s'appelle haine. »

Cette fois, incrédule, il ne peut qu'écarquiller les yeux : « Toi? tu me hais? »

« Oui, je te hais parce que ta passion m'étouffe, me suffoque, me ferait presque vomir; un autre genre de réaction, je suppose. Je te hais, et je veux que tu sortes de ma vie pour toujours. Alors, pour continuer sur le thème qui t'intéresse tant aujourd'hui, ma température descendra à un niveau normal, tolérable, et je serai prête à accueillir un nouvel amour. »

Atterré, il balbutie : « Si tu veux, cessons de nous voir pendant quelque temps. Je te laisserai tranquille, tu n'entendras plus parler de moi. Quand ta... température sera tombée, nous nous reverrons. Veux-tu que nous fassions comme ça? »

Je réplique, mais sur un ton farouche : « Je n'ai pas confiance en toi. J'ai dit que j'accueillerai un nouvel amour, pas le tien. Non, mon cher, tu es trop véhément, trop ardent. Va-t'en au diable! »

Visiblement, il suffoque, j'ai l'impression qu'il se noie : « Mais voyons, hier encore tu me disais que tu m'aimais... même que tu m'adorais. Au restaurant, hier soir, dès que nous nous sommes assis à table, tu as murmuré : " Je t'adore! " Et, à présent, comme ça, tout d'un coup... Que t'est-il arrivé? Je t'en supplie, dis-moi ce qu'il t'est arrivé. »

« Il ne m'est rien arrivé. Comme ta chaudière, je fonctionne maintenant sur autorégulateur. »

C'est très drôle, mais voilà que, brusquement, l'autodidacte l'emporte sur l'amant. Il objecte : « Mais on ne peut parler de rétroaction, d'autorégulation, que s'il s'agit de machines, d'automates; toi tu n'es pas une machine, tu n'es pas un automate. Toi, tu es une femme de chair et d'os, tu as des sentiments, des passions... »

Je hurle : « Non, non, ce n'est pas vrai. Je suis une machine à faire l'amour, un automate avec lequel on va au lit. »

« Les automates n'aiment pas, ne peuvent pas aimer. Toi, tu sais aimer, jusqu'à hier, c'est moi que tu aimais. »

« C'est vrai : je t'aimais et à présent je te hais. Je suis un automate, sinon, comment expliquer autrement mon changement ? En fait, je n'ai rien, absolument rien à te reprocher, à part que tu m'aimes. Et maintenant, excuse-moi, mais il faut interrompre ton dîner et t'en aller. Ton veston est là. File. »

Il fait très chaud et il avait voulu enlever son veston. Je le lui tends et, au moment où je l'oblige à passer une manche, il se retourne pour m'embrasser. Je le repousse, je crie : « Bas les pattes ! Si tu me touches, je hurle. Si tu insistes, j'appelle la police. »

Il s'en va. Non sans me jeter un coup d'œil terrifié. Ses prunelles ont perdu leur magnétisme. Je claque la porte derrière lui et je me regarde dans la glace. Avec ma tête dépeignée, mon teint blême, mes yeux exorbités et trop brillants et ce corps que mon peignoir entrouvert dévoile raidi par la colère, je me fais peur à moi-même.

Je rentre dans ma chambre et je vais me jeter sur mon lit pour enfouir ma tête dans les coussins. J'éclate en sanglots. Je me rends compte que je ne sais pas pourquoi j'ai fait ce que j'ai fait. Je pleure et en même temps je sens que ma température – pour reprendre la métaphore de l'Autodidacte – descend de façon vertigineuse. Brusquement, me voilà glacée par la solitude, gelée par le manque d'amour. Toujours en pleurs, j'avance la main du côté du téléphone, je prends le récepteur et, presque sans savoir pourquoi, je fais le numéro d'un étudiant qui me répète depuis quelque temps qu'il m'aime. C'est vrai que je suis une mécanique qui se règle toute seule. Mais pour faire l'amour il faut être deux.

## LE CORPS ET L'ESPRIT

A pas tout à fait treize ans et demi, ma sœur Alina a eu son premier homme, un garçon blond, fade, dont le visage rappelait vaguement la hyène, qu'elle était allée retrouver dans l'appartement voisin du nôtre où il vivait avec deux amis, étudiants comme lui. J'avais trois ans de plus qu'Alina, nous nous aimions beaucoup mais ce n'est que ce jour-là que nous avons compris que nous étions, pour ainsi dire, une seule et même personne : moi, laide, pâle, rachitique mais intelligente, qui représentais l'esprit; elle, ma sœur, souple comme un serpent, belle comme une statue, mais avec un front de deux doigts à peine au-dessus d'un visage tout en bouche et en yeux, qui représentait le corps.

L'esprit ne vivait pas vraiment; seulement de la vie du corps, auquel, petit à petit, il fournissait en échange des justifications, plus ou moins idéales, pour ses appétits. Alina, ce jour-là donc, me tourmentait de questions dans le genre de celle-ci : « Qu'en dis-tu? Lui voudrait que j'aille chez lui, il m'a promis un cadeau. J'irais bien, mais j'ai peur; qu'en penses-tu? »

En moi, enthousiaste : « Mais vas-y. Qu'attends-tu? Tu n'iras pas rencontrer un homme, tu iras rencontrer l'amour, la plus belle chose de la vie. »

Elle y est donc allée, elle y est retournée et finalement elle a couché avec les deux amis étudiants, et puis après avec beaucoup d'autres et moi, chaque fois, j'ai trouvé de bonnes raisons pour mettre sa conscience en repos. Le résultat c'est que, après cinq ans de cette vie, Alina avait déjà eu je ne sais combien d'amants et moi aucun. En compensation, j'avais vécu de sa vie, passionnément, comme si elle avait été la mienne.

Un jour, Alina n'a plus eu envie de rester à la maison à cause de l'ennui de devoir toujours mentir à nos parents qui la considéraient comme une petite fille attardée dont les sens étaient encore endormis. Mais elle n'aurait jamais eu le courage de s'en aller si moi, comme d'habitude, je ne lui en avais pas fourni de bonnes raisons, ou plutôt l'occasion. Toutes les deux nous étions élèves à l'Ecole des beaux-arts et je l'ai facilement convaincue qu'elle et moi nous devions devenir peintres et que pour devenir peintres il fallait d'abord quitter la maison et louer un atelier. Alina a battu des mains de joie et s'est jetée à mon cou en s'écriant : « Mais qu'est-ce que je deviendrais sans toi? » Après une brève mais acharnée discussion avec les parents, nous avons obtenu ce que nous voulions et même davantage.

Notre père qui était un fonctionnaire de quelque importance nous a assigné une mensualité modeste mais suffisante. Nous avons loué une mansarde composée d'une petite pièce et d'une immense chambre près du palais Farnèse. Dans la petite pièce nous avons installé un lit à deux places et dans la grande chambre des tas de gros coussins tout autour des murs et, près des grandes fenêtres, nos deux chevalets.

Nous avons alors commencé notre vie d'artistes. Nous consacrions à la peinture tous nos après-midi. Moi, qui croyais toujours d'abord à mes justifications idéales, je peignais avec ardeur. Alina peignait aussi mais sans enthousiasme; elle savait que son talent se trouvait ailleurs. A la fin de la journée, nous nous arrêtions de travailler et le défilé des amis et des amis des amis commençait. Les uns apportaient du vin, d'autres de quoi manger, d'autres des disques ou leur guitare; c'est ainsi qu'entre la musique, les discussions sur l'art ou la politique, en mangeant, en buvant, en fumant, vautrés sur nos coussins, nous voyions l'aube arriver.

Nous étions très connues et très populaires dans le quartier. Comme il se doit, Alina avait de nombreux amants et moi aucun. Quelquefois, quand nous n'avions plus un sou, Alina se rendait chez quelques mystérieux commerçants ou boutiquiers; elle couchait avec eux et ils la payaient. Bien entendu, je lui avais fourni une excellente raison pour lui faire accepter ces prestations non désintéressées : « Ce sont des hommes qui, de toute leur vie, n'ont jamais connu un instant de poésie. Toi, tu la leur apportes. Ils te payent ? Eh bien moi, je dis qu'ils devraient non seulement te payer mais encore baiser la terre où tu poses tes pieds. »

Ensuite est venue la crise, provoquée par deux incidents apparemment insignifiants. Moi, j'ai tenté de me suicider avec des barbituriques parce que j'étais tombée amoureuse d'un garçon qui n'a pas voulu de moi. Alina, toujours un peu trop facile, a attrapé une bénigne maladie vénérienne. Tout s'est terminé par un lavage d'estomac pour moi et par une série d'antibiotiques pour Alina. Mais le charme était rompu. C'est Alina, comme d'habitude brutale autant qu'indécise, qui m'a posé cette question : « Toi, qu'est-ce que tu en dis ? J'en ai marre de vivre dans la crasse. Je connais un type, pas tout jeune et marié, qui semble avoir envie de m'assurer le luxe dont j'ai absolument besoin. Ce qui sous-entend qu'il me faudra cesser d'être hypocrite et faire ouvertement le métier. Qu'en penses-tu ? »

Et moi, tout de suite ravie : « Mais d'accord, assez de peinture, assez de contestation, assez de frusques du décrochez-moi-ça. Ne dis pas que tu faisais semblant de faire de la peinture. Tu as peint sérieusement tant que tu as senti que tu devais peindre. Aujourd'hui, tu sens que tu dois faire autre chose. Eh bien, fais-le, sans fausse pudeur. » Vous remarquerez que je me suis abstenue de nommer le métier qu'Alina sentait de son devoir de faire à présent, qui était, tout simplement, celui de prostituée. Mais ne croyez pas à une réticence hypocrite de ma part. A ce moment-là, infatuée de moi-même et partisane, j'aurais été incapable d'appeler prostitution ce qu'en toute bonne foi je considérais comme une expérience parmi d'autres. Du reste, de cette bonne foi, j'ai donné la preuve rien qu'à la façon dont nous avons organisé notre vie lorsque nous nous sommes transférées aux Parioli, dans le nouvel appartement. La mansarde de Piazza Farnese était ouverte à tous, pleine de lumière, avec les grandes verrières de l'atelier par lesquelles le soleil entrait à flots. Notre appartement des Parioli était discret, silencieux, sombre, plein de rideaux, de tapis, de moquette, de stores et de volets. Il ne s'ouvrait à personne, sauf au vieux protecteur d'Alina. Quant à moi, j'avais décidé de me faire passer pour la domestique d'Alina; je vivais et je me laissais traiter comme telle. Je m'étais découvert un vrai talent de cuisinière et, pendant d'Alina s'entretenait au salon avec son vieil amant grognon et irascible (il était grand, maigre, avec un nez aquilin et des yeux méchants), moi je me plongeais dans un livre de cuisine. Je m'affublais du petit bonnet et du tablier blanc des femmes de chambre pour servir à table mes plats de gourmet. J'aimais cette vie humble et servile. Je mettais même un point d'honneur à m'abaisser, jusqu'à m'agenouiller aux pieds d'Alina pour lui retirer ses bottes pendant que son vieux, en manches de chemise, avec ses cheveux blancs tout ébouriffés, nous observait en nous regardant avec ses gros yeux de hibou; jusqu'à aller moi-même le matin dans leur chambre pour relever les stores et poser sur leur lit le plateau du petit déjeuner. Mon abjection était récompensée par le fait qu'Alina me racontait tout, continuait à me demander des conseils : plus que jamais, elle était soumise à ma volonté.

Une seconde crise est arrivée, différente de la première : dans la vie rien ne se répète. Alina s'est amourachée d'un dénommé Danilo, un individu louche qui vivait d'expédients. Il était beau, ah! ça oui, avec son abondante chevelure couleur de miel, ses yeux clairs, sa bouche amère; et puis athlétique, avec une merveilleuse carnation dorée. Danilo, au début, venait chez nous lorsque le vieux n'était pas là. Plus tard, Alina l'a présenté au vieux. Alors ils sont devenus trois inséparables. Je ne sais pas très bien ce qui s'est passé au cours de leurs fréquents voyages en Italie ou à l'étranger, dans ces endroits qui plaisaient tant à Alina simplement parce que je n'y étais pas. Ce que je sais c'est que du Kenya, partis à trois pour un safari, ils ne sont revenus qu'à deux; le vieux a été tué, par erreur, d'un coup de fusil, mais on n'a jamais très bien compris si le fusil appartenait à Alina ou à Danilo. Le vieux, après l'enquête, a été enterré à Nairobi; Danilo et Alina sont revenus en Italie et se sont mis à vivre ensemble.

Cette mort a précipité la venue de la troisième crise de notre vie. De l'argent, il n'y en avait plus beaucoup à la maison; un jour, Alina m'a confié que Danilo lui proposait d'aller en voiture en Orient acheter de la drogue pour la revendre ensuite en Europe. Que devait-elle faire? Il y avait beaucoup d'argent à gagner, c'était certain; mais c'était très dangereux et elle, elle avait très peur. Alors, moi, dans un dernier éclair de génie : « Mais oui, bravo! Quelle bonne idée! Moi aussi j'en ai assez de cette vie de taupe. Air, soleil, lumière, larges horizons, bonheur. Allons-y. Partons. »

En vérité, Danilo n'était pas enchanté à l'idée de m'emmener avec eux; par tous les moyens il a essayé d'empêcher mon départ. Il n'a pas réussi parce que Alina, dans un brusque sursaut de raison, lui a dit qu'elle ne pouvait pas vivre sans moi, que j'étais son âme; et qui, lorsqu'il s'en va en voyage, laisse son âme à la maison?

Nous sommes donc partis, et en roulotte de camping. Nous avons traversé la Yougoslavie, la Grèce, la Turquie, l'Iran. De l'air, de la lumière, du soleil, nous en avions autant que nous voulions; quant au bonheur que j'avais si lyriquement promis, nous en manquions totalement. Tous les trois, nous étions bronzés et en pleine forme physique à cause de la vie au grand air que nous menions; mais sous ce bronzage sain, quelque chose de trouble, de confus, plein de haine. Moi, je haïssais Danilo parce que je sentais qu'il voulait arracher Alina à ma tutelle; Danilo ne cachait pas sa ferme intention de se servir d'Alina pour payer les frais du voyage et il me haïssait parce que je l'en empêchais; Alina, qui à présent avait ouvert les yeux sur le comportement de Danilo, le haïssait parce qu'elle en avait peur. A Ankara, un soir que Danilo nous avait laissées seules, Alina m'a dit que c'était Danilo qui avait tué le vieux; et qu'elle craignait que durant ce voyage il n'ait l'idée de la vendre à un de ces hommes qu'on appelle marchands de chair humaine; et que si nous ne voulions pas finir dans un quelconque bordel de ce pays d'Orient, c'était à nous de prendre l'initiative de lui préparer une fin pareille à celle du vieux. Est-ce que je me sentais de l'approuver, de l'assister, de l'aider? Elle parlait avec la décision calme et désespérée qui ne vient pas du cœur mais de l'expérience. Alors moi, qui pour les transgressions, disons mineures, à la morale courante avais toujours dû faire les pieds au mur pour fabriquer une justification, aujourd'hui qu'il s'agissait d'assassiner un homme, j'ai trouvé immédiatement le bon motif : « Mais bien sûr, voyons! C'est un moins que rien, un individu abject, indigne de vivre. Naturellement que je t'aiderai. Nous devons délivrer le monde d'une pareille infection. »

Alors sans faire d'histoires, toutes deux mises hors de nous par la haine, nous avons décidé de le supprimer à la première occasion. Arme choisie : son propre pistolet, toujours chargé, qu'il gardait dans un coin de la boîte à gants de notre véhicule.

Par bonheur, le hasard nous a épargné cette ultime preuve de notre ancienne complicité. Au tournant d'une route, en Afghanistan, parmi les collines arides et jaunâtres, sous un soleil froid et aveuglant trônant en plein milieu d'un ciel d'émail bleu dur, deux Européens, debout à côté d'une automobile, agitent leurs bras. Danilo freine et passe sa tête à la portière pour poser la question rituelle : « Un ennui? » Pour toute réponse un des hommes sort son pistolet et tire sur Danilo, trois fois de suite en visant la tête, puis, de plus près, frappant carrément à la tempe : le coup de grâce. Danilo reste accroché à son volant, un peu affaissé; du sang coule en formant comme de petites rigoles sur tout son visage.

Une seconde après, quatre policiers afghans arrivent en voiture. Mais, au lieu de courir derrière les assassins de Danilo, c'est nous qu'ils arrêtent et emmènent au village voisin; notre passage avait dû être signalé non seulement aux trafiquants de drogue mais aussi à la police locale.

Ces gens de la police locale nous ont enfermées dans une sorte de petit château fort blanc, flanqué de deux tours crénelées, planté au sommet d'une colline dominant le village. Devant ce fortin, un gros homme barbu, en uniforme, muni de deux pistolets enfoncés dans sa ceinture : c'est lui qui nous a interrogées, moi pendant quelques minutes, Alina pendant deux heures. Je ne sais pas ce qui s'est passé entre Alina et lui, je n'ai pas voulu le savoir. Le lendemain ils nous ont libérées, nous avons rejoint Kaboul où nous avons pris le premier avion pour Rome.

A présent, nous vivons de nouveau chez nos parents et Alina est enceinte, nous ne savons pas si c'est de Danilo ou du policier afghan. Pendant que nous attendons la naissance du bébé, tout reste en suspens : le corps n'agit plus, l'esprit n'a plus rien à justifier. Mais après la naissance tout recommencera : le corps à agir, l'esprit à justifier.

## UNE FEMME PLUTÔT ORDINAIRE

« Cette fois, c'est fini! Cette fois, c'est fini! Cette fois, c'est fini! » Et dans ce hurlement je me réveille, je m'assieds dans mon lit en tenant ma tête dans mes deux mains et en enfonçant mes doigts dans mes cheveux. Ce hurlement, c'est le cri que je pousse pour accueillir la nouvelle journée; tous les matins, c'est plus ou moins pareil. Mon mari, lui, s'est levé plus tôt, tout doucement. J'avance la main du côté où il a l'habitude de dormir et il me semble sentir une légère tiédeur; alors je ne peux m'empêcher de m'attendrir en pensant à son chagrin quand je me suiciderai. Eh oui, je suis certaine qu'un jour ou l'autre je serai obligée de me suicider.

Toute contente, je sors de mon lit et, en chantonnant à mi-voix, je passe dans la salle de bain. Je m'installe devant une glace et je commence à me faire des grimaces. Je suis jeune, je n'ai que vingt-trois ans, j'ai un visage doux, des traits fins, un petit nez, une grande bouche qui fait souvent la moue. Je me demande pourquoi cela m'amuse tant de grimacer au point de ressembler à une vieille sorcière. Je cache mes traits sous mes cheveux emmêlés, je plisse mes paupières, je louche, je grince des dents. Pour finir, j'éclate d'un grand rire, je me rapproche du miroir pour donner un petit baiser à mon reflet et je murmure : « Qui es-tu? Je t'en supplie, dis-moi qui tu es. » Notez bien que, pendant que je fais tout ça, je continue à me sentir désespérée, mais c'est un désespoir, comment dire? doublé de bonheur. Ah! maintenant c'est l'heure des besoins. Au moment même où je suis en train de me demander, très sincèrement angoissée, « Comment vais-je faire pour continuer à vivre? » je relève ma chemise, je m'installe sur le siège des cabinets, je fais mon petit besoin et je me sens heureuse. Et tandis que je me réponds, en me tordant imaginairement les mains et en fixant désespérément le vide : « Non, non, il n'est pas possible de vivre », voilà que je fais mon gros besoin; une fois encore, le bonheur se mélange au désespoir, le rose chasse le noir.

En somme, de quoi s'agit-il? Il s'agit de ceci : quand je suis très malheureuse, je suis heureuse de l'être. Compliqué, non? Mais je voudrais bien savoir qui et quoi n'est pas compliqué. Au lycée, je m'en souviens très bien, j'ai appris qu'il existe dans la nature des organismes dotés d'une seule cellule qu'on appelle, pour cette raison, les unicellulaires. Eh bien, je suis prête à en jurer, si ces organismes avaient la parole, ils crieraient en chœur : « Nous sommes compliqués, formidablement compliqués, nous sommes des monstres de complication. »

Il est midi. Moi et mon solide chien boxer tenu en laisse, nous sortons de l'ascenseur qui vient de nous déposer dans le hall d'entrée de l'immeuble; le concierge, un beau brun genre don Juan de banlieue, ôte sa casquette pour me saluer avec une exagération quelque peu suspecte, en quelque sorte allusive, et moi, tout d'un coup, j'ai envie de lui dire, comme ça, innocemment : « Nicola, dites-moi qui je suis. Venez, allons chez vous, dans la loge, vous me direz qui je suis. » Au moment où j'ouvre la bouche pour parler au concierge qui me regarde d'un air surpris, la chance fait que mon chien, qui a des idées sur notre promenade matinale, tire sur sa laisse et m'oblige à sortir dans la rue. Je me laisse tirer en pensant qu'il vaut mieux confier au hasard la réponse au problème fondamental de ma vie. Au hasard, en l'occurrence à mon boxer, qui sans aucun doute va me traîner dans un lieu où je vais trouver une indication précise et apte à stimuler les mystérieux mécanismes de mon inconscient. Effectivement, le boxer me tire d'une porte à l'autre, d'une maison à la suivante, le long du trottoir de l'avenue plantée d'arbres où j'habite. Je voudrais flâner un peu, me promener lentement sous le soleil froid et somptueux de l'automne, marcher sur les feuilles mortes rouges ou jaunes. Mais mon chien, intraitable et comme conscient de ce qu'il veut, ne le permet pas. Brusquement le voilà qui tourne dans une rue commerçante et qui se dirige tout droit vers l'entrée d'une boucherie. Qu'est-ce qu'une boucherie pourrait bien avoir de commun avec moi? Mais le chien me tire avec toute la force de son cou de taureau. Je surmonte ma répugnance pour le sang et j'entre.

Alors tout de suite je comprends. Le présentoir de beau marbre gris se dresse devant moi et il est si haut que j'ai du mal à voir le boucher qui me regarde les bras croisés sur sa poitrine. A gauche, le boucher a placé une grande balance de cuivre; à droite, l'étal de bois sur lequel il débite la viande et sur l'étal une hache. Derrière lui, accroché au mur, un écriteau avec les prix de la viande. Balance, étal, hache, prix; qui serait assez aveugle pour ne pas voir dans cet ensemble d'objets les symboles de la justice impitoyable et sans appel vers laquelle je suis attirée par un mystérieux sentiment de culpabilité? Qui pourrait ne pas deviner que la boucherie est, en réalité, un tribunal et le boucher un juge? Une fois encore horrifiée par les complexités que je découvre en moi en toutes occasions, je n'ai plus qu'un filet de voix pour demander deux cents grammes de viande hachée pour mon chien; le boucher me sert, je paye, je prends le paquet, et je m'en vais.

Et l'après-midi, je pose la question qui me préocccupe à mon psychanalyste, le docteur Gargiulo, que je suis venue consulter : pourquoi ai-je été si brusquement saisie de ce sentiment de culpabilité chez mon boucher? Malheureusement Gargiulo n'est pas le genre de médecin qu'il me faudrait. Lui et moi sommes trop différents l'un de l'autre : lui, sceptique et porté à tout dédramatiser; moi, comme submergée par la vision dramatique de la vie. Si ce qu'on dit est vrai – mais c'est certainement vrai –, que la réussite de la cure dépend pour beaucoup du degré de collaboration entre médecin et patient, je crains que Gargiulo et moi n'en soyons, dans un an ou deux, au même point qu'aujourd'hui, c'est-à-dire au point zéro. Le temps de la visite se passe à examiner mon sentiment de culpabilité vis-à-vis du boucher. Comme d'habitude, Gargiulo tend à minimiser, à me traiter en personne simple, plus que simple. A la fin, parce que je le mets le dos au mur, il se perd en longues considérations totalement marginales, pour faire passer l'heure et ne pas trop se compromettre. La visite terminée et, comme d'habitude, sans résultat positif, je rentre à la maison très mécontente et bien décidée à punir Gargiulo de sa paresse et de son indifférence en retardant autant que je le pourrai le règlement de ses honoraires. Mais en réfléchissant je me dis qu'il va s'empresser d'interpréter ce retard comme une manifestation névrotique indiquant que je me fais analyser non pas parce que je souffre d'être ridiculement compliquée mais parce que je suis amoureuse de lui. Non, mais! Voyez-vous ça! Un petit bonhomme maigrelet, avec un visage plein de rides qui ressemble à un tas de chiffons dans lequel on aurait planté au hasard deux petits morceaux de verre bleu. Ça! vraiment le type d'homme dont je pourrais tomber amoureuse! Je renonce donc à cette punition; mais je décide qu'il me faut trouver un prétexte plausible, qui en même temps résiste à toute tentative d'interprétation psychanalytique, pour remplacer l'apathique et vieillot Gargiulo par un médecin énergique, moderne et capable de s'intéresser vraiment à moi.

Eh! oui, parce que le fond du problème c'est ça : je ne suis compliquée qu'avec les gens qui se rendent compte de ma complexité; avec les autres, par exemple avec Gargiulo, tout de suite je redeviens simple, en tout pareille à ces organismes, dont j'ai déjà parlé, qui ne sont qu'une unique cellule irresponsable et automatique. Gargiulo, comme je crois vous l'avoir bien expliqué, est absolument incapable de comprendre ma complexité. Cosimo, au contraire. Cosimo est un intellectuel un peu trop mondain et superficiel qui vient me voir en fin d'après-midi; bien qu'il ne soit pas comme Gargiulo un professionnel de l'analyse, mais, comme il se plaît à le dire lui-même, un dilettante des profondeurs, Cosimo possède, lui, cette compréhension. Et même à un point tel que, après les exténuantes excursions qu'il fait dans mon inconscient, il m'arrive d'avoir la nostalgie des propos évasifs de Gargiulo. Grand, élégant, maigre, ascétique dans ses manières, insinuant et suggestif dans ses discours, il ne manque à Cosimo que les habits sacerdotaux et la possibilité de s'asseoir derrière la grille d'un confessionnal pour représenter par excellence celui à qui on peut raconter n'importe quelle énormité en étant certain qu'il ne se scandalisera pas mais qu'il se mettra à fouiller vos viscères et à tout couper en petits morceaux, plein d'une indulgence subtile et complice. Et de fait, aujourd'hui, comme je lui parle de mon sentiment de culpabilité envers le boucher, je le vois qui se jette sur ce que je raconte de la même manière qu'un chien affamé se jetterait sur un vieil os. A son avis, cette idée que la boucherie serait un tribunal et le boucher un juge a pour origine ma perplexité au sujet de mon mari et de ma vie conjugale... Il pense que j'aurais voulu que le boucher, du haut de son comptoir, me persuadât de quitter mon mari ou, tout au moins, de prendre un amant au plus vite. Quelqu'un de vous va peut-être penser que Cosimo interprétait l'affaire de la boucherie avec une idée derrière la tête, qui naturellement serait de coucher avec moi. Pas du tout. Je suis certaine que, si l'envie me prenait de me jeter à son cou en criant que je l'adore, il en serait terrifié. Il n'est pas de ces gens qui de la psychologie passent à l'alcôve; la passion qu'il a de couper les cheveux en quatre, en huit, est pure et sincère; tout au plus pourrait-on trouver en lui la vocation, inconsciente, d'un destructeur, désintéressé mais très actif, des liens matrimoniaux. Finalement, après avoir longuement discuté son hypothèse, je le renvoie en prenant pour excuse un terrible mal de tête. En me retrouvant seule, je me rends tristement compte que je vogue toujours en haute mer. Gargiulo me veut simple, Cosimo compliquée, mais, en réalité, aucun des deux ne me « veut moi », vraiment; je veux dire dans le sens d'assumer la responsabilité de ma vie, à ma place. Il ne me reste en somme que mon mari.

Je sais d'avance que je ne peux pas me faire analyser par lui comme par Gargiulo, ni lui raconter mes secrets comme à Cosimo. Mon mari est intelligent; mais son intelligence il la réserve à sa profession. Il est architecte; en dehors de son bureau et de ses chantiers, c'est un homme comme les autres, je veux dire un homme plutôt ordinaire. Comment se comporte une personne comme moi, tellement compliquée, avec un homme plutôt ordinaire? Très facile : exactement comme une femme, elle aussi, plutôt ordinaire. Et que fait la femme plutôt ordinaire? Encore une fois, très facile : elle se déshabille rapidement, elle enfile son peignoir, elle se met à sa fenêtre, elle regarde avec impatience ce qui se passe dans la rue. Dès qu'elle voit l'automobile de son mari manœuvrer pour se garer, la femme plutôt ordinaire court dans sa chambre, donne un tour de clef à la porte et se jette sur son lit. Quelques minutes plus tard, des coups contre cette porte. La femme plutôt ordinaire ne répond pas; la voix de son mari l'appelle par son nom, la prie d'ouvrir, le lui ordonne, menace; elle continue à se taire. Alors le mari s'en va, ou fait semblant de s'en aller, ensuite il revient; la porte tremble sous ses coups de poing et de pied. Ce n'est point là une raison pour que la femme plutôt ordinaire se décide à céder; elle se contente de dire, sur un ton geignard et infantile, qu'elle n'a pas faim, qu'on doit la laisser tranquille, qu'on aille dîner tout seul. La voix du mari parle, à présent, d'amour; alors la femme plutôt ordinaire éclate en sanglots, enfonce son visage dans un oreiller et hurle comme une louve. Qu'est-ce qu'il lui arrive? Tout à l'heure quand elle attendait son mari à sa fenêtre elle se sentait assez contente de le retrouver. Ensuite, pour titiller l'attention de son mari, elle a voulu lui faire croire qu'elle était désespérée; et voilà que maintenant, elle est vraiment désespérée. Elle répète, très fort, pour bien se faire entendre, qu'elle n'a plus envie de vivre, qu'un de ces jours elle se suicidera; en même temps qu'elle parle, elle tend anxieusement l'oreille pour écouter le bruit infernal que le pauvre homme fait en essayant de démolir la poignée de la porte. Elle ne cède toujours pas; alors, sans cesser de sangloter, la femme plutôt ordinaire quitte son lit, laisse glisser son peignoir par terre, va tourner la clef dans la serrure, retourne se jeter sur son lit;

où elle s'allonge en couvrant ses yeux de son bras replié. Alors arrive ce qu'il devait arriver : une sorte de rite érotique, entre elle et son mari, qui se répète chaque jour au moment du retour de son mari, le soir, chez lui. Après l'amour, la femme plutôt ordinaire se sent heureuse mais, en même temps, malheureuse d'être heureuse. Peut-on savoir à quoi sert d'être compliqué si, pour finir, on se comporte en gens simples?

## LE TEMPS N'EXISTE PAS

QUAND ai-je donc lancé le téléphone à la tête de ma femme de chambre ? Hier matin ? Ce matin ? Il y a un mois ? Il y a quelques secondes ? Je ne sais pas; du reste, peu m'importe de le savoir puisque, en compensation, je sais, mais alors là sûrement, que toute réponse serait inexacte. Et ceci, parce que, après de longs efforts, j'ai réussi à sortir du temps; ceci concerne tout ce qui m'arrive ou m'est déjà arrivé ou m'arrivera; des mots comme hier, aujourd'hui, demain n'ont plus de signification pour moi. Il était temps, il était grand temps – pardonnez-moi de jouer avec les mots – que le temps cessât de m'obséder avec son bruit de ferraille, incessant et lourd comme celui des chenilles des blindés en marche ou celui du tapis roulant des chaînes de montage; encore un peu, je serais devenue folle à force d'écouter. Vous rendez-vous compte qu'on fait d'abord une chose, puis qu'on en fait une autre, et puis une troisième, et puis encore une quatrième, une cinquième, une sixième, et caetera, et que toutes ces choses, au lieu de « rester groupées ensemble », comme les fleurs dans un parterre, comme les galets sur la grève, que toutes ces choses s'alignent comme des soldats, automatiquement, comme des fantassins d'on ne sait quelle armée absurde, pour former d'interminables perspectives de causes et d'effets, le long desquelles la mémoire se fatigue vainement pour finalement ressembler à un vieux général asthmatique passant, jour et nuit, ses troupes en revue?

Maintenant, comme je viens de le dire, tout ça, c'est fini : je suis sortie du temps et aucune force humaine ne pourra m'y faire rentrer. Mais ma conquête est récente, je n'y crois pas encore tout à fait, j'ai besoin qu'on me la confirme. C'est la raison pour laquelle, du fond de mon lit, à peine réveillée, je demande à ma femme de chambre qui passe timidement le nez entre les battants de la porte : « Ah! c'est vous, Gesuina! Dites-moi : quand vous ai-je lancé mon téléphone à la tête? »

« Il n'y a pas longtemps, *signora.* »

« Pas longtemps? Hier, non? »

« Hier, *signora*? »

« Je voulais dire : vous rappelez-vous très précisément le jour, le mois, l'année où je vous ai lancé mon téléphone à la tête? »

« *Signora,* l'année c'est 1974, le mois c'est mai, le jour c'est le 7 mai, c'est-à-dire aujourd'hui. »

« Et l'heure? »

« L'heure, *signora*? Onze heures moins cinq. Je le sais parce que *la signora* m'avait laissé un billet pour me dire qu'elle ne voulait pas être réveillée avant onze heures et puis quand *l'ingegnere,* le mari de *la signora* a téléphoné du chantier et qu'il m'a demandé de parler à *la signora,* il était juste onze heures moins cinq et quand j'ai répondu à l'*ingegnere* que je ne devais pas réveiller *la signora* il m'a ordonné de le faire et avec des mots que je ne peux pas répéter et alors j'ai pris mon courage à deux mains et j'ai frappé à la porte, alors *la signora* a regardé sa pendule et quand elle a vu qu'il était onze heures moins cinq elle m'a jeté le téléphone à la tête. »

« Moi, j'ai regardé la pendule? Apprenez,

Gesuina, que moi, je ne regarde jamais les pendules? Qu'est-ce que c'était ces mots que vous ne pouvez pas répétez? »

« Des gros mots, *signora.* »

« Dites-moi, au moins, ce que voulait mon mari. »

« Rien, il ne voulait rien. Il a dit seulement qu'au lieu de partir, comme il avait décidé et de ne revenir que dans un an ou deux... »

« Il a dit un an ou deux? »

« *Sissignora,* un an ou deux... et qu'il rentrerait pour déjeuner, comme d'habitude. »

La porte se referme et moi je commence à réfléchir. Il est certain que je dois une explication à mon mari au sujet de ce qu'il a vu hier soir (mais était-ce bien hier soir?), c'est-à-dire Goffredo et moi en train de nous embrasser sur la terrasse pendant que les autres jouaient aux cartes au salon. A vrai dire il n'y a pas grand-chose à expliquer. Je trompe mon mari depuis le jour de notre mariage : c'est un fait et, sur les faits, il n'y a rien à dire.

Il est toutefois indubitable, qu'entre lui et moi quelque chose ne va pas, fonctionne mal, peut-être même dès avant notre mariage, depuis l'époque où, comme tant d'autres, il me faisait la cour; un jour je l'ai choisi en me fondant sur le critère traditionnel que c'était l'homme que j'aimais ou que je croyais aimer le plus. Malgré cet amour, ou, probablement, à cause de cet amour, me voilà en train de le tromper avec son meilleur ami, la veille du jour des noces. Mon psychanalyste pense que tout ceci signifie que je veux me punir de ne pas avoir fait quelque chose que j'aurais dû faire, dans mon enfance s'entend, en faisant continuellement des choses que je ne devrais ni ne voudrais faire. Compliqué, n'est-ce pas? Malheureusement, cette complication, consolante sur le divan de l'analyste, n'annule pas l'explication, j'en meurs à l'avance d'angoisse, que je vais avoir à fournir à mon mari sur ce qui s'est passé hier soir.

D'un seul coup, une affirmation qui m'apporte une paix totale explose comme une bombe dans ma tête : le temps n'existe pas. C'est vrai, le temps n'existe pas; mais alors, à quoi sert de parler de sentiment de culpabilité, de culpabilité, de punition, de faute, et de toutes ces balivernes que mon psychanalyste me sort pour justifier, sans doute, le prix ridiculement élevé de ses honoraires? Si le temps n'existe pas, comme j'en ai la certitude, je puis alors en déduire, et avec quelque raison, que mes relations avec Goffredo « n'ont pas encore commencé ». Je sais où elles commenceront : dans six mois, pendant le voyage en Egypte que nous ferons tous les trois ensemble, Goffredo, mon mari et moi; et précisément à Louqsor au moment de la visite du tombeau de Toutankhamon. Mon mari, toujours pressé et inaccessible aux émotions artistiques, sera sorti le premier. Goffredo se jettera sur moi, me prendra par le cou et murmurera entre deux baisers : « Sais-tu qui je suis? Toutankhamon. Je t'attends depuis trente siècles, tu es enfin venue et je ressuscite exprès pour toi. » Une trouvaille amusante mais, étant donné le lieu où nous nous tiendrons, assez discutable; cependant, il faut le dire, d'une grande efficacité sur une personne comme moi tellement sensibilisée à l'argument temps. Trente siècles? Comment résister à quelqu'un qui attend son heure depuis trente siècles? Comme s'il lisait dans mes pensées, Goffredo ajoutera : « Le temps n'existe pas. Je suis Toutankhamon mais je suis aussi Goffredo qui est fou de toi aujourd'hui comme il y a trente siècles, comme dans trente siècles. Comme toujours. » Pas mal, non?

Comment expliquer à mon mari que je suis innocente, totalement innocente, puisque avec Goffredo rien ne s'est passé; si aucun péché n'a été commis, pourquoi devrait-on reconnaître sa culpabilité ? Malheureusement, je sais déjà quelles vont être la réaction de mon mari et sa réponse. Ce voyage en Egypte, nous l'avons fait il y a six mois; par conséquent je suis coupable et je dois, pour le moins, l'admettre; ainsi que d'autres choses du même genre, toutes envieusement dirigées, si l'on veut bien y réfléchir, contre ma merveilleuse découverte de l'inexistence du temps. C'est sous la douche que je me raconte tout ça, sous la douche dont le jet puissant, comme autant de petites aiguilles qu'on planterait dans mon crâne, stimule mon esprit.

Et puis, tandis que je renverse en arrière mon beau corps de blonde en offrant mes seins, devenus tout plats et presque inexistants, au flot d'eau bouillante qui les inonde, les durcit, les rougit en les rendant pareils à du marbre rose, l'idée me vient – étant donné que le temps n'existe pas – d'expliquer à mon mari qu'« aujourd'hui » nous sommes au Mexique (où, en réalité, nous avons fait notre voyage de noces), à Oaxaca, que donc, primo, je ne connais pas encore Goffredo et que, secundo, en ce moment même, après notre épuisante excursion aux ruines précolombiennes, nous prenons ensemble une douche avant de descendre à la salle à manger de l'hôtel pour le déjeuner. Le seul inconvénient, c'est que mon mari n'est pas ici, à côté de moi. Mais je me trompe puisque le voici.

Je le vois apparaître dans la vapeur de l'eau bouillante, tout nu, sombre (c'est curieux comme la mauvaise humeur convient mal à la nudité); il met ses pieds dans la vasque, s'installe sous le jet en ayant soin de ne pas effleurer mon corps. A travers mes cheveux que l'eau a collés sur ma figure, je lui dis : « Ne fais pas la tête. Tu oublies que nous sommes en voyage de noces ? » Je le vois me regarder d'un œil furieux, puis sortir de la vasque, puis s'en aller l'air vexé et digne (encore une chose que je veux dire : la dignité convient plutôt mal au corps d'un homme nu). Je lui crie : « Tu es ridicule! » il hausse les épaules et, sans se retourner, il disparaît; alors mon cœur se serre d'angoisse; c'est vrai, je l'ai toujours trompé, mais c'est vrai aussi que je l'ai épousé par amour et que je ne supporte pas qu'il me traite avec froideur. Je sors de la salle de bain, je m'habille et je vais à la salle à manger. Mon mari a presque fini de manger; devant lui, sur la table, une coupe pleine de fraises. La femme de chambre me sert des asperges. Je commence à sucer une première asperge; subitement mes yeux sont pleins de larmes. Je dis en cherchant, mais sans y réussir, à sourire : « Quel homme sérieux que mon mari! Tu ne sais pas qu'il ne faut jamais être de mauvaise humeur pendant un voyage de noces? C'est important un voyage de noces, toute la vie dépend de ces quelques jours. » Sans quitter son assiette des yeux, il marmonne : « Notre voyage de noces, il y a quatre ans que nous l'avons fait, et tu sais très bien pourquoi je n'ai pas, aujourd'hui, envie de plaisanter. »

« Mais je ne plaisante pas moi non plus. Nous sommes en voyage de noces. Nous venons de rentrer d'une visite aux ruines d'Oaxaca et nous avons pris notre douche ensemble. Maintenant nous déjeunons dans la salle à manger de l'hôtel. »

« Nous sommes à Rome. Je suis rentré fourbu et couvert de poussière de mon chantier. Nous sommes à table chez nous, à la maison. »

« Oui, nous sommes à Rome; mais aussi à Oaxaca et, surtout, nous sommes en voyage de noces. Quant à Goffredo, parce que, n'est-ce pas? c'est de Goffredo qu'il s'agit, sois tranquille : rien n'est encore arrivé. »

Je vois son visage s'éclairer : « Tu ne veux pas

dire que c'était hier la première fois qu'il t'embrassait ? »

Je serais presque tentée de lui laisser ses illusions mais je ne peux pas, je dois être honnête jusqu'au bout : « J'ai dit *rien* n'est encore arrivé. Mais *tout* arrivera, impossible qu'il en soit autrement. Je peux même te dire quand et où cela arrivera : dans six mois, en Egypte, à Louqsor, dans le tombeau de Toutankhamon. »

Je le vois me regarder fixement, comme traversé par un soupçon inattendu. Puis, lentement, il dit : « Ce voyage nous l'avons fait il y a six mois, avec Goffredo. »

« Nous l'avons fait, nous sommes en train de le faire, nous le ferons. »

« Nous l'avons fait. A présent, je comprends tout. Moi je suis sorti le premier sous un soleil aveuglant. Et vous deux êtes restés à l'intérieur du tombeau, sans motif apparent. A présent, je comprends pourquoi. »

Je pousse un cri désespéré : « Non, tu te trompes. Nous ne sommes pas encore restés en arrière. Nous y resterons dans six mois. Cherche, je t'en supplie les mains jointes, cherche à me comprendre. Cherche à comprendre qu'entre Goffredo et moi rien n'est encore arrivé, rien ne s'est encore passé et que tu n'as rien à me reprocher. »

Vlan ! Les fraises, la coupe, l'assiette à dessert volent à travers la pièce. Une fraise vient s'écraser sur mon chemisier, un de ceux que je préfère; bien sûr, il ne sait pas cet homme que les taches de fraise ne s'en vont jamais. La porte claque; et je reste seule.

Je me lève, je vais machinalement à la fenêtre. Notre immeuble donne sur un des quais qui longent le Tibre. A travers les vitres et mes larmes, je vois les arbres de l'autre rive, alignés comme les années; derrière les arbres, les automobiles défilent comme les secondes, les minutes. En transparence, derrière le paysage quotidien, je vois, comme sur une photo surimpressionnée, une scène très différente. Nous sommes à Rome et le temps n'existe pas. Des collines boisées et désertes descendent vers le fleuve. Un berger, vêtu de peaux, sort d'une cabane; il emmène ses brebis se désaltérer dans l'eau du Tibre. Sur le seuil de la cabane se tient une femme grande et forte, enveloppée dans une sorte de cape; dans sa main il y a un fuseau, elle file et, tout en filant, elle suit des yeux le berger. Cette femme c'est moi.

# LA VIE MALSAINE

Je me décide, je repousse mes couvertures, je remue mes jambes, je pose les pieds par terre, me voilà debout; je soulève paresseusement ma chemise et c'est en me grattant la jambe que je passe dans la salle de bain. Ici, le spectacle de tous les matins s'offre à mes yeux encore tout ensommeillés : serviettes, grandes, petites, jetées dans tous les coins, mares sur le carrelage, savons se liquéfiant dans des porte-savon débordant d'eau sale. La famille a fait sa toilette et s'est dispersée en me laissant dormir : l'appartement est vide; mon père est parti pour son cabinet d'avocat, ma mère est allée à la messe, mes frères à l'université et la bonne au marché. Et moi ? En y réfléchissant bien, j'ai, moi aussi, mon brave petit devoir professionnel à accomplir : à midi je devrai accueillir l'homme que, théoriquement (jamais adverbe n'a mieux été approprié), il me faudra épouser le plus tôt possible.

Pourquoi ai-je dit « professionnel » ? Parce que, effectivement, j'ai été élevée, éduquée, j'allais dire que j'ai fait des études, pour, à un âge déterminé, « mettre le grappin » sur un quelconque mari. L'âge déterminé était, en principe, ma vingtième année; aujourd'hui, j'ai vingt-neuf ans. Que s'est-il passé ? Il s'est tout simplement passé que, à force de m'entendre dire que le but de la vie était de se marier, de fonder une famille, d'avoir des enfants, je suis allée au-delà des suggestions, des incitations de mes « éleveurs », je veux dire de mes géniteurs. D'après eux, je devais être une femme et seulement une femme; en d'autres termes, une personne enfermée dans les limites de sa propre physiologie. Et je l'ai été trop, enfermée; ma physiologie me serait, comment dire? montée à la tête. Il s'en est suivi que les hommes, en me voyant si coquette, si exhibitionniste, si pressée de faire montre de mes, hélas, exceptionnelles qualités physiques, se sont imaginé que j'étais dotée d'un tempérament exubérant, alors qu'en réalité je suis plutôt sage et assez froide; c'est la raison pour laquelle, bien que courant après moi comme les chiens lorsqu'ils sentent une femelle en chaleur, ils se sont bien gardés de me demander en mariage. Bonne ou mauvaise plaisanterie et suite de ladite éducation traditionnelle fondée sur le culte de la famille.

J'ouvre le robinet, j'enlève ma chemise, je me place sous le jet bouillant. Alors, tandis que je me tourne et retourne, maladroite mais bien belle, sous l'eau qui m'inonde, j'ai l'impression d'être un animal plutôt qu'une personne et j'en viens à me demander ce que veut dire, au fond, « être trop femme ». Cette obligation quotidienne de passer, avant de pouvoir me dire tout à fait prête, deux heures dans ma salle de bain me suggère l'idée qu'« être trop femme » ne signifie pas être un individu unitaire mais, au contraire, un ensemble d'attributs féminins dotés, mais vivant cependant en parfaite intelligence avec tous, d'une remarquable et puissante autonomie. Ce qui, entre autres, implique l'existence d'énormes pertes de temps – phénomène spécifiquement féminin – du fait que tous ces attributs exigent chacun un traitement particulier.

Mais oui, je m'occupe de mon physique avec autant d'attention et la même précision qu'un soldat s'occupant de ses armes. Parfois, pour m'amuser, durant ces heures pas très drôles que je consacre à ma personne, je cherche à calculer le temps qu'on perd de cette façon. Après vingt ans de cette vie – depuis mon agressive adolescence jusqu'à ce que je dépasse l'âge mûr, c'est-à-dire la période du plein épanouissement du corps féminin –, je me demande combien d'heures, de jours, de mois j'aurai consacrés à mes cheveux, à ma bouche, à mes yeux, à mes ongles, à mes seins, à mon ventre, à mon dos, à mes jambes. Combien d'heures, de jours, de mois, à la maison, hors de la maison, chez les masseurs ou les esthéticiens ? En fin de compte, je reconnais que, en dernière analyse, tout est de ma faute. Personne, même pas mes parents, pourtant si désireux de se débarrasser de moi, ne m'empêcherait de faire comme toutes ces filles « contestataires » : un pull, un pantalon, un coup d'éponge sur le visage et sur les mains et vas-y. Oui, mais où ? Inévitablement et comme toujours, en direction du mari.

D'abord lents, raisonnés, au fur et à mesure que les heures passent et que midi s'approche, mes gestes prennent une allure de plus en plus folle, presque paniquée. En courant de ma chambre à la salle de bain, de la salle de bain à ma chambre, je passe un crayon noir sur mes sourcils, j'enfile un collant, je me lave les dents, j'agrafe mon soutien-gorge, je corrige mes lèvres, je boucle mon ventre dans ma gaine élastique. Tout le temps que j'ai gagné grâce à mon ardeur frénétique, je le perds à présent en m'attardant sur le choix d'une blouse et d'une jupe qui correspondraient à l'idée que je me fais de la blouse et de la jupe s'adaptant le mieux à l'homme qui, dans quelques minutes, sonnera à la porte. Irrésolue, immobile, toute bardée de sous-vêtements, je suis là, au milieu d'un invraisemblable fouillis de jupes, de corsages éparpillés dans la pièce, pareille à un guerrier encore belliqueux mais seul, tout seul parmi les cadavres d'un champ de bataille. Que choisir? Impossible de me décider et le temps passe.

Voilà le timbre de la porte, discret mais péremptoire. Alors moi, obéissant à l'éducation que j'ai reçue, qui me veut tentatrice, plutôt qu'à mon vrai caractère qui me voudrait réservée, je me précipite pour ouvrir, telle que je suis, à moitié nue. J'ouvre brusquement, il est là, en face de moi, je m'excuse en riant, je l'invite à aller s'installer au salon en disant que je vais revenir tout de suite. C'est un beau garçon brun, de cinq ans plus jeune que moi, mais la surprise qu'il vient d'avoir déclenche sur son visage une série de tics qui lui donnent un air plus mûr, presque vieux, d'une vieillesse faite d'angoisse et de perplexité. Il entre au salon en marmonnant je ne sais quoi. Je cours dans ma chambre pour m'habiller; c'est sereine, détendue, souriante que je reviens vers lui qui s'est assis près d'une plante en pot dont, inconsciemment, il arrache les feuilles une à une. Je vais m'asseoir près de lui; gentiment je dis : « Laisse donc ma pauvre plante verte tranquille. Je croyais que tu venais pour me parler de la vie que nous mènerions quand nous serions mariés. Je suis là, je t'écoute. »

Il sursaute et il se met à bégayer. Ah! oui, j'avais oublié de vous dire que, en plus de ses tics, il est bègue. En trébuchant sur chaque syllabe, il me répond, machinalement, comme s'il récitait une leçon apprise par cœur : « Nous irons habiter la campagne, dans ma villa; où vivent aussi ma mère et mon frère. Nous aurons une vie simple, une vie saine. Moi je m'occuperai de la propriété, j'administrerai mes biens, je vendrai mes récoltes, les produits de mes fermes, mon bétail, j'irai à la chasse. Toi tu resteras à la maison et tu t'occuperas des enfants. Une vie saine et simple comme celle qu'ont menée mon père, mon grand-père et tous les miens depuis des générations. »

« Mais nous aurons aussi une maison en ville ? »

« Non. Pour quoi faire ? Nous habiterons à la campagne et, si nous avons affaire en ville, nous irons à l'hôtel. »

« J'ai compris : nous habiterons à la campagne et moi je m'occuperai de la maison et des enfants. Mais es-tu sûr que tu désires avoir des enfants ? »

« Absolument sûr. Nous sommes riches. Nous pouvons nous permettre d'avoir autant d'enfants que nous voudrons et moi j'en veux beaucoup. »

« Combien ? »

« Au moins six ou huit ou dix. Je veux une famille nombreuse; s'ils ne sont pas nombreux, à quoi servent les enfants ? »

« Je me le demande aussi. Mais as-tu pensé que les enfants, c'est moi qui les ferai ? »

Surpris, il me regarde. Pendant quelques secondes, c'est un jeune homme très beau, aux traits fins et sensibles; mais très vite un tic lui fait écarquiller les yeux et projeter sa mâchoire en avant; un homme horrible est en face de moi, à l'air à la fois brutal et faible. En bégayant, il dit : « Tu m'avais toujours dit que tu aimais les enfants. »

« Oui, ceux des autres. Moi je n'en ai pas. Et maintenant, si tu veux bien, calculons. J'ai vingt-neuf ans, presque trente. Huit enfants échelonnés sur dix ans, cela veut dire, pour moi, me retrouver à quarante ans avec huit enfants entre un et neuf ans. Il me semble avoir entendu dire que jusqu'à la puberté les enfants ont besoin de leur mère. Cela signifie que lorsque j'aurai cinquante ans il me faudra encore m'occuper du petit dernier qui aura à peine dix ans. A cinquante ans, je serai comme ta mère aujourd'hui : une vieille dame très bien élevée, très distinguée, aux manières aristocratiques, avec des traits fins et des cheveux gris. Toi aussi tu seras un homme mûr mais tu auras ta propriété, ta chasse, l'administration de tes biens. Mais moi? Moi je ressemblerai à une brave chienne qui a fait beaucoup beaucoup de chiots et qu'on garde parce qu'elle est vieille et qu'on est habitué à la voir. J'ai raison, non? »

« Non, pas du tout, toi tu es un être humain, pas une bête. »

« Quelle blague! J'ai été élevée pour être une sorte d'animal, ce n'est pas ta faute, c'est comme ça. Mais toi tu penses comme ceux qui m'ont élevée, comme mes parents et tu voudrais, avec beaucoup de logique mais peu de cœur, que je fasse exactement ce pour quoi j'ai été élevée. D'accord. Mais le fait que je te parle comme je te parle prouve que les éleveurs se sont trompés : ils voulaient que je devienne un... comment dit-on? un animal reproducteur et voilà qu'ils se trouvent en face d'un être humain qui, justement parce qu'il est un être humain, ne peut pas accepter la vie qu'on lui propose. Et maintenant, écoute-moi bien. »

Il m'interrompt, intransigeant. De cette intransigeance inquiète de quelqu'un qui a peur d'avoir le dessous : « Je t'avertis que notre vie sera celle que je viens de te dire, sinon inutile de prendre la peine de parler. »

« Non, il faut prendre la peine de parler. J'ai remarqué que plusieurs fois tu as employé les mots de " vie saine "; dans la bouche d'une personne comme toi, ces mots ont une signification particulière.

« Quelle personne je suis, moi? »

« Tu es un névrosé de premier ordre. Ne dis pas non : regarde-toi dans la glace, regarde ces tics qui déforment ton visage. Ecoute-toi parler, entends les bégaiements qui coupent tes phrases tous les trois mots. Je ne connais ni ta mère ni ton frère mais, d'après ce que tu m'en as dit, j'ai compris qu'ils étaient encore plus névrosés que toi. Alors quand tu viens me parler de " vie saine ", je pense qu'il s'agit d'une cure pour guérir ta névrose. C'est tout. Moi et ma beauté, et la vie à la campagne, et les enfants les uns après les autres, et mes futurs cheveux gris, et tout le reste, nous ne serons pour toi que des pilules qu'on avale seulement parce qu'un médecin les a prescrites, sans savoir ce qu'elles contiennent, en espérant, bêtement, qu'elles feront du bien. Mais ton médecin, quel qu'il soit, ne comprend rien à ta maladie. Ces pilules appelées " vie saine " ne te feront pas de bien, tu les avaleras et tu seras de plus en plus malade, malgré tes huit enfants et ton épouse qui, pour te faire plaisir, les aura mis au monde. »

Je viens de lui dire des choses que personne ne lui avait dites et cela se voit. Il fait une vilaine figure sur laquelle ses tics jettent de temps en temps des lueurs angoissées qui font penser aux éclairs traversant un ciel d'orage. Il finit par laisser échapper une phrase : « Et alors, à ton avis, qu'est-ce qui me ferait du bien? »

En souriant, je réponds calmement : « Ecoute, peut-être que je t'aime bien. En tout cas, j'ai pour toi une espèce de considération. Comme le vrai névrosé que tu es, tu ne t'es pas comporté comme les autres, tu as su aller tout de suite au-delà de mes apparences de femme qui ne pense qu'à exhiber son corps; tu as compris que je suis différente de ce dont j'ai l'air et que, au lieu de me faire ce qu'on appelle la cour, il fallait me proposer quelque chose de sérieux. Malheureusement " la vie saine " n'est pas quelque chose de sérieux. »

« Qu'est-ce que c'est qu'une chose sérieuse? »

Je souris. Puis, suave, je réponds : « Peut-être le contraire, peut-être une vie malsaine. »

« Qu'est-ce que tu entends par vie " malsaine "? »

« Dis-moi d'abord ce que pour toi signifie le mot " saine ". Mais ne me dis pas que cela signifie vivre à la campagne, avoir huit enfants et une vieille épouse. Ce n'est pas vrai. Mais lorsque tu m'auras expliqué le sens profond du mot " sain ", je te dirai moi ce que j'entends par le mot " malsain ". »

« Alors, si nous menions ce que tu appelles une vie malsaine, est-ce que tu m'épouserais? »

« Tout de suite, tout de suite, tout de suite. »

# MA CONTEMPORAINE

Je monte dans ma voiture, un vrai bijou de perfection technique, luxueuse et petite comme moi; pour m'approcher de la clef de contact, j'avance ma longue main aux doigts osseux chargés de lourdes bagues et, en même temps, pour ne pas perdre une vieille habitude, je jette un coup d'œil au petit miroir accroché au pare-brise. Mon visage est tout en longueur et je le porte, généralement, en avant; ma peau trop fardée est sèche, mon menton pointu, mes yeux verts et brillants, mon nez droit mais légèrement camus, ma bouche rouge garde un pli boudeur dans ses lèvres molles, sur mes joues émaciées et brûlantes, deux mèches noires dessinent des sortes de virgules en laissant à découvert mes grandes oreilles cartilagineuses de vieille guenon. Je me souris; simplement pour savoir l'effet que je me fais. Mitigé l'effet : mon sourire, cynique, mais tout de même assez affable, est sans aucun doute séduisant; malheureusement mes fausses dents trop neuves et trop blanches détonnent sur mon teint mat et sans éclat. Sans lâcher le volant, je rejette la tête en arrière : raides comme des cordes de violon, les tendons de mon cou sont recouverts d'une peau ridée qui par endroits est inexplicablement plus claire qu'ailleurs. Et mon corps, à présent? Je baisse un instant les yeux et je constate de nouveau l'ambiguïté d'une maigreur qui pourrait être aussi bien celle d'un corps de fille de quinze ans que celle de la femme de cinquante que je suis aujourd'hui. Mon chemisier largement déboutonné laisse entrevoir deux petits seins bien séparés l'un de l'autre qui ne dépareraient pas la poitrine d'une adolescente. Mon pantalon collant, en masquant la raideur décharnée de mes jambes, pourrait presque autoriser un passant quelconque à rêver à on ne sait quelle grâce ou quelle agilité juvénile. Vue de loin, de dos, dans la pénombre, je puis encore être prise pour une toute jeune fille n'ayant pas achevé sa croissance. Je ne mens pas et la preuve en est qu'il m'arrive assez souvent, quand je marche dans la rue, de croiser un homme qui me jette au passage un bête de compliment qu'il regrette aussitôt, dès que je me retourne pour lui crier : « Espèce d'imbécile! Tu ne vois pas que je pourrais être ta mère! »

Mais voici la station-service. Le pompiste est un beau gosse : cheveux blonds bouclés, corps de nageur, tout en muscles recouverts de poils dorés. Il s'appelle Ruggero, il me connaît, c'est « mon » pompiste; je veux dire par là que c'est lui qui me sert habituellement. Il me sourit et de son accent chantant il me demande s'il doit faire le plein; d'un œil il surveille son compteur, de l'autre il me regarde avec une sorte de sympathie que je ne définis pas très bien. Il raccroche le tuyau et me rend ma clef; puis il saisit une grosse éponge et je vois son gros bras qui la passe sur le pare-brise; tout en essuyant et en lavant, il me sourit; je réponds à ses sourires, qui m'effrayent un peu, en pinçant légèrement les lèvres, distante et conventionnellement polie; mais, au même instant, je me sens envahie par un étrange et violent désespoir; et lorsque, en payant mon essence, je me rends compte que malgré moi je fais tout ce que je peux pour effleurer les doigts de ce garçon, je me dis que je voudrais, oui, que je voudrais qu'à ma place soit assise une vieille, une vraie vieille, une vieillarde chenue et tremblotante qui depuis au moins vingt ans aurait renoncé à l'amour.

Pourquoi cette peur? Pourquoi ce désespoir? Je n'ai aucune difficulté à l'avouer : depuis trois mois, depuis que ce garçon travaille dans cette station-service, je pense à lui. Je n'en suis pas amoureuse, je ne suis pas éprise de lui; je dirais même que, tout au plus, je suis obsédée comme par une éventualité fatale qui pourrait ne jamais se présenter, qui, j'en suis certaine, ne se présentera pas, mais à laquelle il semble que toute ma vie aspire. Je dis que cette éventualité ne se présentera pas; pourtant, dans la logique des choses, elle devrait se présenter. Cette probabilité fataliste me fait plus souffrir que la plus folle des passions. Eh oui, parce que la passion me ferait oublier mon âge, tandis que cette probabilité me fait m'en souvenir.

Comme d'habitude, je donne à mon pompiste un pourboire légèrement excessif; je dis : « Au revoir, Ruggero », et je repars. Maintenant je roule sans penser à rien. C'est sans doute parce que la personne que je vais voir et ce dont je vais parler avec elle m'ont obligée à beaucoup trop penser ces jours derniers. Voici la route en pente, tortueuse et étroite; voilà la ravissante maison qu'habite cette personne. En face de cette maison, je ne peux m'empêcher de me dire que c'est ici que mon fils vient tous les jours, que c'est ici, si tout marche comme il le désire, qu'il habitera avec sa femme. Pourquoi devrais-je m'opposer à un projet raisonnable, au fond, et qui, après tout, ne me regarde en rien?

Je me glisse dans l'ascenseur, j'appuie sur le bouton de l'étage et, pendant que nous montons, je m'approche de la glace de la cabine, je scrute mon visage. Est-il possible que tout soit pour moi

« fini »? Et si ce n'était pas vraiment fini, à quelles turpitudes devrais-je me livrer pour « continuer »? Supposons, par exemple, qu'à force de lui tourner autour j'en arrive à ça avec le Ruggero. Mais après qu'arrivera-t-il? Une vieille bonne femme du peuple viendra m'accuser de faire le malheur de son fils, exactement comme je vais le faire avec la personne chez qui je vais. Ou bien, plus vraisemblablement, Ruggero me fera-t-il payer les rares joies d'un amour rémunéré en me faisant passer par les angoisses d'un inévitable chantage? Inutile de chercher à trouver une réponse : tout le monde sait qu'on peut tout prévoir, sauf le degré et la qualité d'un chagrin. L'ascenseur s'arrête, j'en sors.

Le palier n'est pas large : une seule porte entrebâillée. J'hésite un instant; ou sonner ou demander à voix haute s'il y a quelqu'un; comme une voleuse, je pénètre dans l'antichambre. Au bout d'un petit couloir, je vois une salle de bain porte ouverte : une fenêtre à tabatière, un mur de carreaux de faïence vert clair, une baignoire de marbre vert foncé. La baignoire me semble vide; mais un bras de femme épais et blanc se soulève et une main prend appui sur une poignée de cuivre fixée au mur. Une tête se profile derrière le bras : cheveux noirs, longs, raides, séparés en mèches effilées qui tombent sur des épaules massives. Le reste du corps sort de la baignoire lentement, progressivement, laissant peu à peu apparaître un dos charnu, une taille épaisse et puis, lorsqu'il est finalement debout, des flancs puissants, de forme curieusement carrée. C'est le corps d'une femme de mon âge; mais, à l'inverse du mien, les années l'ont alourdi au lieu de le dessécher. Il est blanc, étonnamment blanc, blanc d'une blancheur opaque et grasse. Dans tout ce vert qui l'entoure, murs et baignoire, cette blancheur se teinte de vert. La femme, à présent, esquisse un geste : elle va se retourner. Je crois l'avoir suffisamment regardée pour m'en faire une idée précise; aussi, sans attendre, sans élever la voix, je demande : « On peut entrer? »

Elle répond : « C'est toi, Emilio? » Alors moi, tout naturellement : « Non, je suis la mère d'Emilio. » Elle se retourne si brusquement qu'elle en perd presque l'équilibre. Je la vois donc de face : sa poitrine, son ventre sont aussi massifs que son dos. Un moment. Et puis la porte repoussée violemment me claque au nez et j'entends sa voix furieuse : « Allez-vous-en, allez-vous-en tout de suite! Je n'ai aucune raison de vous recevoir. Je vous ai déjà dit au téléphone que je ne désirais pas vous voir. Comment avez-vous eu l'audace d'entrer chez moi par surprise? »

Je me rapproche, j'appuie ma joue au chambranle de la porte; moi aussi, je crie : « Je suis venue parce que l'avenir de mon fils m'intéresse énormément. »

« Eh bien moi je ne trouve pas intéressant cet avenir. »

« Si mon fils vous est indifférent, pourquoi acceptez-vous cette ridicule idée de mariage? »

« Mais c'est lui qui le veut, ce mariage, c'est lui qui me tourmente, qui ne me laisse plus en paix. Allez-vous-en. »

« Une femme de votre âge devrait réfléchir deux fois avant d'épouser un garçon de dix-huit ans. Je suis votre contemporaine et je puis vous comprendre, moi; mais pas vous approuver. Il y a des choses qui, simplement, ne se font pas. »

« Tiens! qui ne se font pas! Et pourquoi ne devrait-on pas les faire? Ou pourquoi ne pourrait-on pas les faire? A présent ça suffit. Faites-moi le plaisir de vous en aller. »

« Vous êtes encore belle. Mais dans quelques années vous serez vieille. Comme moi, du reste. Nous serons deux vieilles et... »

« Doucement... il y a une différence. Vous serez

une vieille avec votre famille qui se moque de vous. Moi je serai une vieille femme avec un mari jeune qui aura de l'affection pour moi. Alors, vous vous en allez, oui ou non ? »

« Qui vous permet de parler de ma famille ? Qu'est-ce que vous en savez de ma famille ? »

« Mais oui, votre famille se moque de vous; vous êtes la terreur de la maison dès que vous apparaissez, tout le monde prend la fuite. Qu'est-ce que vous croyez ? Je sais tout de vous. Emilio me raconte tout. Je sais que votre mari a une maîtresse avec laquelle il passe toutes ses soirées. Je sais que votre fille, rien que pour ne pas rester avec vous, sort le matin pour ne rentrer qu'après minuit. Je sais que vous ne faites rien de la journée et que c'est pour ça que vous vous inventez des devoirs maternels : par exemple, cette visite que vous me faites ce matin; mais personne ne s'intéresse à ce que vous faites. Alors vous, comme c'est arrivé l'an dernier, pour appeler l'attention sur votre personne, vous vous enfermez dans la cuisine et vous ouvrez le gaz. On vous retrouve à temps, on vous emmène en clinique, on vous soumet à la cure de sommeil. Après vous rentrez à la maison et tout recommence comme avant. Et maintenant que je vous ai démontré que je sais tout, faites-moi le plaisir de ficher le camp. »

« Sorcière ! Mégère ! Canaille ! »

« Sorcière, mégère, canaille vous-même. Allez-vous-en ou j'appelle le concierge pour vous mettre dehors. »

Je m'en vais. Avant toute autre chose, je sens, à présent, le besoin de rééquilibrer une situation humiliante, exagérément négative.

Je quitte rapidement cette maison inhospitalière; l'ascenseur est là, comme je l'ai laissé; j'entre, j'appuie sur un bouton; l'ascenseur commence sa descente, je m'approche de la glace, je me regarde mais cette fois avec un sentiment différent de celui que j'éprouvais pendant la montée. Je m'étais examinée avec tristesse et avec une sorte d'appréhension; je m'observe maintenant avec attention et en supputant des probabilités. Après tout, je ne suis pas plus mal que beaucoup d'autres, même que d'autres plus jeunes que moi; rien n'est encore « fini » pour moi et peut-être, qui sait? rien ne finira « jamais ». Rez-de-chaussée. L'ascenseur s'arrête. Je bondis jusqu'à ma voiture. Sur la route qui descend en pente raide, je roule à toute allure vers mon but.

Tout au bout de cet asphalte brûlant et vide, sous son auvent de vitres jaunes et rouges, la station-service me paraît minuscule. L'ardente lumière de midi l'enveloppe d'un halo diffus au milieu duquel les formes et les couleurs tremblent et semblent se fondre les unes dans les autres. Ma voiture et moi attaquons le trottoir gris à la vitesse d'un bolide; et pourtant on dirait que la verrière s'éloigne de nous au fur et à mesure que nous nous en rapprochons. Du soleil, haut dans le ciel, d'autres soleils plus petits se détachent pour descendre lentement et voguer à travers l'espace. Voilà que d'un seul coup l'ardent bouillonnement explose comme une bulle de savon; et la verrière sous laquelle s'abritent les pompes réapparaît solide, bien réelle, à deux pas de moi. Ruggero est en train de servir un client; derrière ce premier client une autre voiture attend en laissant tourner son moteur; docilement, je me mets dans la file; moi aussi, j'attendrai mon tour.

# LA CHOSE LA PLUS TERRIBLE

JE suis une femme seule et une femme très belle. Ce qui pourrait être une situation idéale; franchement, elle ne l'est pas. Cette beauté, qui dans mon métier d'hôtesse de l'air est une qualité professionnelle requise, change de caractère et de fonction dès que je descends du ciel sur terre. A bord, c'est un instrument de travail, j'allais dire un instrument de précision, dont je fais un usage strictement réglementé par les statuts de la Compagnie; à terre, grâce à je ne sais quelle mystérieuse alchimie liée au fait que je suis célibataire, elle devient une marchandise, que je peux, si je le veux, mettre ou non en vente, qui reste dans un cas comme dans l'autre, aussi bien pour moi que pour les hommes qui m'approchent, une marchandise. En vol, je suis un ange en uniforme; à terre, une vitrine ambulante d'anatomie féminine. Tout confirme cette transformation : depuis ma mini-jupe trop étroite qui, lorsque je parcours le couloir de l'avion m'oblige à des déhanchements auxquels personne ne fait attention mais qui, à terre, seraient considérés comme une invite à des rapports sexuels, jusqu'aux gestes de mes mains disposant une couverture sur les jambes d'un passager ou un coussin sous la nuque d'un autre, qu'à terre on interpréterait de toutes sortes de façons.

Alors pourquoi ce changement? Pourquoi, dès que j'arrive dans mon petit logement voisin de l'aéroport (je le partage avec une collègue qui n'est pas là quand j'y suis et vice versa), la première chose que j'aie envie de faire est-elle d'aller droit au miroir de la salle de bain, de me débarrasser de mon calot, de démolir le chignon qui retient sagement mes cheveux, de déboutonner entièrement ma veste d'uniforme? Je ne sais pas répondre à cette question. En revanche, je sais très bien que, d'un seul coup, je vois mes immenses yeux verts, de morts qu'ils étaient durant tout le vol, devenir cruels et langoureux; mes seins exploser, comme de leur propre volonté, hors de ma tunique; ma bouche, si prodigue durant le voyage en sourires artificiels, prendre tout naturellement un pli boudeur et capricieux et mes cheveux revenir lentement à la vie pour se répandre tout seuls sur mes larges épaules. Le tour est joué : à l'ange militarisé s'est substituée une fille déchaînée, frivole, nerveuse, qui ne sait comment elle va passer sa soirée; mais bien décidée à ne pas la passer chez elle.

Après avoir effectivement assassiné l'ange de l'avion, la première chose que je décide de faire est de prendre mon téléphone pour composer, l'un après l'autre, cyniquement et systématiquement, les numéros de cette quantité d'hommes seuls ayant besoin de compagnie que j'ai inscrits sur mon carnet d'adresses. Je ne m'arrête que lorsque je suis tombée juste, c'est-à-dire sur l'homme encore disponible ce soir. Je vous demande de ne pas me juger sévèrement. Les très durs règlements de la Compagnie ont fait de moi une femme qui refuse ses instincts, une refoulée. Entre moi et l'homme qui m'accompagnera ce soir, il ne se passera rien, rien d'intime, rien de tendre. Lui, il ne m'aura invitée que pour se montrer accompagné d'une superbe créature, pour se faire admirer, envier par les autres hommes. Et moi, j'accepterai de lui faire faire cette *bella figura*[1], comme on dit en Italie, en échange de sa présence à mes côtés au restaurant, au cinéma, dans une boîte de nuit. C'est vrai ce que je dis : ce sera tout. Alors pourquoi l'idée d'une subtile et chaste prostitution s'insinue-t-elle ce soir dans tous mes gestes, dans tout ce que je dis? Leur interprétation érotique, inexistante ou abolie durant le vol, s'impose brutalement à présent. En réalité, en acceptant l'invitation, j'ai vendu ma présence de la même façon qu'un paysan scelle d'une poignée de main la vente d'une vache laitière de bonne race. Et qu'il s'agisse d'une vente, les faits sont là pour le prouver : dès que nous entrons au restaurant, l'homme qui m'accompagne me regarde beaucoup moins que la salle, que les autres tables, pour voir « quel effet je fais ». Eh oui! Je les connais les hommes. Non, je croyais les connaître, mais maintenant, à cause de la tristesse que je ressens, je suis obligée de me dire que je commence, seulement, à les connaître.

Alors ce soir je vais rester chez moi. Je décide d'être un ange sur la terre. Toute nue – il fait une chaleur abominable et, ma chambre étant au rez-de-chaussée, il n'est pas possible d'ouvrir les fenêtres – je m'assieds sur un tabouret pour regarder la télévision. Il est presque huit heures. On va avoir le télé-journal, ensuite un vieux film des années cinquante; ensuite un documentaire sur les animaux; puis, de nouveau le journal. Le tout coupé de publicités grâce auxquelles – je voudrais bien que quelqu'un m'en expliquât la raison – le bonheur du monde apparaît irrémédiablement lié à l'emploi d'un quelconque produit de consommation. Je regarderai le télé-journal et le film. Je profiterai du passage des publicités pour avaler rapidement mon dîner (une tranche de rosbif et une tomate que

1. Donner, dès l'abord, l'impression de quelqu'un d'important. « Présenter bien. » Employé souvent sur le mode ironique. (N.d.T.)

j'avais laissées dans le frigo avant-hier, au moment de partir). Après, je reviendrai devant mon petit écran pour regarder le documentaire et le deuxième télé-journal, qui généralement est semblable au premier; mais on ne sait jamais. Une guerre ou n'importe quoi de désastreux peut arriver au dernier moment. Comme ça, je « tiendrai » jusqu'à onze heures. Sur la pointe des pieds, dans la pénombre funèbre de l'appartement désert, je passerai d'une pièce à l'autre pour vérifier la fermeture des persiennes, des robinets, des verrous. Finalement j'irai me mettre au lit pour dormir d'un sommeil agité et léger. Mon lit est à deux places mais jamais personne n'y a dormi avec moi. Dans mon sommeil je bouge énormément, anxieusement : je me couche sur le bord de droite, je me réveille sur celui de gauche. Facéties.

Mon insolite décision de ne pas sortir prise, les choses se passent normalement; mais seulement jusqu'à neuf heures, c'est-à-dire jusqu'à l'heure où les autres soirs, contrairement à aujourd'hui, je « sortais ». Je mets ces guillemets parce que entre guillemets le verbe sortir ne veut pas dire – pour moi comme pour des centaines de femmes – la même chose que sortir sans guillemets. Sortir sans guillemets signifie sortir pour faire des courses, pour se promener, pour aller voir des amis. Dans le premier cas, au contraire, sortir signifie vivre. C'est ainsi que ce soir, en restant à la maison, je renonce effectivement à la vie ou, tout au moins, à la seule part de la vie qui me semble vivante. Mais voilà qu'au moment même où je me sens plus belle que jamais, mais, hélas, d'une beauté que la solitude a rendue spectrale et blême, il ne me reste plus qu'à aller à la cuisine pour ouvrir le frigo et en constater le vide complet. Pas complet, je me trompe, puisqu'il y reste une barquette de carton argenté au fond de laquelle une triste tranche de rosbif rouge et brune voisine avec une triste tomate rouge et vert. Cette vue est impossible; je n'y tiens plus; comme une folle je me précipite au salon. Et au salon je m'installe par terre, mes genoux remontés à la hauteur de mes seins; enragée comme une louve affamée, je forme le premier numéro de téléphone qui me revient à la mémoire; j'entends une voix d'homme qui dit « *Pronto* » à l'autre bout du fil et à laquelle je réponds calmement : « Ici, c'est Lucilla. Qu'est-ce que tu fais de beau ce soir ? »

Il faut vous dire que l'homme auquel je viens de téléphoner est peut-être le seul avec lequel je ne me sente pas une prostituée. Pourquoi ? C'est facile à deviner, non ? C'est le seul homme qui soit vraiment amoureux de moi. Mais imaginez quelle malchance ! Il est très pauvre. Je ne lui téléphone presque jamais, d'abord parce que, moi, je ne l'aime pas, ensuite parce que je sais qu'il n'a pas beaucoup d'argent à dépenser. J'avoue qu'aller dîner dans une *trattoria* de troisième ordre serait pour moi un sacrifice que je ne ferais que si j'aimais. Il faut bien que je reconnaisse qu'en moi le besoin de vendre ma présence est plus fort que ma répugnance; un peu comme se fend le cœur du propriétaire d'un arbre donnant de magnifiques fruits en les voyant tomber et pourrir dans l'herbe.

Naturellement, dès que je lui propose de dîner avec moi, il accepte avec enthousiasme. Comment va-t-il faire ? Va-t-il dépenser une grosse partie de son mois ? Demandera-t-il à un collègue de lui prêter de l'argent ? Après tout, je m'en fiche. Du reste, lâchement, je vais lui interdire virtuellement l'échappatoire de la petite *trattoria* pittoresque : je passe une robe très voyante, style 1900 américain, avec des volants partout, traînant jusqu'à terre, un décolleté devant, jusqu'au nombril, et derrière, jusqu'aux reins; la robe exige absolument un restaurant de luxe. Exactement ce qu'il faut pour faire faire *una bella figura* à l'homme qui te sort. Je me sens vraiment une prostituée, et plus que jamais puisque je sais que les sous qu'il faudrait avoir pour emmener dîner une femme habillée comme je le suis ce soir, il ne les a pas.

En entendant des coups de klaxon réitérés, je me précipite dehors. Dès que j'ai franchi la porte, je m'arrête stupéfaite et terrifiée. Comme dans un tableau d'église représentant la Vierge entre deux saints, je suis là, immobile, entre deux hommes, l'un à ma droite, l'autre à ma gauche. D'un côté mon amoureux sans le sou avec son air de jeune intellectuel (il est prof de philo) mal fringué, mal peigné, et, se profilant derrière lui, la misérable bagnole dans laquelle il croyait pouvoir prétendre m'enlever. De l'autre côté, un personnage du plus haut comique que j'ai surnommé le Nain parce que, avec son gros nez rouge, son gros derrière flasque, ses grosses jambes tordues, il ressemble tout à fait à un des nains de Blanche-Neige. A cause de cette terreur panique de rester seule le soir, la semaine dernière je lui avais fixé un rendez-vous pour aujourd'hui. Mes vols quotidiens me font perdre la mémoire : je l'avais oublié. Derrière le Nain il y a une énorme automobile jaune métallisé qui, je dois le reconnaître, s'accorde parfaitement avec ma silhouette de mannequin qu'on voit sur les publicités d'une quelconque marque de cigarettes. En moins de temps qu'il n'en faut pour le dire, je pense qu'il est mieux – quelle hypocrite je suis ! – de prendre de l'argent dans la poche d'un riche que dans celle d'un pauvre diable. Comme je me sens pleinement justifiée par ce raisonnement, je dis à mon amoureux qui s'avance vers moi la main tendue : « Excuse-moi, j'ai fait une sottise. Il faut absolument que j'aille avec ce monsieur parce que, la semaine dernière je lui avais déjà donné rendez-vous pour ce soir. *Ciao !* Téléphone-moi demain matin. » Et je vais m'engouffrer dans cette espèce de monstre de voiture, à côté du nain de Blanche-Neige, qui, agrippé à son volant, exécute la difficile manœuvre qui nous sortira de ma rue; en même temps il me demande qui était ce jeune homme. Je lui réponds presque inconsciemment : « C'est l'homme de ma vie. »

« Et tu abandonnes l'homme de ta vie pour sortir avec moi ? »

« Oui, c'est l'homme de ma vie, mais pas de cette vie-là. »

La chose la plus terrible de la vie c'est justement la vie.

## UN CORPS DE BRONZE

Je me réveille et tout de suite, avec la main, je cherche mon époux. Il faut que vous sachiez que je me suis mariée hier et que ce geste-là j'avais l'habitude de le faire tous les matins, à la maison, dans le grand lit où je couchais avec ma sœur Tina. Je disais donc que je tends un bras et qu'avec étonnement, mais sans le moindre désappointement, sans la moindre tristesse, je ne rencontre que le drap nu, lisse, frais, encore dans ses plis, tel qu'il était lorsqu'on l'a sorti de son tiroir. Que s'est-il passé ? Impossible de me rappeler quoi que ce soit. J'ai la tête lourde, le cerveau comme bloqué. J'arrive tout de même à me décider; je sors mes jambes des couvertures, je pose mes pieds par terre, je me tiens debout et, dans le noir, je me dirige vers la fenêtre, les bras tendus devant moi. Gênée par ma chemise de nuit, je me redresse brusquement pour trouver le moyen de remonter cette espèce de store qui s'enroule autour d'un bâton et je reprends conscience de mon corps. En même temps, le souvenir de ma nuit me revient. Il faut que je vous dise d'abord pourquoi je ne dois mon mariage qu'à l'aspect particulier de mon corps. L'été dernier, c'est ce corps, planté à côté de celui de ma sœur pour faire le geste des auto-stoppeurs, qui a fait s'arrêter devant nous, dans un grand bruit de freins serrés, l'automobile de mon futur mari. C'est encore ce corps qui est coupable d'avoir fait passer les coups de téléphone de ce copain de hasard d'un seul par semaine à quatre ou cinq par jour, ses rares invitations au ciné ou à dîner, à une présence continue. Et c'est, pour finir, toujours ce même corps qui nous a conduits devant l'autel. Mais il serait peut-être temps que je dise comment est ce corps si important, si désiré, dont je parle.

C'est un corps de bronze. Ne souriez pas : je veux seulement vous faire comprendre que ses formes sculpturales sont probablement, pour un individu sensuel comme l'est mon mari, extrêmement provocantes parce qu'elles semblent crier sur les toits l'existence d'un tempérament qui, en réalité, n'existe pas. C'est tellement vrai que, chaque fois qu'à la plage ou à la piscine il m'arrive de me montrer complètement nue, la première idée qui viendrait à l'esprit de quelqu'un qui me regarderait serait moins celle de beauté (encore que ma beauté ne soit pas négligeable) que celle de solidité. Exactement ce qu'on pense devant une statue en bronze, admirablement fondue mais froide, vide, hermétique. C'est littéralement l'impression que mon corps inspire à un homme normal. Malheureusement, mon époux n'est pas un homme normal. C'est cette solidité qui l'excite. Durant nos courtes fiançailles, il a passé son temps à essayer de me violer, partout, en auto, chez mes parents, chez les siens, dans sa bijouterie, derrière le comptoir réservé aux clients. Insensible, rebelle, presque malgré moi, mon corps lui résistait avec des moyens « corporels » ou, si vous préférez, avec des coups de pied, des coups de poing, des gifles, et caetera. Il se consolait en pensant que je lui résistais pour lui refuser une chose à laquelle il n'avait pas encore droit, mais qu'après le mariage tout changerait. Moi aussi, je le croyais; ou plutôt non : je m'étais laissé persuader par ma sœur que tout changerait. Ce qui s'est passé cette nuit me fait comprendre que nous nous sommes tous trompés.

Toujours sur la pointe des pieds, ma chemise de nuit relevée jusqu'au-dessus de mon ventre, plus que jamais corps de bronze hermétique, je passe de la chambre à la salle de séjour; sans entrer, je m'arrête sur le seuil pour regarder. C'est comme si une bataille farouche s'y était déroulée entre un assassin résolu à tuer et une victime désespérément décidée à se défendre. Tous les coussins du grand canapé blanc sont sens dessus dessous. Le tableau qui surplombe ce canapé pend tout de travers. Les chaises renversées évoquent une poursuite démente. La table, elle aussi, a été renversée : les cendriers, les vases, la boîte de cigarettes, les bouteilles, les verres, tout, tout est sur le tapis au milieu de petites flaques d'eau, de mégots, de fleurs, de cigarettes neuves, de verres à liqueur. Sur un des bras du canapé, il y a du sang. Ce n'est pas le mien; je suis certaine que c'est celui de mon époux.

Muette, je contemple cette scène de violence et de désolation. Peu à peu, je sors tout de même de l'abrutissement dû au somnifère que j'ai pris et le souvenir de certains événements me revient. C'est bien sur ce canapé qu'a eu lieu la lutte sauvage entre mon époux, qui, fort de son droit marital, voulait, comme on dit, me « posséder », et mon corps, plus que jamais de bronze, qui ne voulait, à aucun prix, en entendre parler. Dès que nous sommes entrés dans cet appartement, après la cérémonie religieuse et le repas au restaurant, cet homme jusqu'alors presque trop compassé, presque trop solennel, s'est brusquement transformé en une espèce de voyou, de violeur, d'assassin. Il a donné un tour de clef à la porte, à pas feutrés il est passé derrière moi qui étais restée debout au milieu du salon, tenant encore dans ma main mon petit bouquet de muguet, il a saisi mon bras, il m'a jetée brutalement à plat ventre sur le canapé et il a essayé de me faire l'amour à la manière des animaux. D'une ruade, je l'ai repoussé, je me suis relevée, je suis partie en courant pendant qu'il me poursuivait en renversant tout sur son passage. Il m'a rattrapée, il m'a prise par les cheveux, il m'a jetée sur le canapé, il m'a giflée plusieurs fois de suite, puis il m'a renversé la tête en arrière, il a passé une main sous mon menton tandis que de l'autre il se mettait à arracher ma robe, mon soutien-gorge, mon porte-jarretelles, mon slip. Alors moi j'ai voulu lui faire le plus de mal possible et je lui ai donné de grands coups de genoux dans les testicules; il a tout juste évité mes genoux et il m'a serré la gorge jusqu'à me couper la respiration, comme s'il allait m'étrangler; de toutes ses forces, il tirait les poils de mon pubis. Dans un effort vraiment désespéré, je me suis libérée de ses mains, et des miennes j'ai soulevé la grosse table tout acier et verre et je la lui ai lancée dessus; il a hurlé de douleur, il s'est assis, tout ébouriffé, les vêtements en désordre, sur un des bras du canapé qu'il a taché du sang qui coulait de sa blessure au genou. Très vite, je l'ai vu se calmer et, d'une voix encore un peu haletante, il m'a dit qu'il sortait pour aller à la pharmacie acheter ce qu'il fallait pour soigner son genou mais que je n'avais qu'à me mettre au lit parce qu'il ne tarderait pas à revenir. J'écoutais ses sages recommandations, sages et normales, installée sur le canapé en désordre, nue, décoiffée, recroquevillée sur moi-même, mes genoux relevés jusqu'à ma bouche, mes cheveux cachant mon visage.

Il est donc sorti; je ne sais pas très bien ni comment ni quand. Mes souvenirs se brouillent. Je suis restée un long moment blottie dans mon coin. Quand j'ai senti le froid, sans savoir ce que je faisais, je suis allée me coucher dans mon lit. Toujours dans le même état de stupeur et de délire, allongée sous mes couvertures, j'ai dû avaler je ne sais combien de comprimés de somnifère dans un désir à la fois de sommeil et de suicide et j'ai dû m'endormir profondément, sans interruption pendant, au moins, douze heures. Et à présent me voilà, ici, réveillée et sans mari.

Quel sentiment éprouve-t-on après une telle nuit de noces? Je réponds tout de suite : de colère contre la personne qui vous a conseillée. Je prends mon téléphone, je fais le numéro de la maison, je veux dire celui de mes parents. C'est la voix de ma sœur, encore un peu ensommeillée, mais curieuse est avide de nouvelles, qui répond : « Alors? Comment ça s'est passé? »

Je dis : « Tout simplement. Il m'a déjà laissée tomber. »

« Qu'est-ce que tu racontes? Qu'est-il arrivé? »

« Il m'est arrivé qu'il n'est rien arrivé. Je voulais, mais au dernier moment, ce fut plus fort que moi, je n'ai plus voulu. »

« Et lui? »

« Lui il m'a attrapée par les cheveux et il m'a giflée. »

« Alors et toi? »

« Je lui ai donné des coups de pied, j'ai renversé la grosse table de salon sur lui et je lui ai ouvert le genou. Il est sorti pour se faire panser à la pharmacie en disant qu'il revenait tout de suite. Il n'est pas revenu. Je suis toute seule, je n'ai même pas un sou pour aller prendre un café au lait au bistrot du coin. Ah! on peut dire que j'ai bien fait de suivre tes conseils! »

« Mais j'en ai rien à faire, moi, de votre histoire. »

« C'est toi qui m'as conseillé de l'épouser en disant celui-là ou un autre... puisque je ne sens rien et que les hommes n'existent pas pour moi. »

« C'est pas vrai? »

« C'est vrai mais il y a homme et homme. Celui-là est un obsédé. »

« Va te promener! Ils sont tous pareils. Alors, maintenant, qu'est-ce que tu comptes faire? »

« Tu me le demandes? Je m'habille et je rentre à la maison. »

« Tu ne peux pas faire ça. Tu as quitté la maison avec l'air si fier de toi... de quoi aurais-tu l'air? Il faut que tu trouves une autre solution. »

« Mais laquelle? J'ai réfléchi et je n'ai rien trouvé. »

« Ecoute-moi bien : moi, à ta place, je retenterais le coup de l'auto-stop. La première fois tu n'as pas réussi; c'est justement pour ça que tu dois recommencer. »

« Tu es folle ou quoi? L'auto-stop! Mieux vaut aller Piazza Navona ou Campo dei Fiori et m'envoyer en l'air avec les *ragazzi* que je connais. »

« Mais après, qu'est-ce que tu feras? Non, attends que je t'explique : tu choisis un bon point stratégique, par exemple là où commence la Via Aurelia, et tu te fais mener le plus loin possible. Jusqu'à Gênes, pourquoi pas? Après tu verras bien. Une chose en entraîne une autre. »

« Bon. Je vais y penser. Et à la maison, comment ça va? Qu'est-ce que vous faites? »

« Papa est déjà parti pour son bureau. Maman dort encore. Depuis hier rien de nouveau. »

« Et le chien? Comment va le chien? »

« Il va bien lui aussi. Il est ici sur le fauteuil à côté du lit. »

« Qu'est-ce qu'il fait? »

« Il dort. »

« *Ciao.* Je te rappelle bientôt. »

Je raccroche, un peu réconfortée, et je reviens dans la chambre. Oui, l'auto-stop, pourquoi pas... dans un camion. Pour voir plus loin; au-delà du radiateur; à l'horizon, des montagnes toutes bleues et dans le ciel les nuages d'automne, gris foncé, familiers qui s'en vont, on ne sait où, se vider de leurs lourdes pluies.

Mon enthousiasme s'éteint rapidement. Pendant que tourne et retourne mon corps de bronze sous la douche, j'entends frapper à la porte de l'appartement. Toute ruisselante, toute luisante, je me précipite pour demander qui est là. La voix de mon mari qui me prie d'ouvrir me fait brusquement comprendre la vérité. Il ne m'a pas abandonnée, il n'a jamais pensé à me quitter. C'est moi qui, sans le faire exprès, l'ai laissé à la porte toute la nuit après notre fameuse bagarre. Il est revenu, il veut se faire pardonner; je le sens à son ton contrit et suppliant. C'est ainsi que ce mariage que je croyais une chose finie ne fait que commencer.

## LA VOIX DE LA MER

Mon père me bat, surtout pendant les repas, à table, lieu voué aux disputes familiales. Il me gifle non pas tellement parce que je m'oppose à lui mais, surtout, parce que je m'oppose à lui avec raison et qu'il ne veut pas le reconnaître. Mon père est veuf et moi je suis sa fille unique. Nous vivions seuls hors des complications modératrices d'une véritable famille; et, tous les deux, nous nous abandonnions, sans que rien nous arrête, à nos sentiments, à nos sensations, moi à la haine, lui à la sensualité. Mon dieu, quel être sensuel est cet homme! Et encore s'il ne le montrait pas! Mais non, il l'est ouvertement et sans la moindre pudeur. A plus de soixante ans il fait venir des call-girls dans notre appartement (je surveille leur arrivée à travers une fente de la porte de ma chambre où, ces jours-là, je me barricade); il s'attaque à la vertu de nos bonnes jusqu'à leur mettre les mains quelque part pendant qu'elles servent à table; il cherche même à aborder mes amies en se précipitant pour leur ouvrir la porte lorsqu'elles viennent me voir. Je n'ai rien contre le sexe, qu'est-ce que vous allez imaginez? mais, en revanche, lorsqu'il monte à la tête des gens, je suis absolument contre. Mon père est intoxiqué par la sensualité comme d'autres le sont par l'alcool; et c'est vrai qu'il a quelque chose de l'ivrogne : une sorte de reflet rougeâtre au bas du front, sur ses joues grasses, son nez bulbeux, son menton rond comme une boule. Et cet homme ultra-sensuel est aussi un menteur. Il ment avec une effronterie incroyable; et si je le démens, il n'hésite pas, comme je l'ai déjà dit, à me battre. De sa main rouge, épaisse, courte, ornée d'une grosse bague armoriée (eh oui! il tient beaucoup à une ridicule et obscure noblesse provinciale), il me flanque une gifle qui me fait mal et qui m'humilie; à la brûlure produite par la gifle vient s'ajouter une douleur subtile due au heurt de sa bague. Pourtant, je ne pleure pas, je ne m'en vais pas, je baisse la tête sur mon assiette et je continue à lui dire ce que je pense, avec même encore plus de méchanceté. Alors lui, sentimental comme il l'est, le voilà qui se met à verser quelques larmes et à balbutier qu'il m'aime et qu'est-ce que j'ai contre lui... Il me fait pitié, mais cette pitié ne sert qu'à me rendre plus impitoyable. Je lui réponds : « J'ai que je ne peux pas te supporter parce que tu es un porc et que tu me fais honte. »

Le principal résultat de ces tristes rapports entre mon père et moi a été que les garçons de mon âge ne m'ont jamais rien dit tandis que les hommes mûrs et même âgés m'ont toujours plu. Il ne s'agit pas des tendances sur lesquelles les psychanalystes travaillent volontiers; chez moi c'est un penchant conscient; je sais parfaitement que je préfère les hommes d'un certain âge parce que je cherche en eux le père qui me manque. Quelqu'un va peut-être m'objecter qu'il n'est pas obligatoire de coucher avec l'homme qui remplace son père, que l'amitié devrait suffire. Eh bien, non. Du moins en ce qui me concerne. Le seul rapport qui puisse se substituer à celui de parenté, c'est le rapport sexuel. L'amitié, aussi profonde qu'elle puisse être, c'est autre chose, une chose infiniment plus superficielle que les rapports entre père et fille. D'autre part, les rapports entre père et fille ne sont jamais uniquement amicaux, comme beaucoup de pères et beaucoup de filles ont l'air de le croire.

Ça suffit, n'en parlons plus. Après trois ou quatre toquades pour des hommes qui auraient pu me servir de père (je découvris rapidement qu'ils en étaient incapables), je suis finalement tombée amoureuse de quelqu'un qui semblait correspondre, à tous points de vue, à l'idée qu'au long de ces dernières années je m'étais faite de la paternité. C'était un homme d'affaires, quelqu'un qui traitait, comme on dit, de questions économiques. Il avait une très mauvaise réputation et passait pour un forban, un intrigant, un drôle de type sans scrupules. Mais physiquement (il était grand, maigre, avec un visage long aux traits durs qui avait l'air d'avoir été taillé dans du vieux bois) et moralement, spécialement dans ses rapports avec moi, un seul qualificatif lui convenait vraiment : ascétique. Tout le monde a entendu parler des ascètes religieux; mais il paraît qu'il existe des ascètes dans d'autres activités, moins spirituelles, mais tout aussi exclusives. Lui, bien qu'il puisse sembler contradictoire et un peu ridicule de le dire, il était un ascète de la finance.

Je n'ai jamais très bien compris si le contrôle absolu qu'il avait sur ses sens était dû à son âge, à son expérience ou à la discipline qu'il s'imposait pour se consacrer entièrement à ses affaires. Peut-être les trois. Ce dont j'étais certaine, c'est que son amour était distant, objectif, clairvoyant. C'est difficile à expliquer : chaque fois qu'il me regardait, j'avais la nette impression qu'il me voyait exactement telle que j'étais, sans m'idéaliser, sans m'embellir, comme le font d'habitude tous les amoureux; ce qui ne l'empêchait pas d'avoir tellement besoin de moi que, plusieurs fois, il me proposa de quitter mon père pour venir vivre avec lui. Mais, en même temps, je savais que, lorsque je n'étais pas là, pas un seul instant sa pensée ne s'arrêtait sur ma personne. Il m'aimait, bien sûr; mais à cet amour se mêlaient le réalisme, le cynisme, l'indifférence de l'homme qui a tout expérimenté et sait qu'il revit – peut-être avec quelques variantes – ce qu'il a déjà vécu.

Forban, escroc, joueur, mon amant fit un jour un faux pas en se lançant dans une spéculation trop hasardeuse. Il fit faillite. Comme il était très connu, j'appris ce désastre – avant qu'il ne m'en fasse part – en lisant la rubrique « Economie » d'un quotidien. Immédiatement je me précipitai chez lui pour le trouver, comme toujours, distant, calme, froid, mais d'une manière, pour la première fois, peu naturelle.

Il faisait ses valises. J'ai tout d'abord cru qu'il allait se sauver sans moi. Vite, il m'a rassurée : il s'agissait d'un moment difficile à passer; il comptait se reprendre rapidement et, en attendant, il me proposait de partir en voyage avec lui; il aurait ainsi la possibilité de réfléchir et de préparer sa rentrée. Moi, tout de suite, j'ai imaginé un lieu de vacances, quelque chose comme Capri ou la Côte d'Azur, mais, dès que mes regards sont tombés, par hasard, sur des billets d'avion posés sur une table et marqués : « Tahiti », j'ai compris.

J'ai dit au revoir à mon père, le véritable, selon le sang, et j'ai filé avec mon père, le fictif, selon le sexe. Assis l'un près de l'autre dans l'avion, lui avec sa belle tête de saint de la spéculation en Bourse, droite et lucide, moi passionnément serrée, abandonnée contre lui durant des heures et des heures, prenant ensemble les repas de l'avion, dormant ensemble sous la couverture de l'avion, regardant ensemble l'immense et majestueuse étendue de nuages blancs au-dessus de laquelle l'appareil nous transportait à toute vitesse vers Tahiti. Je l'aimais. Je ne l'avais jamais autant aimé qu'à ce moment. Et je me rendais compte qu'une des raisons du redoublement de mon amour venait du fait qu'il conservait son impassibilité en face de la catastrophe qu'il vivait. J'avais toujours rêvé d'un père tel que lui : maintenant je l'avais.

Nous sommes arrivés à Tahiti le matin et, à peine sortis de l'aéroport, des Tahitiennes qui sont là pour guetter les arrivées et les départs des touristes nous ont passé des colliers de guirlandes de fleurs autour du cou. Moi, serrée contre lui, j'étais heureuse comme si ces femmes avaient, exprès pour nous, préparé ces fleurs, alors que je savais très bien que tous les voyageurs y avaient droit... Nous sommes allés nous installer dans un hôtel situé au bord de l'eau, composé de huttes de style polynésien enfouies sous les fleurs et sous les feuillages des grands arbres tropicaux; et nous avons commencé à mener la vie tranquille propre aux amoureux. Le matin nous allions nous baigner dans le lagon qui entoure l'île; l'après-midi, nous faisions des balades en voiture en nous arrêtant aux endroits les plus pittoresques. Ce que je préférais à tout c'était de m'allonger sur le sable pour écouter l'incessant, l'éternel fracas que font les vagues en se brisant sur les récifs de corail, là-bas, loin, où finit le lagon. Au début, ce bruit m'avait paru peu distinct, univoque, fait d'une seule note profonde, indéfiniment répétée. Après, en l'écoutant presque toute la journée comme je le faisais, j'ai commencé à entendre d'autres notes, d'autres sons alternés, bien que toujours répétés, qui, en se rassemblant, composaient un mot. Oui, mais quel mot? Je me suis mise à réfléchir et j'ai pensé qu'il s'agissait du mot « amour ». De sa voix sombre, persuasive, dominatrice, la mer répétait, depuis toujours, ce seul mot. Et moi, j'étais peut-être la première personne au monde à l'avoir compris.

Je raconte ces choses surtout pour donner une

idée de mon bonheur. J'étais si heureuse qu'un jour, me laissant complètement aller aux confidences, j'ai dit à mon ami, qui s'était assis à côté de moi, silencieux à son habitude, que dans le fracas des vagues je percevais un mot, un seul mot; et je lui ai dit ce mot. Il a souri, mais à peine, à sa manière froide, indulgente; et puis après il a dit qu'il voulait, lui aussi, écouter le bruit des vagues pour voir s'il y découvrirait un mot. Aussitôt, son visage a eu l'expression attentive de quelqu'un qui écoute vraiment; au bout d'un peu de temps, il m'a annoncé que les vagues prononçaient un mot différent de celui que je disais. Quel mot? Il a hoché la tête puis m'a répondu : « Différent. »

Je me suis remise à l'écoute de l'océan qui répétait, avec une monotonie féroce, préhistorique, le mot « amour ». Alors il s'est levé en me disant qu'il allait téléphoner à Papeete pour commander l'automobile que nous utiliserions l'après-midi pour nous promener; et moi je me suis endormie. Je devais dormir depuis une demi-heure quand je sens quelqu'un me secouer le bras. Je me réveille pour voir un domestique tahitien penché sur moi; en souriant (ces gens sourient quoi qu'ils disent), il m'annonce que mon ami vient de se suicider : il s'est tiré une balle dans le cœur lorsqu'il était dans la cabine téléphonique et il est tombé mort, par terre, sous l'appareil.

Après l'enterrement, je suis rentrée en Italie où j'ai repris ma vie avec mon vrai père. Je suis devenue plus douce, plus compréhensive; je crois que je ne chercherai jamais plus un autre père; on ne peut en avoir plus d'un en même temps et celui que j'avais trouvé est resté là-bas, dans le cimetière de Tahiti. Peut-être, je dis bien peut-être, que je finirai par épouser un garçon de mon âge qui dit m'aimer. M'aimer! L'important n'est pas d'être aimé mais d'aimer; et moi, toute ma vie, je resterai reconnaissante à mon ascète de la finance de s'être fait aimer de moi, et, qui sait? sans m'aimer. Ce que je voudrais savoir, moi, c'est le mot, différent du mien, qu'il a entendu dans le fracas des vagues. Ou plutôt, je le voudrais et ne le voudrais pas. C'était, sans doute, un mot si terrible qu'après l'avoir entendu il ne lui est resté que le suicide.

# LA FACE CACHÉE DE LA LUNE

JE suis deux en une seule personne ou, si vous préférez, je suis une personne à deux visages, à deux faces, comme est la lune. Comme notre lune, j'ai une face connue de tous, toujours égale à elle-même, et une face inconnue, non seulement des autres mais aussi, d'une certaine façon, de moi. Cette seconde face totalement inconnue pourrait ne pas exister : les choses qu'on ignore c'est, au fond, comme si elles n'existaient pas. Cette autre face de la lune, même si je ne la connais ni n'en parle, « je la sens ». Et cette obscure sensation de l'existence d'une autre face, invisible, différente, sur mon occiput mais du côté opposé à la face que tout le monde voit, fait que dans ma vie quotidienne, tout en étant toujours scrupuleusement attachée à mes devoirs, je suis, en même temps, mais comment vous dire ça? je suis « décollée ». Oui, j'ai bien dit décollée; c'est-à-dire détachée des choses que je fais au moment où je les fais. Avez-vous déjà vu un meuble ancien dont un petit morceau, qui semblait faire partie du tout, se décolle? Si vous regardez bien vous verrez sur la superficie du bois sec comme une pellicule brillante : c'est le résidu de la colle dont on s'est servi autrefois pour faire la réparation. Qui sait depuis combien de siècles ce meuble a eu cet accident?

Quelqu'un, mort aussi depuis des siècles, l'a un jour réparé en recollant le morceau manquant qui aujourd'hui vient de se décoller. Il faudrait retrouver une colle de qualité, pareille à celle d'autrefois, mais allez savoir où? Eh bien, moi, dans la vie de tous les jours, je suis ce petit morceau de bois qui semble adhérer solidement au meuble et qui, en réalité, s'en est détaché et n'en fait plus partie.

Décollée et consciencieuse, je suis tous les jours, de huit heures du soir à six heures du matin, l'épouse parfaite, jeune, belle, d'un juge d'un certain âge; de six heures de l'après-midi à neuf heures du soir, je suis la marâtre parfaite des deux enfants d'un premier lit du juge; de huit heures et demie du matin à une heure et demie de l'après-midi, je suis l'employée de banque parfaite. Pourquoi donner ces horaires? Parce que dans ma vie il n'existe autre temps que celui de la pendule; tous les autres en sont exclus. Chaque jour je me lève à six heures, je fais ma toilette, je m'habille, je réveille les enfants, je les aide à faire leur toilette, je prépare le petit déjeuner pour tout le monde. Ensuite mon mari sort avec sa voiture : il déposera d'abord les enfants à l'école des sœurs où ils sont demi-pensionnaires, puis il se rendra au tribunal. Je vais à pied à la banque proche de la maison. A la banque, sérieuse et consciencieuse, au point que mes collègues m'ont surnommée pour plaisanter *Miss Dovere*[1], je travaille jusqu'à une heure et demie. Je rentre à pied chez nous. La femme de ménage a fait mes courses en se reportant à la liste que je prépare tous les soirs avant de me coucher; je vais à la cuisine, je défais les paquets, j'allume le gaz, je prépare une légère collation pour mon mari et moi. Mon mari arrive, nous nous mettons à table; après le repas, je lave les assiettes et remets les choses en ordre; ensuite, nous passons dans la

1. Miss Devoir. (N.d.T.)

chambre; c'est l'heure de l'amour, mon mari préfère le faire à cette heure-là parce que le soir il est fatigué. A quatre heures il s'en va et peu de temps après arrivent les enfants. Sans me concéder une minute de repos, je prépare leur goûter; avec eux, je regarde la télévision, je les aide à faire leurs devoirs, je les fais souper et je les mets au lit. Il est huit heures et demie, revoilà mon mari. Il s'assied et lit son journal; je me précipite dans ma chambre, je passe une robe habillée, je me farde, je me recoiffe et nous allons, lui et moi, soit au restaurant, soit chez des amis, soit au cinéma. C'est le moment où je m'écroule. Depuis des années, il me manque tous les jours deux heures au moins de sommeil. Alors, là où je me trouve, à table, au restaurant, dans le fauteuil du cinéma, dans la voiture, je fais un petit somme. Vous me demandez si j'aime mon mari? Disons que je l'aime bien. Du reste, je n'ai pas le temps de penser à cette sorte de problème.

Et pourtant, malgré cette vie de *dovere*, je n'adhère pas vraiment aux choses que je fais, je me sens, mais tout le temps, comme je l'ai déjà dit, « décollée ». Il me semble avoir affirmé que mon autre face est ignorée de tout le monde, et même de moi. Ce n'est pas tout à fait exact : si on sait bien lire, cette face cachée est lisible sur ma physionomie. Jugez-en vous-même : je vais me décrire. Je suis blonde, grande, maigre; mon visage a quelque chose de germanique, dans le genre de celui des statues qu'on voit dans les niches des églises gothiques. Il a la forme d'un triangle dont le grand côté serait mon front, dur et osseux, et la pointe, mon menton, gras et doux. J'ai le nez aquilin, la bouche mince, tous deux bien dessinés; malheureusement mes yeux d'un bleu trop pâle, avec leur regard inquiétant, avec leur expression fausse, froide, je dirais volontiers aux aguets, en la comparant à celle d'une bête prête à mordre à la première occasion, contredisent ce que l'on pourrait appeler un visage sévère et aristocratique.

Pour la bête prête à mordre, l'occasion s'est présentée quatre ans après mon mariage. Un matin de novembre, je me rends au bureau sous une pluie battante, ce qui ne m'empêche pas de remarquer un homme qui prend des photos assis dans une grosse voiture noire stationnant juste devant l'entrée de la banque; je l'avais remarqué de loin : il se servait d'un tout petit appareil que sa main collait presque contre son œil; quatre ou cinq fois de suite, je l'ai vu répéter ce geste avec le calme que donne l'expérience; lorsqu'il abaissait son bras, ses yeux semblaient ne contempler que le vide. Qu'est-ce qu'il photographiait? Sans aucun doute, l'entrée de la banque. Plus j'avançais, mieux je voyais l'homme : il devait être mince, à en juger par l'étroitesse de ses épaules; il avait le front haut, un nez busqué, une bouche bien dessinée; il me rappelait les gravures où l'on voit Napoléon jeune. Quand je suis passée près de lui, il a baissé la main qui tenait l'appareil de photo; il devait attendre que je disparaisse de son champ. Je ne sais quel instinct m'a alors poussée à cligner légèrement de l'œil en le regardant; pour me montrer qu'il m'avait vue et comprise, il a hoché la tête de bas en haut. L'air assuré, bien moulée dans mon imperméable rouge vif, j'ai traversé l'avenue pour me joindre aux autres employés qui attendaient devant la porte de la banque. Quand je me suis retournée, la voiture n'était plus là.

Une quinzaine après, comme je sortais de la banque en marchant vite pour rentrer à la maison, je me suis brusquement rendu compte que je ne participais pas au soulagement général ni à la joie quasi dominicale qui par vagues se répandent dans les rues au moment où les bureaux et les écoles se vident et que s'en échappent, libres, tous les malheureux enfermés pour aligner des chiffres ou pour se plonger dans des livres de classe. Moi, je n'éprouvais ni soulagement ni joie; je pensais au repas que j'allais préparer, aux assiettes que j'allais laver, à l'amour que j'allais faire; et quand brusquement j'ai levé la tête, j'ai vu, à côté de moi, l'homme aux photographies qui, au volant de sa voiture, me suivait pas à pas. Nos regards se sont croisés et il m'a immédiatement interpellée en employant des mots d'une obscénité révoltante, impossibles à répéter. Sans hésitation, d'un signe de tête, j'ai acquiescé; la voiture s'est immobilisée, j'ai ouvert la portière et je me suis assise à côté de lui.

Nous ne sommes pas allés loin, juste sur un quai du Tibre, désert à cette heure; à peine étions-nous arrêtés qu'immédiatement, comme si ce geste était prévu d'avance, il s'est jeté sur moi pour m'embrasser. Lorsqu'il ne bougeait pas, il ressemblait, je l'ai déjà dit, au jeune Bonaparte mais, dès que ses traits s'animaient, son visage devenait, je ne dis pas tout à fait dépourvu de charme, mais d'une vulgarité de gangster de bas étage. Naturellement, je l'ai repoussé en disant : « Ne me touche pas, pour ça nous avons le temps. Dis-moi plutôt ce que tu veux de moi. »

D'un ton résolu il m'a répondu : « C'est toi que je veux. »

« Non, tu ne veux pas que moi. Si tu ne voulais que moi, cela voudrait dire que tu n'es pas le fétichiste que tu es en réalité. »

« Un fétichiste? Qu'est-ce que c'est, un fétichiste? »

« Quelqu'un qui, comme toi, n'aime pas seulement une personne mais tout autant les objets auxquels elle est liée, par exemple la porte de la banque où elle travaille. »

« Mais quand as-tu remarqué ça? »

« Quand? Il y a deux semaines à huit heures et

demie du matin. Combien de photos as-tu prises ce jour-là ? Je dirais au moins une vingtaine, non ? »

« On ne peut rien te cacher, alors ? Qui es-tu ? Le diable en personne ? »

C'est tout simplement de cette façon qu'a commencé cette histoire qui, pour finir, a couvert de gros titres les pages des journaux. Inutile de vous raconter comment s'est passé le cambriolage. Un « classique » du genre, de l'avis des chroniqueurs, mais si vous voulez en savoir davantage il vous suffira de consulter les pages judiciaires de cette année-là. Je ne veux pas vous dire la part importante que j'y ai prise : ce serait dangereux pour moi, étant donné qu'elle est restée ignorée de tous. Pour mes collègues de la banque, je suis toujours *Miss Dovere*. La seule chose que j'aimerais ajouter, c'est que le cambriolage a eu lieu au début de l'après-midi, quand la banque est fermée aux clients et que très peu d'employés y travaillent. Il était environ quatre heures; j'avais pu filer tout de suite après avoir fait l'amour avec mon mari; j'avais à peine une heure avant que les enfants ne rentrent de l'école. Mon rôle consistait à m'installer au volant d'une voiture – volée, bien entendu – et à attendre dans une rue peu passante que mon gangster et son camarade finissent leur travail et me rejoignent. Eh bien, mais je me demande si vous allez me croire, figurez-vous que, malgré mon cœur qui battait à tout rompre, la fatigue, ma fatigue habituelle, m'a fait m'endormir d'un merveilleux, invincible et béat sommeil. Dans ce sommeil, je participais au cambriolage, mais à ma façon... En rêve, je me suis vue enfermée dans le coffre-fort blindé de la banque et puis j'ai entendu mon gangster ouvrir la porte de ce coffre et puis, j'ai hurlé de joie et suis tombée dans ses bras. A ce moment du rêve, mon gangster m'a secoué le bras en murmurant des gros mots entre ses dents. Sans rien regarder de ce qui se passait, comme un automate, j'ai mis le moteur en marche et nous avons filé.

Après, pendant six mois, nous avons cessé de nous voir. C'était lui qui l'avait décidé : il disait que la police devait enquêter sur la vie de tous les employés de la banque. Nous avions convenu, d'un commun accord, qu'au bout de ces six mois j'irais vivre avec lui et que la *Miss Dovere* se transformerait en « Madone de la Mitraillette » ou quelque chose du même genre, surnom que mes collègues du bureau, avec leur mauvais esprit habituel, n'auraient pas manqué de me donner s'ils avaient soupçonné mon histoire.

J'ai donc repris ma petite vie entre ma maison et ma banque.

Mais un jour, dernièrement, je vois que ma bouteille d'eau de Cologne est vide. C'était justement l'après-midi de ce jour que je devais conduire en voiture mon mari à l'aéroport; il allait à Cagliari où l'appelait une de ses affaires. Je l'ai donc accompagné et, sur le chemin du retour, mon flacon vide d'eau de Cologne me revient en mémoire. Je m'arrête dans une rue de la périphérie de Rome, devant une parfumerie qui avait pour enseigne le nom du parfumeur parisien qui fabrique mon eau de toilette. Dès mon entrée dans le magasin, j'ai été éblouie par les mille reflets scintillants d'une quantité de bouteilles, de flacons de toutes sortes, alignés le long des murs dans des armoires vitrées. Et pendant quelques secondes je n'ai pas pu voir mon gangster debout derrière une table, occupé à servir une dame pas très jeune, qui disait avoir besoin de je ne sais quel rouge pour les joues, difficile à trouver. Sur la table, entre sa cliente et lui, mon gangster avait étalé divers petits pots qu'il débouchait les uns après les autres; il passait légèrement le produit contenu dans le pot sur le dos de sa main, puis il élargissait cette première touche avec la paume de son autre main tout en parlant à mi-voix à sa cliente attentive, doucement, longuement, patiemment. Elle, elle regardait, examinait, secouait la tête : non, ce n'était pas exactement le rouge qu'elle désirait acheter.

Mon gangster ne m'avait pas dit qu'il possédait ce magnifique magasin : je savais qu'il vivait avec sa vieille mère et ses deux enfants; sa femme l'avait quitté pour habiter Milan avec un autre homme. J'ai vite compris qu'il avait cette parfumerie depuis longtemps, des années peut-être : le discours qu'il tenait à sa cliente était de ceux que quelqu'un qui ne serait pas du métier ne saurait inventer. La perfection de ce bla-bla professionnel fut pour moi quelque chose de pareil à ce qui se passe la nuit lorsqu'un éclair illumine un paysage dans ses moindres détails. J'ai brutalement compris que je m'étais trompée : j'avais pris cet homme pour un faucon rapace; il n'était qu'une taupe sournoise, et une idée fulgurante a traversé mon esprit : j'ai fait un calcul; et j'ai compris que mon mari valait ni plus ni moins que lui. Lui aussi avait deux enfants jeunes dont je devrais m'occuper; lui aussi me demanderait de faire tout dans la maison. Du côté travail, il m'a semblé qu'il était mieux d'être employée de banque que vendeuse dans une parfumerie, d'autant plus qu'à la banque je n'étais obligée d'aller que le matin. Restait la question de l'amour; à vrai dire, depuis la découverte de cette parfumerie, je me suis sentie vis-à-vis de lui aussi « décollée » que vis-à-vis de mon époux. Alors, sans attendre que la cliente ait finalement trouvé le rouge de ses rêves, j'ai fait demi-tour pour sortir. Avant de franchir la porte, j'ai tourné la tête : il me regardait par-dessus l'épaule de la cliente; je lui ai fait un signe pour dire non. Il n'était pas idiot. Il a dû comprendre puisqu'il n'a jamais cherché à me revoir. Qui sait? peut-être qu'il ne se fiait pas à moi comme vendeuse de parfums. Après tout, quelle différence y a-t-il entre une boutique et une banque ? Il a dû craindre que moi, incorrigible, je n'aie envie de refaire un cambriolage, mais cette fois à ses dépens et, pourquoi pas ? avec un vrai gangster, un de ceux qui attaquent les banques par goût de la délinquance; en tout cas certainement pas pour s'acheter une parfumerie.

## BOF !

MES amis disent que, dès que je me mets de profil, on comprend que j'ai mauvais caractère. De face je rappellerais assez les chiens pékinois : yeux exorbités et tout ronds, regard fixe et malveillant; nez camus; bouche large et babines sinueuses. De profil, toujours d'après eux, mon visage fait penser à un poing fermé, tendu vers quelqu'un, dans l'intention de le lui flanquer sur la gueule. Mais il faut dire qu'il s'agit moins du mauvais caractère avec lequel on naît et contre lequel il n'y a rien à faire que d'une agressivité inexplicable qui m'est venue aux alentours de ma quinzième année et qui ne m'a jamais quittée; et, comme certaines montres-bracelets qu'on n'a pas besoin de remonter parce qu'elles se remontent toutes seules, grâce aux mouvements du bras, mon agressivité se recharge d'elle-même, sans motif et sans être provoquée. C'est de cette agressivité que me vient, tout naturellement, une perpétuelle envie de me disputer. J'entends déjà d'ici l'inévitable curieux de service me demander : « Mais pourquoi cette agressivité? Pourquoi cette envie de se disputer? » Alors moi, comme je le fais toujours avec qui veut en savoir trop et ne sait pas qu'il n'y a rien à savoir, je réponds exactement ceci : « Bof! »

Surtout le matin, dès que je me réveille je suis dans une telle fureur que si le monde était, je ne sais pas, moi, une assiette, un verre, je n'hésiterais pas un instant à le jeter par terre pour le briser en mille morceaux. Eh oui, j'ai autant besoin de me disputer que le fumeur de fumer, l'ivrogne de boire, le drogué de se droguer. Malheureusement, à la maison, je ne peux pas assouvir ce besoin. Mes parents, de braves petits commerçants (ils tiennent une parfumerie du côté des Prati, un quartier où des magasins comme le leur on en compte par douzaines), sont des anges, de vieux anges qui s'adorent comme au premier jour de leur mariage. Ma sœur, qui est plus jeune que moi et suit les cours de l'École normale d'institutrices, est, elle aussi, un ange, un ange du genre studieux, appliqué, pédant. Mon frère est un bon à rien déjà un peu délinquant sur les bords mais, comme je l'aime bien, pour moi, lui aussi est un ange. Ainsi donc, ne pouvant pas me défouler au milieu de tous ces anges, j'ai été obligée de trouver une combine. Dès le matin, je sors de la maison et je vais me planter dans une rue, de préférence tout près d'un feu de croisement. Là, je m'adosse tranquillement à un lampadaire comme le font les prostituées du trottoir, dont j'imite les gestes et les attitudes en renfonçant ma poitrine, en avançant mon ventre pour mettre en évidence le renflement de mon pubis, gonflé et oblong comme une savonnette, et mes jambes, ce que je possède de mieux et, entre nous, si parfaites qu'on pourrait croire qu'elles ne sont pas à moi mais que je les ai échangées contre une paire de celles qu'on voit dans les vitrines des marchands. Quand j'aperçois une automobile avec un homme seul au volant, je lève le bras en faisant de la main le signe des auto-stoppeurs. Le conducteur de cette voiture regarde ma main, regarde mon visage, regarde mon pubis-savonnette, regarde mes merveilleuses jambes de mannequin et puis, comme par force d'inertie, il roule encore, puis ralentit, puis freine et s'arrête à deux pas de moi qui, sans lui dire bonjour ni rien, grimpe à côté de lui, referme la portière et lui demande brutalement : « Où vas-tu ? »

Ce « tu » les fait se rengorger; ils ignorent que depuis l'époque de la contestation je tutoie les chiens et les porcs. Immanquablement, avec beaucoup de politesse et d'amabilité, ils me répondent : « Et toi, où veux-tu aller ? » Je fais un rapide calcul mental sur le temps qu'il nous faudra pour avoir une bonne dispute, bien complète et bien organisée. Alors supposons que nous nous trouvions à ce moment-là dans mon quartier, c'est-à-dire près de la Piazza Cavour, je réponds : « J'ai à faire Piazza Bologna. » Eh bien, que vous le croyiez ou non, très peu refusent. La plupart, pleins d'espoir, remettent immédiatement leur moteur en marche. Ensuite commencent les questions habituelles : « Qui es-tu, comment t'appelles-tu, qu'est-ce que tu fais, des études, où travailles-tu, tu as un fiancé, tu as un ami, vous couchez ensemble, et caetera, et caetera. » Je réponds brièvement; puis, sans attendre, je passe à l'attaque. Mettons qu'à la question que je pose au sujet de la profession l'un d'eux me réponde : « Je suis entrepreneur », immédiatement je lui tombe dessus à bras raccourcis : « Quoi ? Qu'est-ce que tu as dit ? Entrepreneur ! Tu es un entrepreneur ? Ah ! bravo ! Il y a longtemps que je désirais rencontrer quelqu'un qui fasse ce métier pour lui dire tout le mal que j'en pense. Tu sais ce que je vais te dire ? Je te dis que vous autres les entrepreneurs, vous me dégoûtez. Oui, vous me dégoûtez. Vous spéculez sur les terrains à bâtir; vous achetez à dix et vous revendez à cent; vos carambouilles, aussi bien dans les mairies qu'au Vatican, ne se comptent plus; vous ne travaillez que pour les milliardaires; vous faites tellement monter les prix de vos appartements que les pauvres ne peuvent plus espérer avoir jamais quelque chose à eux. Et, au moins, si elles étaient belles vos maisons! Mais non, elles sont immondes, elles sont comme vous, soignées extérieurement mais pourries et infectes à l'intérieur. Et je sais de quoi je parle. Tous ces temps-ci, avec une amie qui va se marier, j'ai visité beaucoup de maisons, de ce que vous, vous appelez des maisons. Les carreaux du sol sont mal ajustés, les porcelaines sont de mauvaises qualité, la peinture se détache des parois; tu ouvres une fenêtre et tu ne vois qu'un mur, tu en ouvres une autre et tu tombes sur une cour aussi sombre qu'un puits. Pas d'arbres, pas de verdure, pas de jardins. Vous êtes des affameurs, vous aussi, qui au lieu de vous attaquer à l'estomac des gens préférez les punir dans leur habitat, plus nécessaire, peut-être, que la nourriture. Lorsque j'étais très jeune, j'ai fait partie des contestataires; ensuite je m'en suis éloignée; mais j'ai gardé dans ma tête beaucoup de choses qu'ils disaient; on les appelait des révolutionnaires... » Quelle que fût la profession du conducteur de la voiture, je trouvais toujours de quoi lui en sortir et ne restais jamais à court d'arguments.

Et maintenant, vous allez entendre, disons, la meilleure. Insulté, vilipendé, mon automobiliste ne fait presque jamais ce qui semblerait, à tout le monde, normal : ouvrir sa portière en m'invitant à descendre. Soit parce qu'il espère coucher avec moi, soit plus probablement, parce que c'est un masochiste comme il y en a tant, il ne discute pas et, le dos courbé sous mon flot d'injures, il va, il va, d'un feu rouge à un autre feu rouge, d'une rue à une autre rue, jusqu'à l'endroit où je veux descendre. Et, lorsqu'il s'arrête, il ne me laisse pas partir comme quelqu'un qu'il vaudrait mieux perdre que trouver sur son chemin. Au contraire. Généralement, il me demande humblement, avec insistance et, ne craignons pas de le dire, de façon abjecte, un rendez-vous. Qui pourra jamais m'expliquer de quoi les hommes sont faits? Pourquoi aiment-ils tellement être maltraités? Bof!

Un de ces jours derniers je sors de chez nous en pensant : « Le premier qui aujourd'hui me tombe sous la main, je te jure que je te l'avale tout cru. » Je vais me poster au feu du Lungotevere, mon endroit préféré parce qu'il y a de la place et que les automobiles peuvent se garer et m'embarquer sans difficulté. Je suis, comme d'habitude, en mini-jupe; je m'appuie contre un lampadaire et je croise les jambes; la savonnette de mon pubis est au maximum de la visibilité; mes seins, que j'ai lourds et volumineux, je les ai remontés le plus haut possible; ils effleurent presque mon menton. Je commence à faire mon geste d'auto-stoppeuse, mais mollement, paresseusement, tant je suis sûre de moi et de mon charme. Ensuite, comme je constate qu'il ne produit pas d'effet, plus énergiquement. Déconcertée, je fais alors une chose à laquelle je ne recours que rarement et seulement dans les cas désespérés : j'introduis ma main entre ma cuisse et mon bas-ventre et, comme si j'avais une démangeaison, je me gratte en soulevant légèrement ma mini-jupe. Une grosse voiture blanche, d'un blanc sale et jaunâtre, freine dans un bruit strident et s'arrête non loin de moi. Je prends mon élan et cours m'engouffrer dedans en annonçant : « Je vais Corso Trieste, et toi? »

Une grosse voix d'homme bien élevé me répond : « Corso Trieste? D'accord. »

Le feu passe au vert, l'homme se dirige vers le pont, le traverse et entre dans la Via Tomacelli. Je m'installe aussi bien que je peux, ensuite je le regarde. Il a une drôle de tête, plate par-derrière, mais, devant, bombée à cause de la forme de son front. Il fait un peu penser à un hibou. Ses cheveux noirs sont collés sur ses tempes comme par de la sueur; il a des yeux ronds perdus au fond d'orbites creuses, sous des sourcils charbonneux; un nez comme un bec, si recourbé que sa pointe rejoint presque sa bouche; des moustaches dures et noires; un menton en galoche avec, au milieu, une fossette sombre. Son teint rouge est celui d'un paysan ou d'un chasseur, en tout cas de quelqu'un habitué au grand air. Je l'observe très attentivement parce que je trouve qu'il y a quelque chose d'anormal et d'inquiétant dans son profil. Alors je dis : « Ecoute... tu ne voudrais pas me faire le plaisir de te tourner un peu de mon côté? »

Immédiatement, il se retourne vers moi en disant d'une voix très assurée : « Voilà, regarde. Quel est ton problème? »

Alors je comprends. Sous la moustache en brosse, la bouche est tirée vers le haut par une blessure encore mal cicatrisée, de chair vive, qui part de la lèvre inférieure pour se terminer à l'intérieur de la narine gauche. Je dis : « Merci. Tu peux te remettre comme tu étais. J'ai compris. »

« Tu as compris quoi? »

« Que tu as une bouche ignoble avec un bec-de-lièvre. »

Il ne répond pas tout de suite, puis il murmure d'une voix douce : « Il y a des gens à qui ça plaît. »

« Pas à moi. »

« Patience. »

« Patience mon œil. »

Ma mystérieuse mécanique se remonte, je le sens; elle est rechargée au point que la petite clef du remontoir ne tourne plus qu'au prix d'un effort énorme. J'arrive à lui faire faire un dernier tour en même temps que je me dis en moi-même : « Il a le r mou, la voix qui vient du nez, ce doit être un homme du monde, un snob qui fréquente les salons. » Et ce que je vois me confirme dans mes suppositions : il est vêtu d'un complet bleu foncé à rayures; il a la chemise blanche; il a la cravate à bandes de couleur, démodée; il a les boutons de manchettes en or. Mon regard se porte maintenant sur les mains qui tiennent le volant : fortes, carrées, courtes, quelques rares poils durs; les ongles sont brillants, plats, en forme de spatule, très soignés. Il doit être de ceux qui, chez leur coiffeur, n'en finissent plus avec les serviettes chaudes, la coupe des poils des narines et des oreilles, la friction, le shampooing; et qui pendant ce temps abandonnent leurs doigts négligemment mais avec une certaine suffisance, à une manucure papoteuse, juchée comme elle peut sur un minuscule tabouret d'où débordent ses grosses cuisses. En somme le numéro un des gens que j'exècre. Mon regard recommence, comme une mouche circonspecte et prudente, à se promener sur ses mains; un instant, il s'arrête sur la bague qu'il porte au doigt du milieu de la main droite. Sur le chaton quelque chose est gravé, peut-être des initiales, je ne distingue pas bien. Brutalement, je demande : « Qu'est-ce que tu fais, toi ? »

« Comment qu'est-ce que je fais ? »

« Quel métier ? Quelle profession ? »

Il réfléchit un peu avant de répondre : « Import-export. »

« Qu'est-ce que c'est ? »

Il explique, avec sa courtoisie d'homme du monde, dans le fond insultante : « Cela signifie : importation-exportation. Echanges commerciaux, tout simplement. »

Commerçant ! Comme mes parents ! Comme les gens que mes parents connaissent et fréquentent ! Tout de suite, tête baissée, je me lance : « Commerçant ? Tu es un commerçant ? Je sais tout, moi, sur les commerçants, j'en ai dans ma famille. La pire race qui soit au monde, la plus paresseuse, la plus inutile, celle qui coûte le plus cher ! Eh oui, parce que c'est à cause des commerçants que les prix montent, que tout coûte de plus en plus cher tandis que l'argent pour le ménage suffit de moins en moins. Sais-tu ce qu'ils sont, les commerçants? Des parasites, mais des vrais de vrais, comme les poux, comme les punaises qui vivent en suçant le sang des autres sans se montrer, cachés, dissimulés, mimétisés. Votre grande trouvaille, celle qui vous a permis, durant des siècles, de continuer à sucer le sang des autres, c'est celle qui consiste à louer une pièce n'importe où, à y mettre une table, quelques rayonnages, à acheter en gros dix lires ce que vous revendrez au détail vingt lires, tout en restant assis derrière la caisse, sans bouger, le cul posé sur une chaise, les bras croisés, la tête vide. Eh oui, je sais tout de vous, tout, n'essayez surtout pas de m'en raconter, je connais vos trucs, vos offres spéciales, vos occasions, vos liquidations, vos escomptes, vos baisses de prix, vos ventes à tempérament, vos soldes, vos rabais, vos faillites et le reste... »

Je m'arrête pour reprendre haleine. Il en profite pour me dire, sans avoir l'air d'y toucher ni le moins du monde fâché : « D'accord. Mais moi je ne suis pas un boutiquier comme il me semble que, par erreur, tu as cru le comprendre. Je n'ai pas de magasin. J'ai un bureau, je fais des affaires. »

Je suis vexée. Faire des affaires, être un homme d'affaires, c'est un terme générique qui veut dire beaucoup de choses, sur lequel, et justement pour ça, il n'y a rien à dire. Un peu décontenancée, je demande : « Un homme d'affaires? Mais quelles affaires? »

« Des affaires. »

Il faut que je trouve autre chose. Et tout de suite. Nous sommes dans le quartier de la Piazza Ungharia, le Corso Trieste se rapproche. Par nécessité, mon regard devient plus perçant. Je vois très bien à présent ce qui est gravé sur le chaton de sa bague : des armoiries. Oui, ce sont des armoiries, pas de doute; couronne entourée d'éléments divers : boules, bandes, lions, écus et je ne sais quoi encore. D'une voix soudainement altérée par la colère, je demande, en désignant sa bague : « Et ça, qu'est-ce que c'est ? Des armoiries ? »

« Oui. Du moins jusqu'à preuve du contraire. »

« Tu es noble ? »

« Il paraît. »

« Qu'est-ce que tu es ? Comte ? Baron ? Duc ? Prince ? Marquis ? »

Il hésite un peu et puis répond, à la fois évasif et galant : « Pour toi, je suis Paolo, c'est tout. »

J'étouffe d'une rage trop longtemps retenue. Je crie : « Je l'aurais juré que tu étais noble. Je l'aurais juré parce qu'il n'y a qu'un noble qui puisse être aussi odieux que toi. Je vous connais, vous les nobles, j'ai eu un ami qui était noble, pendant tout un été nous sommes allés d'une plage à l'autre, d'une boîte de nuit à l'autre, c'était un crétin, le roi des crétins. Il s'appelait Uguccione. Je vous connais et je vous dis : allez, allez, faites tout ce que vous voudrez, vous êtes tous de la même race, dissolus, ignorants, prétentieux, avachis, dégénérés. Mais qu'est-ce que vous êtes venus faire au monde ? Promener votre orgueil, votre superbe, eh ? Vous donner des airs parce que vous avez une couronne brodée sur vos chemises, eh ? Regarder de haut ceux qui n'ont pas de titres de noblesse, eh ? Et pourquoi, dites ? Parce que vous avez un arbre avec toutes ces pancartes où sont écrits les noms de vos ancêtres depuis celui que vous appelez le chef de la lignée, eh ? Parce que vous connaissez les noms et prénoms de vos aïeux, eh ? Parce que vous savez ou croyez savoir ce qu'ils ont été, eh ? Mais toi, tu ne sais rien. Rien de rien. Je vais te le dire, moi, ce qu'ils étaient, tes ancêtres dont tu es si fier. Ils étaient des truands, des criminels, des brigands, des voleurs, oui, oui; de vrais bandits de grand chemin. D'un abus de pouvoir à un autre, d'un vol à un autre. Ils ont accumulé toutes ces richesses qui vous permettent, à vous leurs descendants, de ne rien faire dans la vie, de courir les boîtes de nuit, de prendre à bord de vos bagnoles de luxe les filles qui font de l'auto-stop. Tes ancêtres étaient des bandits mais toi tu es un bon à rien malgré ton import-export, et l'ongle du petit doigt d'un petit voyou des *borgate* vaut plus que toute ta personne avec ton automobile, ton complet-veston bleu marine, tes boutons de manchette en or et ta bonne éducation. »

Quel soulagement ! Quelle satisfaction ! Je suis en train de me « décharger, » je me sens mieux, et de mieux en mieux, au fur et à mesure que je me décharge. Je poursuis ma tirade contre la noblesse. Finalement je m'en sors avec une conclusion dictée, bien sûr, par la colère mais, aussi bien pour lui que pour moi, stupéfiante et inattendue : « Et puis, tiens, il vaux mieux que tu t'arrêtes pour me laisser descendre; nous ne sommes pas encore arrivés Corso Trieste, ça ne fait rien, j'irai à pied. Vous êtes odieux, toi et ta noblesse. Allez, oust ! je prends le large. »

Mais lui, il ne s'arrête pas. Peut-être se dit-il qu'en réalité, je n'ai pas très envie de descendre. Pour le moment, il tire le bout d'une langue rouge et obscène pour lécher sa lèvre immonde; il dit : « Bravo ! »

« Bravo mon œil ! »

Il ne prend pas l'air offensé, au contraire. Il continue, inébranlable : « Oui oui, j'ai dit bravo parce que, avec un peu d'exagération, c'est vrai, tu as dit exactement ce que je pense moi-même. Oui, nos ancêtres, nos ancêtres à nous, les nobles, étaient des bandits, des brigands, des voleurs. Je veux dire qu'ils étaient de vrais hommes, encore proches de la nature, ayant gardé leurs appétits naturels intacts. Des hommes de proie et leurs proies prédestinées étaient les pacifiques, les civilisés, les sédentaires. Intrépides, forts, féroces, ils dévoraient les faibles, les lâches. Et moi et tous ceux comme moi, nous devons chercher à ressembler à ces aïeux impitoyables, à ces bandits. Si nous ne voulons pas disparaître, il faut que nous les prenions pour modèles. »

Je hurle : « Ah bon! De beaux modèles que les bandits de grand chemin! Tu devrais avoir honte de ce que tu dis! »

Il ne se tient pas pour battu. Il se tait d'abord puis il reprend sur son ton habituel, didactique et mondain : « Mais on ne parle pas de cette manière, que tu emploies peut-être sans t'en rendre compte, si on n'a pas des ancêtres qui ressemblent aux miens. Dis-moi, comment t'appelles-tu? »

Se moque-t-il ou est-il sérieux? Il est sérieux. Je réponds sans enthousiasme : « Je m'appelle Sebastiana. »

« Sebastiana quoi? »

Maintenant cela paraît impossible; mais il m'a bien eue. C'est vrai que je porte un nom de famille noble bien que je ne sois pas noble. Un nom qui, spécialement à l'école, m'exposait à toutes sortes de moqueries faciles : « Comment tu t'appelles? Colonna? Alors tu es une princesse Colonna. » « Mais non, Colonna comme le nom du magasin du quartier des Prati. » « Ah bon! Alors tu n'es pas princesse, tu es une simple boutiquière. »

A lui, je réponds sur un ton réticent : « Colonna. »

Il pousse une exclamation de joie, comme s'il venait de trouver la solution d'une énigme qui le troublait. Il jubile : « Colonna! Je l'aurais parié! Bon sang ne peut mentir. »

Je réponds, furieuse : « Qu'est-ce que tu nous racontes avec ton sang? Je m'appelle Colonna mais je pourrais aussi bien m'appeler Rossi ou Proietti. Grâce à Dieu, chez nous personne n'est noble. Pauvres oui, mais pas nobles. Oh! et puis, inutile de chercher à m'amadouer avec des flatteries, à vouloir me lécher les pieds. Je te trouve antipathique comme tous ceux de ton milieu; et tous tes compliments ne servent à rien. Tu as une figure que me fait penser à des fesses; d'abord parce qu'elle est fendue en deux par ton bec-de-lièvre et ensuite parce que tu es une merde qui pue le snobisme à dix lieues à la ronde. »

Mais va savoir avec les dingues. Il ne se trouble pas, il se contente de hocher la tête comme un maître d'école devant un élève récalcitrant : « Non, Sebastiana, le milieu, les classes n'existent pas; il n'y a que des races et il n'y a que deux races, celle des seigneurs et celle des esclaves. Le seigneur, tu le reconnais au fait que sa morale consiste à dominer. Et l'esclave, tu le reconnais au fait que sa morale consiste à obéir. Mais soyons plus clair, plus précis : on naît seigneur, on ne le devient pas. Même chose pour les esclaves. C'est une question de race, pas de classe. On peut passer d'une classe dans une autre classe; quoi qu'on fasse, on ne peut pas passer d'une race dans une autre race. Eh bien, Sebastiana, certaines choses en toi me font penser que tu appartiens, sans doute sans le savoir, à la race des seigneurs. »

« Mais quelles choses? »

« Par exemple, ta capacité d'indignation. »

Hors de moi, je hurle : « Tu te trompes. Tu ne comprends pas un mot de ce qu'on te dit. Ce qui m'indigne c'est toi, avec ta saloperie d'idée de te prendre pour un seigneur. Non mais des fois... un seigneur! Toi, un seigneur, avec la gueule que tu as, avec tes boutons de manchettes, avec ce complet-veston... Laisse-moi rire. »

Patiemment, il m'explique : « Tu donnes au mot seigneur le sens qu'on lui donne à Rome. A Rome, un *signore* c'est un " monsieur " comme disent les Français, c'est-à-dire un homme élégant, riche, qui dépense sans compter. C'est le sens le plus courant du mot. Pour moi, comme je te l'ai déjà dit, un *signore* c'est la bête de proie qui se jette sur les animaux plus faibles que lui pour les dévorer et qui sait qu'il a le droit de le faire, justement, parce qu'il est le plus fort. »

Je me mets à rire comme une hystérique : « Tu as dit bête, n'est-ce pas? Tu as raison, seule une bête féroce peut parler de cette manière. Non mais, je t'en prie... Qui crois-tu embobiner ou intéresser avec de pareilles sottises? »

Sans me répondre, il continue à conduire toujours avec le même calme. Puis il avance la main et la glisse dans la poche de sa veste d'où il extrait quelque chose : « Et ça? Ça t'intéresse, ça? »

Maintenant, il faut que je dise que je n'ai jamais un sou. Vraiment jamais. Le commerce, comme vous le savez, marche mal; et mes parents, sans me le dire carrément, me font comprendre que je dois m'arranger toute seule. Et je m'arrange. Comment? Ici, nous en venons à la majeure contradiction de ma vie. D'un côté, j'ai besoin de me disputer, de l'autre, j'ai besoin d'argent. Il est certain que rien ne m'empêcherait de coucher avec les chauffeurs de l'auto-stop pour gagner ainsi l'argent dont j'ai besoin; mais je ne peux pas. C'est une des nombreuses impossibilités de ma vie. Je pourrais aussi renoncer à mes scènes de fureur et faire étalage de mes malheurs en pleurnichant et en me lamentant sur mon sort. Les automobilistes, émus de compassion, aideraient peut-être volontiers l'auto-stoppeuse. Oui, mais ça aussi c'est impossible : j'ai tout autant besoin de mes scènes de fureur que de l'air que je respire. Alors, ne pouvant faire ni la putain ni la mendiante, je me replie sur la contradiction : je commence par insulter à mort l'automobiliste que le hasard a mis sur mon chemin ce jour-là; ensuite, au moment que j'ai choisi pour le quitter, mon ton change pour lui demander timidement, humblement : « Dis-moi... tu ne pourrais pas me prêter un peu d'argent? »

Contradiction, j'ai dit. Mais il faut croire que je suis moins ancrée dans la contradiction que je ne le pense; ou alors, c'est que les hommes aiment les contradictions. Parce qu'il n'est pas rare que ce même bonhomme que je viens d'injurier abondamment, en entendant ma demande de prêt, mette la main à sa poche pour en ressortir un peu d'argent. J'ai même remarqué que les plus violemment injuriés sont souvent les plus généreux. Encore une fois, masochisme? Sinon, quoi? Bof!

Aujourd'hui, avec ce Paolo, il se passe quelque chose de nouveau : il me donne l'argent avant même que je ne le lui demande. Je regarde le billet de dix mille qu'il me tend du bout des doigts, avec une aristocratique nonchalance; alors il m'advient ce qui m'advient toujours à la vue de l'argent, peut-être parce que j'en vois très peu : mon cerveau s'embrume, ma colère tombe, une espèce de stupeur me paralyse, je me vide. Je suis en transe, hypnotisée, magnétisée, subjuguée. Je vois un billet de couleur chair avec, sur une face, le portrait de Michel-Ange et, sur l'autre, l'ovale blanc du filigrane. Finalement, j'arrive à articuler : « Dix mille lires. »

« Elles sont pour toi. »

« Tu me les donnes? »

« Oui. »

J'attrape le billet, je l'enfouis dans mon sac. Et puis voilà l'avidité qui arrive; c'est aussi une conséquence de l'hypnose dans laquelle me plonge la vue de l'argent. J'ajoute, infantile, implorante : « Seulement dix? Tu ne peux pas m'en donner vingt? »

Quelqu'un va dire : « Quel culot! » Mais non, pas du tout : c'est une espèce de timidité provoquée par la pauvreté. Je suis tellement pauvre qu'il m'arrive avec l'argent ce qui arrive avec la faim chez celui qui en a trop souffert : après avoir mangé, il lui reste encore de l'appétit et il voudrait recommencer à manger. Cette fois Paolo ne cède pas. Il dit : « Dix, c'est suffisant. Mais si demain tu viens à mon bureau, je t'en donnerai autant, peut-être plus. »

Je balbutie : « Mais demain c'est dimanche. Il n'y aura personne dans les bureaux demain. »

« Précisément. »

Précisément quoi? Ce serait un bon prétexte de scène ce mot, juste maintenant, au moment de m'en aller. Mais la mécanique est à plat, déchargée; et l'argent l'empêche de se recharger, de reprendre des forces. Je dis d'une voix douce, comme si je ne voulais pas que puisse m'entendre quelqu'un qui nous écouterait : « D'accord, je viendrai. Mais toi, en attendant, tu ne voudrais pas me donner un petit acompte... cinq mille, non? Pour aller chez toi, j'ai besoin, au moins, d'un pantalon neuf. »

« Il ne s'agit pas d'une réception. Il n'y aura que moi. Tu es très bien comme tu es aujourd'hui. »

L'auto s'arrête. Je regarde autour de moi : avec désespoir, avec horreur, je reconnais le Corso Trieste. Une rue comme une autre, dans d'autres moments; maintenant la rue de ma faillite, de ma défaite. Je dis, anxieuse : « Et à quelle heure? »

« Viens à cinq heures. »

« Et l'adresse? »

Il met une main dans sa poche et moi, pendant une seconde, j'espère qu'il va sortir un autre billet de dix mille. Hélas, non, c'est une carte de visite. Prénom, nom de famille, adresse, import-export et, naturellement, au-dessus du nom, la couronne entourée de toutes sortes de petits machins, de boules... On dirait un insecte.

Pendant que je mets le billet dans mon sac, lui m'ouvre la portière. Très vite, je dis : « Bon, alors merci... merci beaucoup. » Et puis voilà que, sur le point de descendre, comme une vraie folle je me jette sur sa main et je la baise avec une gratitude abjecte. Il est vrai qu'au moment de l'effleurer avec mes lèvres j'ai éprouvé la tentation de la mordre; ce n'était qu'une tentation; et qu'est-ce que c'est qu'une tentation qui ne se réalise pas? Rien, moins que rien. Alors pourquoi ce baiser? Bof! Je reste là, immobile sur le trottoir, pour regarder, morte de rage, une voiture qui s'éloigne.

C'est dimanche et me voici dans une rue de grands immeubles de construction récente. Les autres jours, ce serait un tohu-bohu infernal de voitures arrêtées sur place et rugissantes, noyées dans le nuage de gaz des échappements impatients. Aujourd'hui dimanche, c'est le désert, un tel désert qu'à un moment j'y croise un chat qui traverse tout tranquillement la chaussée en sens inverse; mais mon rendez-vous avec Paolo me rend ce désert – qu'en d'autres temps je trouverais agréable – un peu sinistre, vaguement menaçant, certainement énigmatique. Paolo n'est pas, c'est sûr, un de ces garçons qu'on va retrouver chez eux quand les parents sont à la campagne ou à la mer pour le week-end, pour passer un tranquille et relax après-midi dominical à base de cigarettes, de disques, d'alcool, de sexe et, occasionnellement, de drogue. Paolo c'est... Paolo. Un homme antipathique, qui me dégoûte mais dont, pourtant, j'accepte l'invitation manifestement équivoque et malintentionnée. Certes, il y a cette promesse d'encore un ou même deux ou trois billets de dix mille. Je l'ai déjà dit, l'argent me fascine si je le vois, façon de parler, en chair et en os passer sous mon nez; loin et invisible, il cesse de m'hypnotiser et, bien ou mal, je redeviens moi-même. Mais alors pourquoi suis-je ici, pourquoi vais-je chez lui, pourquoi me suis-je laissé ensorceler? Contradiction, comme d'habitude. Et on retourne au point de départ : pourquoi ai-je si souvent envie de me contredire? Bof!

*Basta.* Voilà la maison. Je la regarde de bas en haut et je reste éblouie par cette façade toute en vitres et en acier, claire, étincelante, avec le reflet froid et bleuté du ciel dans chacune de ses fenêtres. Etrange : toute cette netteté, ce brillant, cette pureté de matériaux et de lignes et, au fond d'une pièce d'un appartement, Paolo avec son bec-de-lièvre, ses moustaches, ses sourcils charbonneux, ses yeux de hibou. Je m'approche de la grande porte d'entrée, elle est fermée. J'essaye de regarder à travers les vitres. Mais ce sont de ces vitres spéciales, transparentes seulement de l'intérieur, et je ne vois rien. A côté de la porte il y a une quantité de plaques et parmi elles celle de l'Import-export. Je me décide à appuyer sur le bouton de sonnette qui se trouve au milieu d'un panneau de cuivre grand comme une écuelle.

Presque immédiatement la porte s'ouvre, comme si mon arrivée avait été guettée, à travers les vitres opaques, par quelqu'un qui m'attendait; et, sur le seuil, apparaît un garçon aux cheveux longs. Pas longs à la manière des garçons d'aujourd'hui; longs à la manière des petites filles d'hier. Ces cheveux-là tombent de chaque côté d'un visage pâle et lisse, un peu bouffi, qui fait penser à ces chérubins, à ces séraphins, avec leurs ailes attachées à la tête, qui virevoltent dans les ciels des tableaux d'église. Les yeux qui me regardent, un peu vagues, étonnés, interrogatifs, sont, eux aussi, angéliques; comme le nez en l'air aux narines pincées; comme la bouche en cœur aux coins légèrement crispés. Il est petit, comme un jockey; mais bien proportionné, avec des mains et des pieds attendrissants tant ils sont minuscules. Je lui dis, gentiment : « C'est toi, le concierge? »

Modeste, il répond : « Non, le fils. Papa est allé à la campagne. »

« Ça ne fait rien. Moi, je vais au cinquième étage, à l'Import-export. »

« Chez le signor Paolo? Je t'accompagne. »

Il me précède du côté de l'ascenseur, il entre, je

le suis; au moment où il va fermer les portes, je dis, en indiquant les boutons des étages : « Je n'ai pas besoin qu'on m'accompagne. Je suis capable, moi, aussi, d'appuyer sur un bouton. »

Il me lance un coup d'œil ambigu sans me répondre; puis, d'un air désinvolte, mais pas insolent, il tend le bras et appuie sur le bouton du cinquième étage. J'insiste : « Tu es sourd ou quoi? J'ai dit que je n'avais pas besoin d'être accompagnée. »

Il me regarde et solennellement prononce : « Ordres d'en haut. »

« Ordres de qui? »

Il ne répond pas. Ses yeux sont fixés sur ma poitrine, peut-être pour la seule raison qu'elle se trouve au niveau de ses yeux. Il a une drôle d'expression que je n'arrive pas à interpréter, presque préoccupée. Il dit, très vite : « C'est dimanche, ici il n'y a que des bureaux. Est-ce que tu sais que nous sommes seuls dans toute la maison? »

Je réponds, la voix rude : « Et qu'est-ce que ça peut me foutre? »

« Alors embrasse-moi. »

Il appuie son doigt sur « Stop ». L'ascenseur s'arrête.

Je pourrais très bien l'embrasser, ne serait-ce qu'à cause de sa ressemblance parfaite avec un ange de tableau d'autel. J'ajoute : peut-être que la chose ne me déplairait pas. Mais c'est son « alors » qui me met en rage. Pourquoi « alors »? « Alors » quoi? Evidemment : « Alors embrasse-moi, puisque nous sommes seuls, que tu es une faible petite bonne femme tandis que moi je peux faire de toi ce qu'il me plaira et ce que je veux. » Je le fixe droit dans les yeux, le regard plus perçant que jamais. En détachant tous mes mots; je dis : « T'embrasser? Toi? Pauvre idiot. »

Le croirez-vous? Voilà l'ange, l'air résolu et concentré, qui s'élance sur moi, attrape le bord de mon corsage et fait sauter, d'un seul coup, son unique bouton. Puis il s'attaque à mon soutien-gorge, le tire d'un seul côté mais avec détermination. Un sein jaillit; sans hésiter, l'ange l'égratigne méchamment. Je gémis de douleur; je réponds par un coup de genou à l'estomac. L'ange fait un bond, m'attrape par les cheveux, me met la tête en bas et cherche à rapprocher ma bouche de la sienne. Comme une brute, comme une aveugle, j'enfonce mes ongles dans sa figure. L'ange lâche immédiatement mes cheveux, je me redresse haletante. Réfugié dans un coin de la cabine, il me regarde, honteux, en passant ses doigts sur ses joues. D'un ton geignard, il dit : « Finalement, qu'est-ce que je te demandais? Un baiser. »

Je réponds, furax, en tendant le bras pour appuyer de nouveau sur le bouton du cinquième : « Tais-toi, ça vaudra mieux. »

Il m'implore, il supplie : « Promets-moi, au moins, de ne rien dire au signor Paolo. »

Bonne idée! L'assaut de l'ange va pouvoir me servir de prétexte pour faire une scène à Paolo. Et puis, comme justement l'ange avec sa bonne figure couverte d'égratignures me fait pitié, je veux me montrer très dure envers lui. Je crie, féroce : « Je ne promets rien. »

Il me regarde sans avoir l'air, le moins du monde, effrayé. Simplement attentif et curieux, comme quelqu'un qui suit les évolutions d'un poisson derrière les vitres d'un aquarium. Je n'ai pas le temps d'approfondir mon impression. L'ascenseur s'arrête, je tourne le dos à l'ange, je sors rapidement sans le regarder.

La porte de l'import-export est entrouverte, je la pousse, je m'engouffre dans l'antichambre et me lance dans un long couloir, entre deux rangées de portes. Moquette grise, portes rouges, plafond blanc. Où Paolo peut-il se nicher? L'une après l'autre, j'ouvre toutes les portes et je découvre le spectacle habituel offert par les bureaux les jours fériés : machines à écrire encapuchonnées, feuilles de papier blanc, feuilles de carbone éparpillées un peu partout comme après le passage d'un vent d'orage. A chaque porte ouverte pour rien, ma colère augmente. Je me « recharge », exactement ce qui se passe quand je fais de l'auto-stop. Une phrase, impitoyable, tourne dans ma tête comme une toupie : « Attends un peu, tu vas voir comment je vais m'occuper de toi. »

J'arrive au bout du couloir, je fais irruption. Paolo est assis dans une grande pièce presque vide, derrière une table de verre et d'acier. Il porte son habituel costume bleu marine, ses habituels boutons de manchettes, son habituelle cravate à raie de couleurs, j'allais dire son habituel bec-de-lièvre. Tout de suite je le prends à partie avec une violence inouïe : « Le fils du concierge m'a agressée dans l'ascenseur. Regarde ma chemisette, mes cheveux. Il a déchiré ma chemisette, il m'a arraché les cheveux, il a griffé ma poitrine. Non mais, où sommes-nous? Mais qu'est-ce que vous croyez être? Se donner tous ces airs et permettre qu'on agresse les gens dans l'ascenseur? » Et caetera.

Je hurle; mais Paolo ne me répond pas, ne m'interrompt pas. Comme l'ange tout à l'heure, il me regarde : avec une attention, une curiosité... comme à travers du verre. Qu'est-ce qu'ils ont tous les deux à m'épier de cette façon? Je continue et je termine : « Qu'est-ce que c'est que ces manières? Qui me la payera ma chemisette? Mais moi je le dénonce, ce voyou, c'est sûr ça, je le dénonce. »

Finalement Paolo se décide à bouger, d'une certaine façon, étudiée, comme s'il jouait la comédie. Il avance une main pour ouvrir une boîte posée sur le bureau, il prend une cigarette, la glisse dans la fente de son bec-de-lièvre. Gestes faciles et ordinaires, direz-vous, que n'importe qui fait sans effort et sans intentions particulières, tout naturellement. Mais ces gestes que vous dites normaux, Paolo les fait exprès pour cacher quelque chose d'anormal. Et de fait, comme un acteur débutant et intimidé, il les exécute de travers : il glisse dans sa bouche le bout sans liège de la cigarette et ne s'en aperçoit qu'au moment où jaillit la flamme du briquet; alors seulement, il retourne sa cigarette et rallume son briquet. Bizarre : sa main tremble si fort que, pendant un instant, il s'escrime en vain. Brusquement, j'ai peur. Pas d'erreur : sa main tremble parce qu'il a prémédité un plan me concernant qui le trouble, dont il a honte, qui l'épouvante, sans doute. Je le vois ramener sa main, reposer le briquet sur son bureau et rester les yeux baissés, contemplant, en silence, cette main qui, tout à l'heure, tremblait. Puis il finit par dire d'une voix étrange : « Tu veux que je le punisse? »

Impressionnée par le tremblement de la main, par le ton de la voix, maintenant je voudrais dire non, que je n'en ai pas envie, que j'ai pardonné. Mais, comme toujours, c'est la contradiction qui, en moi, remporte la victoire; la curiosité l'emporte sur la crainte. Hypocritement, je balbutie : « Oui, je le veux. »

Silence. A présent, Paolo fixe son regard sur la table où se trouve une feuille de papier. A la plume il dessine des gribouillis mais il semblerait qu'il soit en train de réfléchir. Il tend la main vers l'interphone, appuie sur un bouton. On entend une sorte de croassement indistinct; puis, très claire, la voix de l'ange : « Oui, signor Paolo? »

« Viens tout de suite. »

Inquiète, je demande : « Et maintenant, qu'est-ce que tu vas lui faire? »

Il ne répond pas. Il s'absorbe dans la contemplation des gribouillis qu'il dessine sur la feuille de papier. Ou plutôt, je m'en aperçois à présent, il s'absorbe dans la contemplation du tremblement de sa propre main qui dessine des gribouillis. J'attends sa réponse; et en même temps, je fixe moi aussi – mais qui sait pourquoi? – cette main qui tremble, avec une irrésistible curiosité.

Il parle enfin, d'une voix rapide, autoritaire : « Déshabille-toi. »

Incrédule, je le regarde. A-t-il parlé ou me le suis-je imaginé? Je dis : « Quoi? »

Il répète, mais cette fois plus nettement : « J'ai dit : déshabille-toi! »

Bizarre l'âme humaine. La mienne en tout cas. Changeante, pleine de contradictions. Je suis une révoltée, une rebelle, une contestataire, de naissance pourrait-on dire. Et voilà qu'il me suffit d'un ordre lancé avec l'accent qu'il faut et au moment voulu pour me rendre aussi docile et disciplinée qu'un soldat au garde-à-vous devant son officier. Ou plutôt, c'est ce que je me dis en commençant à retirer ma chemisette beaucoup trop rapidement, avec trop d'empressement, oui, plutôt comme le comédien devant son metteur en scène. Oui, je dis bien metteur en scène parce que Paolo m'a, en quelque sorte, imposé je ne sais quel rôle dans je ne sais quelle comédie et que moi, inexplicablement envoûtée, du moins pour le moment, j'ai accepté de jouer la pièce et de tenir le rôle.

Mais qu'est-ce que c'est que ce rôle? Qui, par exemple, m'impose, après avoir enlevé ma robe, d'aller, sur la pointe des pieds, la poser sur une chaise? Et qui m'oblige, ensuite, à arracher slip et soutien-gorge avec la crainte, semble-t-il, complice de ne pas être prête avant que l'ange, un autre acteur de la comédie, ne fasse son entrée. Maintenant je suis nue; et parce que j'ai honte de ma poitrine énorme et lourde, je replie mon avant-bras pour la soutenir comme on soutient le petit enfant qu'on allaite.

Mal à l'aise, je m'approche du bureau et timidement je demande : « Je dois rester debout ou faut-il m'asseoir? »

« Reste debout. »

On frappe à la porte. Invité à entrer par Paolo, qui parle, à son habitude, d'une voix étranglée, l'ange passe précautionneusement la tête entre les deux battants de la porte pour se rendre compte du moment où la représentation en est arrivée. Ensuite, sans doute satisfait de ce qu'il voit (Paolo les yeux baissés, absorbé par ce qu'il dessine sur sa feuille de papier, et moi debout, nue, mais avec mes bottes, en face de Paolo), il avance franchement et délibérément en disant : « Signor Paolo, vous m'avez appelé? »

« Oui, je t'ai appelé. Alors, il paraît que tu agresses dans l'ascenseur les personnes qui viennent me rendre visite? »

Un moment de silence. Il se passe quelque chose que, c'est vrai, j'attendais; et qui me confirme définitivement dans l'idée que nous sommes en train, tous les trois ensemble, de jouer une comédie. L'ange, profitant du fait que Paolo continue de regarder sa main qui tremble, se tourne vers moi et, comme un effronté qu'il est, en restant toutefois un ange, me cligne de l'œil pour m'expliquer : « C'est une affaire convenue entre le signor Paolo et moi. Mais nous deux, on est d'accord contre lui. » Ceci en, à peine, une seconde, puisque voilà que d'une voix contrite, obséquieuse, fausse, l'ange s'adresse à son patron : « Signor Paolo, vous avez raison. Mais la signorina était, comment dire, un peu déshabillée, et moi alors j'ai perdu la tête et... »

J'ai juste le temps de penser que l'ange est un très mauvais acteur qu'un hurlement de bête éclate : « Silence, esclave! »

« Mais, signor Paolo... »

« Tais-toi, paria! »

A la bonne heure! Si l'ange joue mal, en revanche Paolo joue très très bien; il vaudrait mieux dire qu'il est lui-même, plus vrai que nature, tellement lui qu'il en fait peur. Il se lève, tape du poing sur la table, hurle : « Esclave, paria, si tu ne veux pas que je le dise à ton père, va tout de suite t'agenouiller devant Sebastiana, oui, j'ai dit t'agenouiller, et baise-lui les pieds. »

Ainsi l'argument de la comédie se développe; et en se développant, il m'y fait entrer davantage, sans pourtant me laisser deviner ce que seront les prochains développements. Je n'étais, il n'y a qu'un instant, qu'une malheureuse call-girl qui se déshabillait devant un client; et à présent, qu'est-ce que je suis? Qui sait? peut-être une espèce de déesse. C'est vrai que je vois, presque sans pouvoir y croire, l'ange se jeter à genoux à mes pieds, dans un geste grotesque de vénération; et ensuite je le vois allonger volontairement le cou pour se rapprocher de mes bottes. Paolo hurle comme un insensé : « Ça ne suffit pas. Pas seulement baiser ses pieds, mais les lécher. »

L'ange s'exécute-t-il vraiment ou fait-il semblant? Difficile à dire : le cuir m'empêche de savoir s'il baise mes bottes ou s'il les lèche. Paolo hurle : « Les deux pieds, tous les deux. » Et l'ange, obéissant, déplace sa tête pour aller d'un pied à l'autre. Et puis voilà que je me sens tressaillir, sursauter. Paolo a fait le tour de son bureau, il est venu se mettre derrière moi, il a emprisonné mes bras avec une telle force qu'il me fait mal. Sa tête se penche sur mon épaule, sa voix me parle à l'oreille, basse, vibrante, frénétique : « Et maintenant fais-lui pipi sur la tête. Oui, allez, pisse-lui sur la tête. »

Que m'arrive-t-il? Simplement que je ne suis plus le personnage de la comédie de Paolo; je suis redevenue moi-même. C'est pourquoi tout naturellement, instinctivement, je réponds : « Ça, non. »

« Et pourquoi non? »

« Parce que ça ne me plaît pas. »

« Et pourquoi ça ne te plaît pas? C'est un paria, un serf, un esclave. Allez, vas-y, fais-le-lui sur la tête. Je te donne tout ce que tu voudras; mais fais-le-lui. »

Il semble que dans le pacte conclu entre l'ange et Paolo la séquence de l'urine n'était pas incluse : après un instant d'incertitude, d'immobilité, l'ange, comme s'il n'était pas certain d'avoir bien entendu, s'écarte avec dégoût du sol, se relève en chancelant et halète : « Signor Paolo, ça non, impossible. »

C'est probablement terminé. Il ne nous restait plus, à l'ange et à moi, qu'à venir saluer le public comme le font les comédiens qui ont fini de jouer leur pièce. Eh bien, non. Je le sens, j'en suis certaine, la nôtre aura encore un acte. Je ne me suis pas trompée. Paolo tourne autour de moi, s'installe devant moi et crie : « Alors, si tu ne veux pas pisser sur sa tête, fais-le sur la mienne. Oui, sur la mienne. » Et le voilà qui se jette par terre, s'agenouille et passe sa tête entre mes jambes. Tableau : moi les jambes écartées, une botte ici, l'autre là, l'avant-bras replié pour soutenir ma poitrine, appuyée de travers contre le bureau; l'ange debout, à quelque distance, encore tout rouge de l'effort accompli; ce fou de Paolo à quatre pattes, devant moi, les bras en l'air pour s'agripper à mes genoux, le visage levé, dans l'attente, dans l'espoir d'une douche qui ne se décide pas à gicler.

Maintenant il importe de savoir que tout ce qui a un rapport quelconque avec les besoins corporels suscite en moi une hilarité irrépressible, hystérique. Pourquoi? Quel rapport? Bof! c'est un fait comme un autre et puis *basta!* J'avais déjà eu envie de rire lorsque Paolo m'avait ordonné d'uriner sur la tête de l'ange; mais, à présent qu'il m'implore de le faire sur sa tête à lui, je m'esclaffe sans pouvoir me retenir. Je ris malgré moi, comme une idiote, comme une démente, dans une joie sauvage et bête que je ne comprends pas moi-même. Paolo insiste, là, par terre, où il s'est niché : « Allez, vas-y! » Mais moi, en me contorsionnant toujours de rire, je continue à crier : « Non, non et non; ha, ha, ha! »

« Vas-y! »

« Mais je t'ai dit non, ha, ha, ha! »

Alors, hors de lui, à l'improviste, il se met à me secouer en me tenant par les chevilles, comme on secoue un prunier pour en faire tomber les fruits. Je chancelle mais je continue à me tordre de rire. Il me donne une si forte secousse que j'en perds vraiment l'équilibre. Ma hanche heurte la table. La douleur fait passer mon envie de rire. Exaspérée, je crie : « *Basta!* Fiche-moi la paix! Tu es fou ou quoi? »

Oui, il est fou. Il me secoue de nouveau, je suis sur le point de rouler par terre, mon œil s'arrête sur un cendrier posé sur la table. Je le saisis, je me penche en avant et, avec la force que me donne la colère, je lui en assène un coup sur la tête. Il pousse un hurlement, lâche mes chevilles, porte la main à son crâne, se renverse sur le côté puis reste immobile, replié sur lui-même dans la position, j'y pense brusquement, du fœtus dans le ventre maternel.

Je me baisse, j'essaie de soulever sa tête, j'ai la sensation de toucher quelque chose d'humide, je regarde ma main, je vois qu'elle est tachée de sang, je suis prise d'une peur affreuse; cette peur ne diminue pas, elle augmente, au contraire, en constatant qu'il n'est pas mort, comme je le craignais. En réalité, il est vivant, trop vivant. Il ne bouge pas, une joue contre la moquette, une main sur sa tête et ses yeux ronds de hibou, écarquillés et fixes, qui regardent quelque chose qu'il doit être le seul à voir. Ces yeux grands ouverts, qui devraient me rassurer en me prouvant que je ne l'ai pas assassiné, me font plus peur que tout. Et voilà que ce que je n'ai pas pu faire volontairement tout à l'heure, je le fais, à présent, malgré moi, parce que j'ai peur. Je sens que j'urine, mais pas normalement, pas comme aux cabinets, mais par à-coups, par petits jets successifs, par décontractions imprévues, au goutte à goutte; et après quand je vois que mon urine tombe sur ses cheveux, sur sa figure et même sur ses terribles yeux écarquillés, je me déplace, pour ne pas trop le mouiller, et pour me rapprocher de la chaise sur laquelle j'ai déposé ma robe et mon linge. L'urine continue à m'échapper par petits jets involontaires; elle dessine une traînée sombre sur le tapis blanc et dégouline sur mes bottes. En vitesse je ramasse ma robe, mon soutien-gorge et mon slip et je me tourne du côté de l'ange qui est encore là, l'air stupéfait; je le prends par la main et, à voix basse, je lui dis : « Viens, vite, on s'en va. »

Mais nous revenons immédiatement sur nos pas, terrorisés et respectueux : Paolo fait mine de se relever, voilà, il est debout. Peut-être qu'il ne nous voit pas; ce qui est certain, c'est qu'il ne nous regarde pas. Il se passe la main sur la figure et traverse, titubant, toute la pièce. Il ne se dirige pourtant pas du côté de la porte par laquelle l'ange et moi sommes entrés tout à l'heure. Il passe devant nous, ouvre une petite porte que je n'avais pas remarquée et disparaît. Par la porte entrouverte, nous entendons un bruit d'eau. Paolo est en train de se laver. Tournée vers l'ange, je dis : « Viens, filons. »

Je sais que cette grande bâtisse est vide puisqu'elle n'est occupée que par des bureaux et que nous sommes un dimanche. Aussi je n'hésite pas à me lancer dans les escaliers comme je suis, nue, seins et cheveux au vent, avec mes bottes aux pieds et mes vêtements sous le bras. En nous tenant par la main, moi le tirant, l'ange se laissant traîner, nous dégringolons cinq étages et nous arrivons dans le hall. Nous ne nous y arrêtons pas. La vue de l'antre vitré du concierge nous invite à supprimer cet arrêt; à mon air interrogateur, l'ange répond par un clignement d'œil qui me fait comprendre qu'il est d'accord et que j'ai deviné à quoi il pensait. Je presse sa main pour sceller notre alliance. Il fait de même. Ensuite, et toujours en courant, nous nous précipitons dans un petit escalier, très étroit, qui mène au sous-sol où se trouve le logement du concierge. En somme, c'est toujours la fuite loin du bureau de Paolo qui continue; et en continuant elle va se terminer dans un lieu prévisible : le grand lit à deux places des parents de l'ange.

Un peu plus tard, nous sommes silencieusement allongés l'un près de l'autre sur un couvre-lit de soie aux couleurs criardes. J'adore les sous-sols, d'abord pour y faire l'amour, et aussi pour m'y relaxer et y sommeiller après l'amour. La chambre a un plafond très bas; et elle est pleine de meubles et de bibelots de toutes sortes; il y a aussi cette odeur de renfermé et de cuisine propre à toutes les loges de concierge... Derrière les vitres opaques de deux petites fenêtres à tabatière, je vois, de temps en temps, apparaître les silhouettes des jambes des passants. La glace de l'armoire, là-bas au bout du lit, me renvoie, en raccourci, nos deux corps nus dont les pieds semblent collés à nos genoux. Je tiens dans ma main le membre de l'ange et, comme d'un anneau, je l'encercle avec deux doigts; lui, il pose sa main ouverte, à plat, sur mon pubis. Finalement l'ange demande :

« Pourquoi, à ton avis, le signor Paolo fait-il ce genre de chose? »

« Parce que ça lui plaît. »

« Et ça lui plaît pourquoi? »

« Bof! »

## LE COMPLEXE D'ÉLECTRE

L'ANALYSTE chez lequel nous sommes en traitement, mon frère et moi, depuis deux ans, dit que chez les jumeaux il y en a toujours un de plus fort que l'autre qui sert de guide au plus faible. C'est probablement vrai. Du moins, dans notre cas. Moi je suis le succube de Sergio; la froideur scientifique de son cerveau me fascine et me subjugue. Tous les deux nous sommes fragiles, inquiets, versatiles, c'est certain; mais Sergio, lui, est parvenu à maîtriser à fond le langage des analyses, à se fabriquer un masque de mots rassurants; et moi, non.

En revanche, moi, j'ai sur Sergio la supériorité d'une étrange certitude : celle d'avoir été avec lui avant de naître; d'avoir vécu avec lui l'expérience du rien absolu qui précède l'entrée dans la vie.

Ce qui me permet d'avoir avec lui une intimité, comment dire? biologique, que des frères et sœurs normaux ne connaîtront jamais. Une intimité créée par le fait d'avoir été complémentaires l'un de l'autre dans le ventre maternel. D'avoir été une seule personne, même si elle est faite de deux corps.

Je pense à tout cela en me rendant chez Sergio après avoir reçu par téléphone l'information, désormais banale et, du reste, prévue et escomptée par nous deux, que notre père a été enlevé, qu'il est en bonne santé et que nous, ses enfants, nous devons attendre le deuxième coup de téléphone qui nous indiquera le montant de la somme que les ravisseurs nous demandent pour qu'on nous le rende sain et sauf. Pourquoi ai-je dit que cette nouvelle était prévue et escomptée par nous ? Allez savoir pourquoi depuis quelque temps on s'y attendait : pas uniquement parce que notre père est ce qu'on appelle un homme d'affaires, je précise d'affaires considérables, mais aussi et surtout parce que nous deux nous l'attendions et que, on va voir plus tard pourquoi, nous l'escomptions presque. Nous avions même parié sur l'événement : Sergio disait qu'on l'enlèverait un matin de bonne heure, au moment où il part pour son bureau; moi, que l'enlèvement aurait lieu, au contraire, tard dans la soirée, à l'heure à laquelle il se rend, tous les jours, chez sa maîtresse dont il avait eu un enfant. Sergio insinuait que j'avais parié sur l'enlèvement de nuit parce que je détestais cette femme qui, après la mort de notre mère, avait tout essayé pour se faire épouser et devenir, de cette façon, notre marâtre. C'est possible. C'est Sergio qui a donc gagné : notre père a été enlevé ce matin de bonne heure, au moment où il sortait en voiture du parc de la villa.

Je grimpe quatre à quatre les marches du vieil escalier de l'ancien palais au dernier étage duquel Sergio a installé son appartement. Tout essoufflée, j'appuie nerveusement sur le bouton de sonnette. J'attends un long moment avant d'entendre une sorte d'agitation confuse; la porte s'ouvre; au moment où je passe la porte, un corps blanc et nu de femme traverse en courant l'antichambre et disparaît dans l'obscurité d'un couloir. Directement, je prends le chemin du bureau de Sergio, j'entre. Et me revoilà brusquement plongée dans l'atmosphère, pour moi ô combien rassurante, de la fausse et infantile impassibilité typiquement scientifique de mon frère. Par la fenêtre, le limpide soleil d'octobre entre pour illuminer une grande table faite de verre et de métal, des papiers rangés selon leur format, divers crayons et stylos plantés dans deux gobelets de cuir, une machine à écrire électrique.

Les bibliothèques sont jolies et gaies, en métal chromé bien entretenu; les livres, tous en bon état, sont alignés plutôt d'après la couleur des reliures que selon les sujets dont ils traitent. Rien ne manque en fait d'articles utiles aujourd'hui : télévision, radio, tourne-disque, petite caméra. En attendant, je vais à la fenêtre; un instant je m'y penche : en bas, dans le *cortile,* des chauffeurs ont l'air de bavarder auprès de leurs voitures rangées les unes derrière les autres sous les arcades du portique. Au son de la voix de Sergio, je sursaute et me retourne rapidement : « Comment, toi, dans ce quartier? Alors, c'est arrivé? »

Je le regarde en faisant oui de la tête. Des épaules aux chevilles, il est enveloppé dans un tissu-éponge vert; de l'ouverture triangulaire de cette sorte de toge, sa tête blonde émerge, droite, agressive. Il vient tout juste de se lever et de prendre sa douche; ses longs pieds blancs, nus, laissent une trace humide sur la moquette beige. Il est extrêmement maigre, de ses élégantes chevilles jusqu'à son visage osseux; ses yeux bleus regardent du fond d'orbites généralement entourées de cernes de fatigue. Il va s'asseoir derrière sa table, un peu de biais, en croisant ses longues jambes indolentes dégagées du tissu-éponge. Calmement, il demande : « Quand cela est-il arrivé? »

« Ce matin à sept heures, au moment où il sortait du parc en voiture. J'ai reçu le coup de téléphone il y a environ une demi-heure. Je n'ai rien dit à personne et je suis venue te voir. »

« J'ai donc gagné mon pari. »

« Oui, tu l'as gagné. Et maintenant que fait-on? »

« Nous appliquons à la lettre le plan préétabli. »

Nous y voilà. C'est vrai que, d'un commun accord, Sergio et moi avons décidé un plan d'action pour le cas, plus que probable, où notre père serait enlevé. Un plan très simple : répondre au chantage des ravisseurs par un non catégorique. Mais là, aujourd'hui, tout d'un coup, en entendant la réponse, en quelque sorte martiale, de Sergio qui vient de parler comme un officier donnant à un soldat un ordre prévu à l'avance mais qu'il sait impossible à exécuter, une affreuse angoisse s'empare de moi.

« Le plan préétabli! Est-ce que tu te rends compte que, pratiquement, ce plan équivaut à condamner notre père à mort? »

« Mais pas du tout. En fait il s'agit de ce que font les joueurs de poker lorsqu'ils abattent leurs cartes en disant : " Pour voir. " Ces racketteurs prétendent avoir en main le *jolly joker* de la mort; alors nous, en refusant de payer la rançon, nous faisons deux choses : nous demandons à " voir " pour nous rendre compte s'ils bluffent ou non; ainsi nous les mettons en face d'un choix qui ne regarde qu'eux seuls et nous libère de toute responsabilité. S'ils bluffent, notre père rentrera chez lui sans qu'un centime ait été déboursé et tant mieux pour lui; et s'ils ne bluffent pas, eh bien, nous serons délivrés pour toujours d'un homme que nous détestons. »

« Le détestons-nous vraiment? »

« Volontiers, je dirais, oui. Non? »

« Mais pourquoi le détestons-nous? »

« Cent fois nous avons parlé de cela. En deux mots : nous le détestons parce qu'il nous a déçus. »

« Une déception. Est-ce suffisant pour désirer la mort d'un homme? »

« Cela dépend. Si la déception est profonde et, surtout, si l'homme est ton père, je répondrais oui. »

« Notre déception a-t-elle été profonde? Dis-moi! »

« Mon Dieu, découvrir que son père est un escroc est une déception qui compte, tu ne crois pas? »

Désespérément, j'objecte encore : « Admettons que ces bandits nous le rendent sans rançon. Comment pourrons-nous justifier notre conduite? Ne dira-t-il pas que nous avons voulu provoquer sa mort? »

« Il le dira certainement. Mais n'est-ce pas la chose que nous désirions depuis toujours? »

« Quelle chose? »

« Une explication définitive avec notre père. En réalité nous ne sommes que des lâches; jusqu'à présent, cette explication nous a terrifiés; maintenant nous y serons contraints. Tout deviendra clair. »

Il est froid, terriblement froid; mais, pour une fois, sa froideur m'angoisse au lieu de me rassurer. Oui, c'est la froideur de la science; mais moi je sais, et je sais que lui sait, que cette prétendue science n'est pas une attitude comme une autre. En poussant un gros soupir je dis : « Autrefois je l'ai aimé passionnément. Figure-toi que, lorsque j'étais petite, je pensais qu'il était parfait. Je me répétais, en ayant presque peur de ce que je disais : '' Mon père est parfait. '' »

Sergio m'approuve en hochant la tête : « Un pur complexe d'Electre. Chez moi, au contraire, c'est le complexe d'Œdipe qui domine. Mais comme notre mère est morte, les deux complexes ont échangé les rôles. Pour toi, notre père est devenu ta mère et, comme Electre, tu désires sa mort pour m'avoir tout à toi, puisque c'est moi qui suis, pour toi, devenu ton père. De mon côté, toi tu es devenue, pour moi, ma mère et c'est pour cela que je désire t'avoir tout à moi; en conséquence, je ne peux que vouloir la mort de notre père. »

Intéressant, fascinant, sans aucun doute; mais cependant mon angoisse augmente au lieu de diminuer. Je dis : « Electre ou pas Electre, je le considérais comme parfait au point de prendre ses défauts pour des qualités. Je me souviens très bien qu'un jour j'ai dit à une de mes petites amies : " Et puis tu sais pas, mon père est boiteux tandis que le tien ne boite pas du tout. " La petite a dû être tellement frappée par cette vantardise que du tac au tac elle n'a trouvé à me répondre que : " Possible, mais mon père, lui, il est gaucher. " »

Sergio me regarde, attentif, froid, amical, mais il ne dit rien. Je rassemble tout mon courage et j'ajoute : « Et qu'est-ce que tu dirais si je te proposais de renoncer à notre plan et de payer la rançon? »

Il ne sourcille pas et répond : « Je dirais que tu es toujours la même pauvre idiote sentimentale. Mais au niveau, disons, expérimental, je serais content de trouver une vraie confirmation à certaines anomalies concernant le complexe d'Electre que depuis quelque temps j'observe en toi. »

« En somme, tu renoncerais à notre plan. »

« Si tu le désires vraiment, oui. »

« Oui, je le désire. »

Je me demande s'il se sent soulagé en prenant une décision qui le libère de sa tragique cohérence. Désormais, son ascendant sur moi est en jeu; dans tous les cas, il faut qu'il se montre impassible et supérieur. Rien ne doit transparaître sur son visage. Il dit : « D'accord, payons. Je téléphonerai tout de même à nos avocats. »

Je me lève, au fond contente qu'il soit de nouveau mon guide et moi celle qu'il guide. Je dis précipitamment : « Je m'en vais, l'affaire est entre tes mains. Fais comme tu voudras. Je ne te demande qu'une chose : aucune publicité, dans les journaux, au sujet de notre grand, de notre déchirant amour pour notre père. Rien sur l'amour filial ! »

« Sois tranquille. Laisse-moi faire. »

Je sors, je descends l'escalier et, tout en descendant, je ne peux m'empêcher d'imaginer ce qui serait arrivé si nous avions respecté notre plan. J'imagine le « deuxième » coup de téléphone : « Alors ? Qu'est-ce que vous avez décidé ? » « Nous avons décidé de ne pas payer. » « Mais vous savez bien ce qui arrivera si vous ne payez pas ? » « Bien sûr que nous le savons; nous ne payerons tout de même pas. » « Et le sens de la famille, vous connaissez ? » « Apparemment non. » « Comment ! Votre père a travaillé pour vous toute sa vie ! Et c'est de cette manière que vous l'en remerciez ! » « Eh bien, oui, nous l'en remercions de cette manière. » « Mais quelque sorte de gens êtes-vous ? Et la crainte de Dieu, alors ? » « La crainte de Dieu, nous vous la laissons. D'accord ? » « Qu'est-ce que vous avez à la place du cœur ? Une pierre ? » « Un rocher. Qu'y faire ? Nous ne sommes pas des traditionalistes comme vous; nous sommes malheureusement une famille moderne. Avez-vous déjà entendu parler de Freud ? » « Freud ? Qui c'est ça ? Un étranger ? Attention ! Nous ne voulons pas qu'un étranger vienne se mêler de nos affaires. » « Avez-vous déjà entendu parler du complexe d'Œdipe ? » « Complexe ? Non mais, qu'est-ce que les complexes viennent faire dans cette histoire ? Nous ne rigolons pas, nous. Il s'agit de la vie de votre père, non ? » « Avez-vous déjà entendu parler d'Electre ? » « Electre ? Qui est Electre ? Je croyais que tu t'appelais Silvia ? » « Hélas, oui, imbécile, je m'appelle Silvia... »

## LES IMPERFECTIONS PHYSIQUES

Je suis d'une sensibilité excessive, c'est la raison pour laquelle j'éprouve du dégoût devant telle ou telle imperfection physique lorsque j'en découvre chez les gens que je rencontre. J'ai beau me dire qu'il est aussi injuste que stupide de ressentir de l'hostilité envers une personne à cause de la forme de son nez, rien à faire : impossible de m'en empêcher. Et malheureusement, c'est si vrai que cette hypersensibilité est, en ce moment, en train de couler à fond ma vie conjugale.

Voici comment tout a commencé. Nous n'étions mariés que depuis quelques jours, je m'étais installée pour peindre dans un coin de la salle de séjour où, en attendant d'avoir un atelier, j'avais casé mon chevalet. Dans le coin opposé, mon mari téléphonait à quelqu'un qui devait être, à ce que je comprenais, beaucoup plus âgé que lui, mais surtout beaucoup plus important que lui. Alors, tandis que mon mari continuait la conversation sur un ton déférent, presque mielleux, entremêlée d'allusions flatteuses à une certaine opération que son interlocuteur avait menée à bien, j'ai subitement remarqué, sans raison valable, que le veston de mon mari, très étroit et fendu des deux côtés dans le bas de son dos, était soulevé par un postérieur plus que proéminent auquel, jusqu'à ce jour, je n'avais jamais fait attention; et en plus, un postérieur en quelque sorte « parlant », se donnant des airs, qui soudainement m'ont fait éprouver une sorte de dégoût absurde que rien ne justifiait. Pendant que sa conversation se poursuivait au téléphone, il me semblait que ses fesses frémissaient alternativement, d'une manière curieusement attentive et servile. Après avoir raccroché, visiblement heureux, il est venu vers moi pour me prendre la main et m'entraîner dans une petite danse improvisée. L'air ravi, il m'a expliqué que de la personne avec laquelle il parlait à l'instant – que sans doute par ironie il appelait le Patron – dépendait notre avenir et qu'il lui faisait systématiquement une cour assidue pour arriver à obtenir un poste à l'étranger qui nous permettrait de vivre, tous les deux, beaucoup plus largement.

Les jours qui ont suivi, la campagne de mon mari pour le poste à l'étranger s'est déroulée rationnellement, je veux dire comme d'après un plan préparé en détail. Tous les deux ou trois jours, mon mari prenait le téléphone pour couvrir ledit Patron de louanges. Louanges intelligentes, sophistiquées, d'autant plus agréables à entendre qu'elles étaient habilement déguisées en jugements objectifs, compétents et, pouvait-on croire, désintéressés. En faisant semblant de peindre je l'écoutais, je l'approuvais, je l'admirais. Mais en même temps, j'étais comme obligée de lui découvrir quelque autre défaut corporel dont, inexplicablement, jamais je ne m'étais encore aperçue. Un jour c'était ses épaules trop charnues et trop tombantes; un autre jour, ses cheveux qui se séparaient en mèches maigrichonnes, un peu grasses et pas très propres, un autre jour, un grain de beauté jaunâtre, niché entre son nez et sa joue. Bizarre, non? Comme si à chaque compliment que mon mari envoyait au Patron correspondait immédiatement la découverte d'un détail nouveau et répugnant.

Enfin un soir mon mari entre au salon en criant : « Cette fois ça y est! Mon plan a fait un gigantesque pas en avant! Nous sommes invités à dîner dans un grand restaurant. C'est comme si c'était fait! »

Moi, j'ai immédiatement objecté que je n'avais pas de robe convenant à ce genre de sortie. Alors lui s'est exclamé : « Qu'est-ce que tu me racontes? Tu oublies que tu as vingt ans et que tu es très jolie, oui oui, très jolie. Pas de robe du soir! Viens avec moi et moi je vais te fabriquer quelque chose de personnel et d'original. » Il me prend par la main, me traîne dans notre chambre, ouvre une armoire, en sort une paire de vieux jeans délavés et rapiécés, un tricot sans forme, un foulard rouge, une petite casquette à visière noire. Il dit : « Voilà ce qu'il nous faut : tout ce que tu portais la première fois que je t'ai vue. Allez, enfile ce pantalon et ce tricot. Mais d'abord enlève ton soutien-gorge, tu as des seins magnifiques, ils doivent respirer et bouger librement. Bon. Maintenant ramène sur ton front une boucle de ces beaux cheveux blonds, baisse la visière de ta casquette sur ces beaux yeux violets et ces lourdes paupières, passe un peu de rouge sur ta grande bouche et n'oublie surtout pas ta lèvre inférieure gonflée comme si une guêpe l'avait piquée. Pour finir, tu vas nouer ton foulard rouge autour de ton cou. Et voilà! Regarde-toi dans la glace et dis-moi si tu n'es pas la plus irrésistible des petites gouapes qui, de cela j'en suis certain parce que je connais ses goûts en matière de femmes, enchantera tout de suite notre amphitryon. » Quand je me suis regardée j'ai reconnu que mon mari avait raison; peut-être pas irrésistible mais sûrement provocante avec mon air d'adolescente vicieuse, légèrement canaille. Mais dites-moi pourquoi, juste au même moment, je m'apercevais (et comme toujours pour la première fois) que les mains qui arrangeaient si bien mes cheveux sur ma nuque étaient toutes poisseuses de transpiration ?

La soirée se passa bien. A en juger par le respect et les attentions dont les *camerieri* l'entouraient, le Patron devait être un personnage important. Physiquement, il était plutôt pas mal; il faisait un peu penser à un vieux chat sournois : grande bouche mobile, nez petit, yeux verts sous d'épais sourcils noirs. Il n'était pas venu seul. Son épouse était là, assise à côté de lui. Une femme sèche, austère, qui ne parlait pas mais dont l'attitude disait clairement qu'elle accompagnait son mari uniquement pour remplir un de ses devoirs conjugaux. La voix du Patron rappelait aussi le chat; c'était comme un ronronnement doux, mélodieux. Le ton était d'une infinie courtoisie; en l'écoutant, on se disait que rien, même pas la mort, n'altérerait cette extraordinaire urbanité. Je suis très gourmande et j'avoue ne pas m'être tellement occupée de lui, préférant me concentrer sur les mets délicieux qu'on nous servait et sur le vin très fort qui me montait à la tête. Le Patron avait l'air d'apprécier ma gourmandise et au dessert il a lui-même insisté pour me faire reprendre de la glace à la vanille recouverte de chocolat chaud. Après le dîner, nous sommes allés chez eux : un *attico,* comme on appelle à Rome ces beaux appartements avec terrasse d'où l'on découvre les toits des vieux palais et les dômes des églises. Là, à son habitude, mon mari s'est lancé tête baissée dans sa campagne d'adulation et moi, peut-être parce que j'avais trop mangé et trop bu, je me suis tout simplement endormie. Il devait être assez tard quand mon mari m'a réveillée pour me ramener à la maison. En se déshabillant dans notre chambre, il ne cessait de répéter que ce dîner était une grande réussite, que j'avais fait la conquête du Patron... Est-ce que je n'avais pas remarqué comment il me regardait lorsqu'il était sûr que sa femme ne le regardait pas, lui ? Mon mari était si content qu'une fois de plus il m'a forcée à danser en même temps que lui son joyeux petit ballet. Et pendant que je virevoltais sur le tapis, je me disais que mon mari était très habile pour ce qui concernait sa carrière mais, pendant qu'il serrait mon corps nu contre son corps nu, je découvrais une autre de ses imperfections : son ventre. Oh! pas énorme, non, mais comme son postérieur, répugnant à cause de sa mollesse exagérée.

Les jours suivants, ma conquête du Patron sembla progresser. Chaque fois qu'il téléphonait à mon mari, celui-ci ne cessait de me répéter que j'intéressais énormément cet important personnage et qu'il était hors de doute que je lui faisais une forte impression : de plus en plus souvent il demandait de mes nouvelles et posait des questions au sujet de ma peinture. Mon mari disait que le Patron possédait une belle collection de tableaux modernes. Un jour même, après quelques instants de réflexion, il a ajouté : « Tu verras qu'il t'achètera quelque chose. J'en suis sûr. »

Moi, ce dont j'étais sûre, c'était que je n'avais aucun talent et que mes tableaux ne valaient rien. D'une adolescence disons un peu débraillée passée dans les boîtes de nuit et les ateliers de peintres, il m'était resté, comme collée au corps, la velléité de devenir peintre moi-même. Aujourd'hui je peins pour moi, pour me faire plaisir ou pour tuer le temps. Aussi quand mon mari est venu me raconter que le Patron m'achèterait un tableau, je me suis contentée de hausser les épaules. Et de le regarder. Et pan! Voilà que je découvre qu'il a des jambes torses, je veux dire que ses mollets sont tournés en dehors tandis que ses genoux vont de l'autre côté.

Mon mari devenait de plus en plus nerveux, sombre, irritable, triste. Un matin avant de sortir il se décide à m'expliquer la raison de ce changement d'humeur : les choses ne vont pas comme il le désire au sujet du poste à l'étranger; il y a des difficultés; il faudrait encore un léger coup de pouce. Dans quel genre? Il a simplement répété : « Un coup de pouce », et il est sorti.

Après son départ, je me suis mise à réfléchir. Je crois avoir déjà dit que j'en avais vu de toutes les couleurs depuis mes quatorze ans (mon premier amant, c'est à cet âge que je l'ai eu) jusqu'à aujourd'hui où j'en ai vingt. Le fait de coucher avec un homme ne me paraissait ni capital ni difficile. Et puis c'était l'avenir de mon mari qui, à présent, était en jeu. Donc...

Je n'ai pas hésité longtemps, vous savez. J'ai téléphoné au Patron. Je lui ai dit que j'avais appris qu'il s'intéressait à ma peinture. Je lui ai dit qu'en ce moment j'étais seule à la maison. Je lui ai dit que, s'il en avait envie, il pouvait venir voir mes tableaux, tout de suite même. Il a accepté mon invitation comme s'il prenait mon prétexte au sérieux, pas du tout étonné, pas du tout ironique. Moi je m'attendais, mais je ne sais pas pourquoi, à ce qu'il me dise quelque chose de plus personnel ou de vraiment complice, comme, par exemple : « J'espère que nous ne risquons pas de voir s'amener ton mari au beau milieu de notre affaire? » Tout s'est passé normalement, sauf qu'au moment, appelons-le, si vous voulez, suprême, j'ai éclaté de rire en le voyant toujours aussi courtois, aussi réservé; et en riant je lui ai demandé : « Tu n'oublies donc jamais d'être bien élevé? Même quand tu fais l'amour? » Un peu plus tard, comme il s'apprêtait à me dire au revoir, je lui ai rappelé très franchement, sans faire de manières, ce poste à l'étranger dont rêvait mon mari. Alors il m'a regardée de la même façon qu'un chat vous regarde quand il se réveille brusquement en entendant un bruit inhabituel. Pourtant il s'est mis à sourire et, après m'avoir gentiment tapoté la joue, il est parti.

Lorsque mon mari est revenu à la maison, je me suis interrogée pour savoir si oui ou non j'allais lui raconter ce qu'il venait de se passer; j'ai décidé que non. Après tout, ce n'était pas lui qui m'avait demandé de faire ce que j'avais fait. J'avais agi de ma propre initiative. Et puis, lui en parler comportait le danger de lui faire, par amour-propre, refuser le poste. Alors tout le mal que je m'étais donné cet après-midi aurait été inutile. Finalement je n'ai rien dit. Après avoir déposé un petit baiser sur mon front, il s'est précipité sur le téléphone; comme tous les jours, il fallait qu'il passe un coup de fil au Patron. Alors mon cœur s'est mis à battre à tout rompre; j'imaginais déjà que l'autre allait lui annoncer qu'on venait de lui attribuer le fameux poste et je n'avais qu'une peur : c'était que l'heureuse nouvelle ne réveillât en lui son exécrable envie de danser de joie.

Par bonheur le Patron n'était pas chez lui. Presque un mois après, mon mari m'annonça qu'il était enfin nommé au poste qu'il désirait depuis longtemps. Alors, pendant qu'il me parlait, moi, je pensai à la parfaite éducation du Patron : il payait, mais avec retard pour me permettre de m'imaginer, si je voulais me l'imaginer, ne pas avoir été payée.

Aujourd'hui je suis à Londres, dans un grand appartement vieillot dont l'originalité consiste à n'avoir ni couloirs ni dégagements d'aucune sorte. Pour aller d'une pièce dans celle où vous avez à faire, il vous faut traverser toutes les pièces de la maison. Pas moyen de faire différemment. A cause de cette disposition des lieux qui interdit qu'on s'isole vraiment, les rapports avec mon mari sont devenus bizarres. Lui, en allant et venant, passe obligatoirement par la pièce où je me trouve; je dois faire alors d'incroyables efforts pour ne pas le voir; eh oui, parce que, c'est peut-être bête de ma part, à présent il me dégoûte, mais vraiment tout entier, de la tête jusqu'aux pieds. Alors que faire? Une fois je m'absorbe dans le livre que je tiens, une fois dans ma peinture, une fois dans le plat que je prépare à la cuisine. Si je peux, je sors au moment où il rentre. Un jour je me suis enfermée dans un placard, un autre jour je me suis cachée sous un canapé.

Naturellement, l'amour nous ne le faisons plus; je lui ai dit que j'attendais un bébé. Que se passera-t-il le jour où il découvrira que je ne suis pas enceinte? Mais surtout, comment vais-je faire pour surmonter cette répugnance stupide, cet absurde dégoût pour des défauts, des imperfections physiques dont, bien sûr, il n'est pas responsable?

# LE CYGNE NOIR

J'AIME les sports fatigants, dangereux, qui demandent vigueur, résistance, effort. J'aime la vie au grand air avec un soleil qui brûle, avec un froid qui engourdit les membres. J'aime la nature avec ses saisons toutes également belles et les changements de saison qui se sentent dans votre sang avant même qu'on les voie dans la nature. Les rues et les foules des villes, extraverties et démonstratives, ne me disent rien; je préfère la solitude muette et sans réelle signification de la campagne, où les choses vivent pour leur compte, introverties et laconiques, de l'aube au coucher du soleil, sans rien demander à personne, même pas d'être regardées. Avez-vous remarqué qu'en ville tout, lumières, trafic, passants, est réclame, publicité, spectacle, tandis qu'à la campagne un cyclamen qui a poussé à l'ombre d'une haie de pruniers ne se voit, malgré sa richesse de couleur, qu'en cherchant à rendre son regard le plus perçant possible ou en se mettant carrément à genoux dans la poussière d'un sentier.

Encore à propos de la vie au grand air : mon père, qui est notaire, veuf et riche, dont je suis la fille unique et adorée, m'a dernièrement acheté, pour satisfaire mes goûts naturistes, un petit rendez-vous de chasse autrefois propriété d'un prince romain, situé dans un coin encore sauvage du

Latium, à peu de distance d'un vieux village tout noir accroché avec ses quelques maisons au-dessus d'une roche de tuf volcanique. Après avoir signé l'acte de vente, mon père m'a dit, en me donnant les clefs et en caressant gentiment ma joue : « Le meilleur investissement de l'argent, c'est celui qui sert à satisfaire les goûts personnels, qui permet à une individualité de s'affirmer, d'épanouir ses penchants les plus intimes. J'ai eu de la chance puisque tes goûts, ton caractère, tes penchants sont tous à encourager, à favoriser. Tu es une fille gentille, belle et, surtout, saine. Tu ne sais pas ce que, l'autre jour, ta tante Giovanna disait en parlant de toi ? " Ah ! Marta ! Quand je vois sa bonne figure si propre, si nette, ses épaules carrées, ses longues jambes solides, je me sens heureuse et je me reprends à espérer en un monde meilleur. " »

Mon cher papa ne pouvait me faire plus de plaisir qu'en m'offrant cette maison, en réalité une villa de deux étages avec une belle façade classique et un portique à colonnes. Ici je me consacre entièrement à « faire » les choses : cuisiner, balayer, jardiner, soigner les chiens, la basse-cour, les chevaux. Pour m'aider et me tenir compagnie, j'ai Françoise, une amie suisse, un peu collante et, à mon goût, trop romantique, mais sûre et fidèle. Par exemple, en ce moment, nous ferrons un cheval; Françoise le tient par le mors; moi, après avoir soulevé sa jambe, j'examine son sabot. La scène se passe sur le terre-plein, devant la villa; les fers, les clous neufs, le marteau, les tenailles et d'autres outils sont par terre, noirs sur le gravier blanc. Il fait gris; ciel couvert, menace de pluie, un temps délicieusement automnal. Françoise, comme moi, porte une culotte de cheval, des bottes en cuir naturel, un pull-over, le mien est noir, le sien rose. Je suis en train d'examiner attentivement le sabot et, juste au moment où j'avance la main pour saisir les tenailles, le vieux domestique, que nous avons hérité des anciens propriétaires, apparaît sur le seuil de la villa : « *Eccellenza!* On vous demande au téléphone. »

Comme toujours quand je suis à la campagne, je me sens de bonne humeur et je réponds : « Ne m'appelez pas *Eccellenza*, je ne suis pas une princesse romaine, moi. Je suis une fille comme les autres », et en courant je traverse le petit espace qui nous sépare de la villa. Dans le salon du rez-de-chaussée, malgré les grandes fenêtres, il fait très sombre; pas un seul meuble; dans l'obscurité, je devine les lignes noires des poutres du plafond et les carreaux de terre cuite brune du sol. Le téléphone est là, sur le devant de la cheminée de pierre. Je prends le récepteur et, au son de la voix qui me parle, comme une sotte, pendant une minute, je reste sans souffle, le cœur battant. Quand j'arrive enfin à maîtriser mon trouble, je dis : « D'accord. J'arrive tout de suite », je raccroche et repars en courant dehors.

Françoise est toujours là; sa tête blonde à moitié cachée par l'encolure du cheval, elle me regarde de ses grands yeux gris, inquiets. Je lui annonce d'un air faussement désinvolte : « Figure-toi qu'il faut que j'aille au village. Je serai de retour dans deux heures. Le cheval, nous nous en occuperons demain. »

Nous y voilà; Françoise se prépare à faire son habituelle scène romantico-moraliste. Je le devine à la perplexité douloureuse qui, brusquement, couvre son front haut et blanc de mille petites rides : « C'est lui? »

« Oui, c'est lui. »

« N'y va pas. »

« Pourquoi? »

« Tu es une criminelle et une idiote. »

J'écoute ses injures en les approuvant mentalement. C'est exactement ce que je pense de moi. Je dis : « Tu as raison; mais j'irai tout de même. »

« Tu es consciente, tu te rends compte de tout, tu sais ce que tu fais et, malgré ça, tu le fais. A quoi te sert ta conscience? »

« Je me le demande aussi. C'est probablement plus fort que moi. »

C'est un lieu commun, je le sais, mais c'est la vérité. Françoise dit : « Alors, pour t'empêcher de faire des bêtises, il faudrait que je sois plus forte que la chose qui est plus forte que toi? »

« Peut-être. »

Toujours à moitié cachée par le cheval, elle me regarde en me défiant; ses pupilles soudain dilatées, elle dit : « Eh bien, je serai la plus forte. Ecoute-moi bien : si tu vas là-bas, je me tue. »

Je réponds, agacée : « Est-il possible que tu ne te rendes pas compte que tu parles souvent comme un personnage de bande dessinée? Tu le sais très bien que tu ne te tueras pas. Et puis pourquoi veux-tu transporter des rapports comme les nôtres, de simple amitié, sur un plan passionnel? Nous sommes des amies; mais si toi tu entends l'amitié autrement, il vaut mieux que tu fasses tes valises et que tu t'en ailles. »

Cette phrase, mais surtout mon ton, la pétrifie. Elle ne bouge plus. La main posée sur le mors du cheval, elle me regarde. Sèchement, je poursuis : « Maintenant je pars et toi tu vas ramener le cheval à l'écurie. »

Je lui tourne le dos, je vais jusqu'à la remise, au bout du terre-plein, où je gare une petite automobile et une grosse motocyclette. J'hésite : que choisir? Sur de mauvais sentiers la moto est mieux; en revanche, me faire voir au village sur une motocyclette avec un homme à califourchon derrière moi, ce n'est pas prudent. Je grimpe donc dans ma voiture, je fais une marche arrière, je tourne autour du terre-plein et me lance dans notre grande allée. Voilà Françoise qui marche, l'air mélancolique en tenant par la bride le cheval qui la suit. Je la dépasse en riant et je débouche sur la grand-route.

Il ne me faut que quelques minutes pour me trouver sous le village et son gros rocher, sur le boulevard périphérique, devant la pompe à essence, où est notre rendez-vous. Athlétique et, à sa façon, élégant, il est là debout, les bras croisés, à deux pas de moi, les yeux perdus dans le vague, immobile. J'ouvre ma portière et je l'appelle : « Alors ? Qu'est-ce que tu fais ? Allez, vite, monte. A quoi penses-tu ? » Il se décide; il marche lentement vers la voiture, il entre et dit d'un ton sourd, de reproche : « Tu m'as fait attendre. »

C'est faux, je suis exacte; mais c'est une manière comme une autre de se faire valoir, de surmonter son énorme complexe d'infériorité. Je ne réponds pas. Je conduis d'une seule main, de l'autre j'extrais de la boîte à gants quelque chose enveloppé dans du papier blanc et serré entre deux élastiques. Le paquet est très lourd; je le lui lance sur les genoux. Il le saisit d'un air avide, ôte les élastiques, ouvre le papier de soie blanc de ses gros doigts malhabiles de paysan. C'est un pistolet noir, plat, assez gros, avec une crosse longue, massive, qui est là. Je dis : « Il paraît que c'est un calibre spécial; j'ai eu du mal à le trouver. Et puis il coûte cher, si je l'avais su, je ne te l'aurais pas promis. Qu'est-ce que tu comptes en faire ? »

Il a refait le paquet; maintenant il le glisse dans la poche de sa veste de velours et il dit, d'un ton sentencieux : « Ça peut toujours servir. »

« Oh ! je t'en prie... tu n'es qu'un vulgaire petit voleur, un cambrioleur de villas inoccupées... Dis-moi à quoi cette arme peut-elle te servir ? »

Comme il manque d'arguments, il constate : « Voilà, ça recommence; comme toujours tu cherches à m'humilier. »

« C'est la pure vérité que je dis. Ose me dire que tu n'es pas un simple voleur de poules ! »

« Si tu le penses, pourquoi t'es-tu mise avec moi? »

« Parce que ça me fait plaisir. »

« Et pourquoi ça te fait plaisir? »

« Oh, la barbe! Parce que oui. Raconte-moi plutôt ce qui s'est passé hier soir. »

« Nous sommes allés, Augusto et moi, à la villa des Américains. Mais nous n'avons presque rien trouvé. Augusto a pris une selle ancienne et moi une cartouche de cigarettes. »

« Deux idiots, vous êtes. Je vous avais pourtant bien dit de ne pas aller chez les Américains. C'était dans cette famille de snobs que vous deviez aller, comment s'appellent-ils déjà? ceux qui ont la villa presque à côté de celle des Américains. Là vous en auriez trouvé, des choses. Des idiots, voilà ce que vous êtes! »

« Mais pourquoi tu les détestes tant ces gens que tu appelles des snobs ? Qu'est-ce qu'ils t'ont fait? »

« Ha, ha! tu me demandes ce qu'ils m'ont fait? »

Il est stupide, obtus, borné, avec des siècles de paysannerie sur le dos; mais c'est peut-être justement pour cela que je me sens attirée par lui. Voilà notre petit chemin. Je prends le tournant si brusquement qu'il me dégringole dessus; j'avance plus loin, les branches des arbustes fouettent mon pare-brise. Combien de temps restons-nous dans le bosquet? Une heure, peut-être. Quand nous en sortons, comme d'habitude, je m'en veux à mort et j'évite de le regarder en conduisant. Nous arrivons sur la grand-route et lui se met à avancer une main pour me caresser timidement la joue. Je proteste immédiatement : « Bas les pattes! »

« Qu'est-ce que tu as? »

« J'ai que tu me fais honte. Tu comprends? »

« Tu recommences à dire des choses qui m'offensent. »

« Tu vois, nous arrivons au carrefour. Le village est à un kilomètre. Descends. »

« Mais moi je... »

« Descends, sinon c'est moi qui vais au village pour te déposer chez les carabiniers. Je leur éviterai la fatigue d'aller t'arrêter chez toi. »

La menace fait son effet. Il descend tout en continuant à bougonner que je fais exprès de l'offenser. Un rapide demi-tour sur la route et je rentre à toute vitesse à la villa. Il m'est venu tout d'un coup l'idée que Françoise aurait pu vraiment tenter de se suicider; avec sa mentalité de personnage de bande dessinée, comment savoir ce qui va arriver. Rien de tout ça. J'entre dans sa chambre pour la trouver étendue sur son lit, les mains croisées sous la nuque. Je m'assieds sur son lit en disant : « A propos, il me semblait que tu devais te suicider, non? »

Au lieu de me répondre, elle me prend la main. Je répète méchamment mon : « Bas les pattes! »

Elle retire sa main et, en me regardant fixement de ses pathétiques yeux gris, elle psalmodie doucement : « Nous nous sommes rencontrées à Genève, tu te souviens? Tu te promenais seule, au bord du lac, tu t'es arrêtée, tu t'es appuyée contre le parapet et tu as regardé les cygnes. Des cygnes blancs nageaient en troupe, un seul était noir. Alors je me suis approchée et je t'ai dit à voix basse : " Tu es comme ce cygne noir, tu es l'autre, la seule, l'unique. " »

Insupportable sentimentalisme de romans-photos! Je ne lui réponds pas; machinalement je lève les yeux du côté de la fenêtre et, brusquement, je me sens comme soulevée par quelque chose de vrai et d'authentique parmi tant de fausseté. Enfin! Il pleut! Violente, blanche, la pluie raye les vitres à cette heure obscurcies par le crépuscule automnal.

# PIAZZA DELLA PSICANALISI

Je ne veux pas vous dire où j'habite, vous verrez bientôt pourquoi. Je peux cependant vous indiquer dans quel quartier; je dois même le faire, sinon certains détails de mon histoire vous resteraient totalement incompréhensibles. Donc, j'habite l'E.U.R[1], dans la partie la plus spacieuse et la plus désertique de ce spacieux et désertique quartier. Mon immeuble donne sur une vaste place faite d'ordinaire bitume lisse, gris, solitaire. A l'E.U.R. les rues et les places ont des noms particulièrement suggestifs : Viale della Letteratura, Viale dell' Arte, Viale dell' Umanismo, Viale della Scultura, Viale della Civiltà Romana, Piazza della Poesia. Mettons que moi j'habite Piazza della Psicanalisi. J'ai bien dit : mettons; il est exclu qu'une place de ce nom puisse exister; l'E.U.R. est, en fait, un quartier bâti sous le fascisme; et on sait que le fascisme, réprimé et répressif, n'aimait pas la psychanalyse. Cela me ferait tout de même plaisir d'habiter sur une place de ce nom parce que je suis moi-même une psychanalyste qui reçoit tous les jours, à heure fixe, comme on peut le lire sur la plaque de cuivre posée sur ma porte.

1. C'est en se servant de ce sigle que les Romains désignent un quartier de leur ville conçu sous le régime fasciste pour servir de centre à de grandes manifestations dont, entre autres, l'*Esposizione Universale Romana,* d'où E.U.R. (N.d.T.)

Et c'est à la psychanalyse que je me suis agrippée durant la veillée la plus longue de ma vie. J'étais assise à mon bureau, devant ma machine à écrire; le revolver, que j'avais serré assez fort dans ma main pour y laisser mes empreintes, était posé à côté d'un cendrier plein de mégots; et je m'efforçais de trouver une conclusion à l'essai sur lequel je travaillais depuis presque une année. Cet essai était centré sur l'idée suivante : Sigmund Freud a projeté la lumière de la raison sur la vie intérieure. Là où régnait l'obscurité, il a construit une scène très bien éclairée sur laquelle on joue toujours la même comédie, toujours avec les mêmes acteurs : le Ça, le Moi, le Sur-Moi. Mais autour de cette scène illuminée et visible de toutes parts, les ténèbres sont plus épaisses que jamais. J'écrivais difficilement mais avec l'obstination du désespoir en tapant sur les touches de ma machine avec deux doigts seulement. De temps en temps, je me levais, j'allais à la fenêtre, je regardais, en bas, sur la place et je voyais que le corps était encore là, à plat ventre, les bras lancés en avant, loin de la tête. Je suis allée à la fenêtre à deux heures et demie, à trois heures, à trois heures et demie, à quatre heures. Bien sûr, des autos sont sûrement passées, même si c'était la nuit; personne ne s'est arrêté, imaginant un accident mortel et redoutant qu'on ne le lui attribue. A cinq heures, le corps était encore au milieu de la place et moi je n'avais pas fini mon travail. Alors je suis allée m'étendre sur le petit lit où, habituellement, mes patients s'allongent. J'aurais voulu dormir. Au lieu de dormir, me voilà en train de reconstituer, presque machinalement, l'histoire de ma liaison avec Giacinto, le mort étendu, en bas, sur la place. Pourquoi cette reconstitution? Certainement pas par nostalgie, encore moins par l'horreur que j'en garderais. Parce que je ne comprenais pas cette histoire et que j'aurais voulu arriver à la comprendre.

Au commencement il y a eu le sourire sarcastique. Dans le visage large et plat de Giacinto, aux yeux légèrement obliques, ce sourire railleur et dégoûté, comme perpétuellement écœuré, étonnait parce qu'il ne semblait pas dépendre de sa volonté; c'est vrai, Giacinto n'était dégoûté de rien, et cette sorte de ricanement muet, il le gardait même en dormant. Pourquoi ce sourire m'a-t-il attirée? A présent nous entrons dans l'incompréhensible puisque, pour moi du moins, il ne pouvait qu'appartenir à ce genre de gens qu'on désigne, communément, sous le nom de canailles. J'aurais pu aussi bien dire criminels, mais alors, dans mon récit, je ne pouvais pas passer de Giacinto à moi. Giacinto était une canaille; et moi, consciemment bien qu'inexplicablement, j'aurais voulu, en en faisant mon amant, m'encanailler.

Il est inutile de raconter où et comment j'ai rencontré Giacinto. Mettons que la chose se soit passée dans un bar et que lui, après un regard d'entente, m'ait suivie, soit monté dans ma voiture, se soit assis à côté de moi au moment où je mettais en marche. Après, j'ai commencé à le voir chez moi, toujours tard dans la nuit. Il restait jusqu'après minuit, au restaurant ou au café, avec certains de ses amis; il vaudrait mieux dire ses complices; il venait me retrouver mais toujours après m'avoir téléphoné pour m'avertir. Par mesure de précaution, il laissait son auto dans une rue voisine et, à pied, il traversait la place, déserte et peu éclairée, pour me rejoindre. Dès que je l'apercevais, je me tenais prête à appuyer sur le bouton d'ouverture de la porte d'entrée. Quel sentiment est-ce que j'éprouvais en le regardant venir de l'autre bout de la place, parfaitement reconnaissable à sa petite taille et à la largeur disproportionnée de ses épaules? Un trouble profond qui me coupait le souffle; en même temps qu'une grande détestation de moi-même.

Ensuite tout se déroulait de façon routinière et presque rituelle, mais aussi dans l'impatience et dans la fureur des sens. Giacinto était une canaille horriblement ennuyeuse. Il faisait et disait toujours les mêmes choses. Sentencieux, plein de bon sens, logique et terre à terre. S'il n'y avait pas eu ce sourire bizarre qui m'avait fascinée, j'aurais pu me croire en train de faire l'amour avec n'importe quel petit-bourgeois, en tout et pour tout ordinaire et normal. Mais, au lieu de me rassurer, cette normalité me terrifiait.

En le regardant fumer et bavarder, son buste nu émergeant des draps et des couvertures, je me disais que pour faire une canaille de cette sorte, aussi tranquille, aussi solide, aussi semblable, en somme, à son contraire, il avait fallu des siècles et des siècles de criminalité, disons, si vous voulez, positive; je veux dire liée indissolublement aux valeurs dites éternelles de la famille. Ah oui! autre chose que la psychanalyse! Psychanalyser Giacinto, cet échantillon vivant de l'immoralité archaïque, ce serait comme vouloir psychanalyser les époux statufiés sur les sarcophages étrusques ou les statuettes callipyges de Malte. Et moi, avec toute ma science viennoise face à son caractère réfractaire de Méditerranéen, je me sentais aussi désarmée qu'un ouvrier s'attaquant à un bloc de béton avec un petit canif.

Parlant de choses et d'autres, mais de préférence de commerce (il possédait deux magasins : un d'accessoires pour automobiles, géré par un de ses frères, l'autre de tricots, que tenait son épouse), fumant ses trois cigarettes, jamais une de plus, buvant certains jours une citronnade, Giacinto restait deux heures avec moi. Il me quittait pour se rendre chez son « autre » femme. Eh oui, il était le protecteur, c'est bien comme cela qu'on dit, n'est-ce pas? d'une dénommée Valeria, une prostituée qui « travaillait » pour lui toutes les nuits sur un des boulevards périphériques. Valeria était-elle la seule à lui passer l'argent qu'elle gagnait à la sueur de son front? Y en avait-il d'autres? Je ne saurais vous répondre. Il ne m'avait parlé que de cette Valeria, peut-être parce que cherchant à être pour lui quelque chose de plus qu'un objet, elle se révoltait parfois et que, en se révoltant, elle lui procurait, comme il disait, des continuels « ennuis », qui allaient l'obliger, un jour ou l'autre, à lui donner « une leçon ». Je l'écoutais, stupéfaite de l'écouter, cherchant à comprendre pourquoi je continuais à le voir mais me heurtant toujours à ma même stupide et mystérieuse incompréhension. Quand il avait fini de parler, il écrasait sa cigarette, s'habillait et s'en allait relever la Valeria. Je me mettais à la fenêtre pour le regarder, amorphe, traverser d'un pas rapide la place déserte. Et puis, sans penser à rien, repue physiquement, vidée mentalement, j'allais dormir.

Un de ces derniers jours, je m'installe au volant et roule sans m'arrêter jusqu'au boulevard périphérique où je sais que Valeria reste en faction toutes les nuits. En arrivant sur le boulevard, je ralentis pour regarder les femmes qui se tiennent là, debout, à côté d'un petit feu de brindilles qui les aide à lutter contre le froid de la nuit. Tout de suite, je reconnais Valeria : blonde, petite, coiffée haut sur le front, elle a des yeux bleus, un visage carré, une grosse poitrine, des hanches très étroites. Je m'arrête, je lui fais un signe de la main et elle me répond d'un geste de refus; elle a dû me prendre pour une homosexuelle. J'insiste en prononçant distinctement son nom. Elle est alors venue vers moi, majestueuse malgré sa petite taille, à cause, peut-être, de sa coiffure relevée en crête au-dessus du front, mais surtout, je crois, à cause de je ne sais quelle fierté qu'elle a dans son maintien.

Elle a mis la tête à ma portière pour me demander comment je connaissais son nom. Je ne savais que répondre, j'étais venue là poussée par une force obscure et incompréhensible, comme tout ce qui avait un rapport avec Giacinto. J'ai bredouillé que j'étais sociologue, que je faisais une enquête sur la prostitution : « Pourquoi ne viendriez-vous pas chez moi ? Je vous paierai, vous ne perdrez pas votre temps. » De ses yeux enfoncés mais perçants, elle m'a regardée un long moment puis elle m'a dit qu'elle acceptait. Nous avons fixé le prix et le jour; ensuite je suis repartie.

Le rendez-vous était pour le samedi suivant, jour présumé de ses règles durant lesquelles elle ne travaillait pas. Le vendredi j'ouvre mon journal et, dans les faits divers de Rome, je vois un titre qui m'intrigue; et sous ce titre, il y a la photo de Valeria. Alors je lis ce qu'on a écrit à son propos. Elle a été retrouvée morte dans le coffre d'une voiture, liée de telle sorte qu'elle s'était très lentement étranglée elle-même. Je me précipite sur d'autres pages pour avoir de plus amples détails, mais, sur Giacinto, pas l'ombre d'un. Le journal supposait que Valeria avait voulu se révolter et qu'elle avait été assassinée de cette horrible manière pour enlever tout espoir de pardon à une autre prostituée qui voudrait suivre son exemple.

Ce que j'ai fait ce matin-là est peut-être la chose la moins compréhensible de cette histoire incompréhensible. J'ai continué à voir Giacinto et, en même temps, je me suis fait expliquer par lui le fonctionnement du revolver qu'il portait toujours dans la poche intérieure de son veston. Je lui ai dit que j'avais peur la nuit dans ces grandes avenues désertes et que je voulais demander une autorisation de port d'arme. Il m'a tout de suite approuvée sans rien ajouter. C'était vrai que des bandes de voyous qui agressaient les femmes seules traînaient dans le coin; j'avais raison de m'armer, et, même, il tenait à me faire cadeau de ce revolver, non,

non, pas du sien qui était trop lourd pour moi, d'un plus petit, pour dame. Et quelques jours plus tard, il m'en a apporté un, il m'en a expliqué le fonctionnement et il a glissé lui-même une balle dans le canon. Quelqu'un voudra peut-être savoir si Giacinto a commenté d'une façon ou d'une autre la fin horrible de Valeria? Oui, il l'a commentée. Il a dit, sentencieux, comme d'habitude : « C'était une fille bizarre. Elle devait finir comme ça. »

Un soir, il me téléphone pour me dire qu'il arrive; alors je me mets derrière la fenêtre en serrant dans ma main, avec une force spasmodique, mon revolver. Le voilà qui apparaît à l'autre bout de la place et qui se dirige, petit et large d'épaules, du côté de chez moi. D'un seul coup, d'un rectangle d'ombre noire projetée sur la chaussée par un immeuble tout noir et tout éteint, une automobile de couleur sombre sort à l'improviste, fonce sur Giacinto et l'investit par-derrière. Giacinto fait un bond en l'air, les bras tendus en avant comme un plongeur qui se jette à l'eau du bord d'une rivière; l'automobile passe sur lui, s'éloigne et le corps de Giacinto reste là, à plat ventre, immobile, les bras allongés le long de la tête. Maintenant l'automobile est arrivée au bout de la place. La voici qui revient, roulant toujours aussi follement vite, passe de nouveau sur le corps de Giacinto, prend le tournant d'une rue et disparaît. Tout ceci ne dure qu'un instant mais s'imprime pour toujours dans ma mémoire à cause de son intensité hallucinée, comme une scène de film vue, elle aussi, un seul instant intense grâce au stroboscope.

J'ai fini. Arrivée à ce point de mon évocation, j'ai regardé la pendule et j'ai vu qu'il était huit heures et demie. Je suis sortie de mon lit, je suis allée à la fenêtre et j'ai levé, lentement, le store; un soleil fastueux m'a éblouie, dardant ses rayons du fond d'un enchevêtrement de nuages gris et déchiquetés. J'ai regardé en bas sur la place : l'ordinaire petit va-et-vient des employés se rendant au bureau. Le corps n'était plus là. Il m'a semblé voir le fourgon des carabiniers stationnant exactement à l'endroit d'où était partie la voiture assassine. Involontairement, j'ai pensé que, malgré tous les désavantages de la ville, nous avions, tout de même, l'avantage des services urbains : quel que soit l'objet gênant la circulation ou troublant d'une façon ou d'une autre le bon ordre, promptement il était enlevé. Et puis, j'ai fermé les fenêtres et je suis allée dormir.

# LA DÉCOUVERTE DES DÉCOUVERTES

J'AVAIS dix-huit ans, je travaillais pour passer mon examen de fin d'études, j'étais la fille d'un petit fonctionnaire et j'étais tellement sérieuse et si sévèrement élevée que je ne savais même pas que j'étais belle. Dans la rue, les hommes se retournaient pour me regarder; moi aussi je me retournais; je ne regardais pas les hommes, mais les robes des femmes en les comparant aux miennes, en étudiant leurs coloris, leur forme, leur façon, en calculant leur prix. Le fait de ne pouvoir m'habiller comme je l'aurais voulu avait fini par provoquer en moi une espèce de mythomanie bizarre basée sur les vêtements; une grosse veste ou un pantalon devenaient des symboles de liberté et de bonheur, un peu comme le bleu du ciel le devient pour le prisonnier qui l'aperçoit à travers les barreaux de sa prison.

Un jour je m'arrête devant un magasin où est exposée une jupe que j'ai remarquée depuis quelque temps et que j'admire beaucoup. Voilà qu'un homme s'arrête à son tour derrière moi et se met à me regarder avec l'air aussi fasciné que moi regardant la jupe en question. Alors le désir qu'il a de moi entre en contact avec mon désir de la jupe et provoque, pour ainsi dire, le court-circuit explosif d'une soudaine prise de conscience. Brusquement je me surprends à penser : lui il a envie de moi et moi j'ai envie de la jupe. Donc : il faut qu'il m'achète pour que moi je puisse acheter la jupe.

A peine avais-je pensé ces choses que l'homme s'est approché de moi et, en parlant d'une voix si normale que deux personnes qui se trouvaient là l'ont entendu et se sont retournées pour nous regarder, il m'a dit : « Elle est jolie, hein, cette jupe! Si elle te plaît, viens, entrons, je te l'offre. » En tournant un peu la tête, j'ai vu un homme jeune, pas très mince, à l'air sournois et désinvolte, et, presque sans réfléchir, je lui ai répondu, mais aussi à voix assez haute pour que ces gens qui nous écoutaient puissent m'entendre : « D'accord. Allons-y. » Nous sommes entrés dans le magasin, j'ai désigné la jupe à une vendeuse et lui, dès que le paquet a été fait, comme un bon père ou un gentil mari, il est allé à la caisse et il a payé.

Son bureau n'était pas loin du magasin; dans l'ascenseur et ensuite dans l'appartement, il a continué à se comporter comme un vieil ami, distrait et absent. J'ai posé le paquet contenant ma jupe sur le bureau et j'ai, tout de suite, commencé à me déshabiller; lui, pendant ce temps, il allait et venait, en faisant différentes choses à sa manière naturelle mais insaisissable. Finalement, il a jeté sur un divan de cuir noir matelassé une couverture écossaise à carreaux rouges et verts et nous avons fait l'amour. Tout de suite après l'amour, le téléphone a sonné, avec insistance, dans la pièce à côté. Tout nu, très vite, il est sorti et moi je suis restée seule.

Alors, brusquement, j'ai éprouvé le sentiment exaltant en même temps qu'étonné, presque sceptique, de quelqu'un qui fait une importante découverte. Ne souriez pas, ne vous moquez pas de moi : à dix-huit ans, sans y avoir jamais pensé avant, dans une vie partagée entre les études et la famille, je venais de faire la découverte de la chose la plus ancienne, la plus connue, la plus ordinaire du monde qu'est la prostitution. Mais oui, j'avais découvert que je possédais quelque chose qui ne me coûtait rien et que les hommes étaient prêts à payer son prix. Mais surtout, j'avais découvert que toute l'opération de... disons, d' « achat et vente » se déroulait sur un plan sereinement contractuel et que je pouvais y participer en toute tranquillité. Cette idée m'a transportée de plaisir et, vêtue de mon seul collant, je me suis mise à danser au milieu de la pièce en chantant : « Ce n'est que ça? Ce n'est que ça? Est-ce bien vrai? Ce n'est que ça? » Mon acquéreur (acquéreur de la jupe? acquéreur de moi? des deux en même temps?) est rentré à ce moment et il a paru très surpris de cette joie qu'il ne savait à quoi attribuer. Je lui ai expliqué que c'était une explosion de bien-être physique, il y a cru et, après nous être embrassés comme deux vieux amis, je suis partie.

Ne me demandez pas comment j'ai organisé ma vie après ma première initiation au plus vieux métier du monde. Qu'il vous suffise de savoir que, d'une façon ou d'une autre, soit directement, comme la première fois, soit grâce à des médiations non désintéressées, j'ai réussi, au moins pendant deux ans, à m'acheter petit à petit toutes les robes, toutes celles dont j'avais envie. Je ne le faisais que pour mes vêtements; pour le reste, je continuais à mener la même vie, entre l'université où je travaillais avec zèle et profit et la maison où je vivais avec mes parents et mes trois frères. A ce propos, je n'ai pas raconté que je m'étais fiancée avec un garçon que j'aimais bien, qui m'aimait bien et qui fréquentait la même faculté que moi; quant à mes vêtements, je continuais à me les procurer comme vous savez. J'aurais certainement cessé de me prostituer si la mode ne m'avait pas toujours autant fascinée. A présent, elle m'obsédait, mais de manière profonde, obscure, comme si avant moi il y avait eu dans ma famille des générations entières de femmes contraintes, durant des siècles, à ne se mettre que des loques sur le dos.

Mon « ce n'est que ça » a fonctionné, comme je l'ai dit, pendant deux ans. Un jour, inopinément, je me trouve enceinte. Mon fiancé et moi avons alors décidé d'anticiper la cérémonie du mariage, que tout d'abord nous avions préféré renvoyer au moment où il se serait fait « une situation ». C'est à cette époque-là que me vint la fixation d'une grosse veste tricotée en laine naturelle, avec d'énormes poches et des boutons de métal, que j'avais vue dans la vitrine d'un magasin du centre. Un vêtement quelconque; mais, comme d'habitude, du moment que je n'avais pas la possibilité de l'acheter, il était devenu un symbole, un fétiche. J'y pensais le jour, j'en rêvais la nuit; et subitement, un jour, j'ai eu peur que, si je ne l'achetais pas, mon bébé naisse avec une envie de laine naturelle sur quelque partie de son corps ou, pourquoi pas, avec la grosse veste imprimée en miniature, mais tout entière, sur une de ses joues. Et, ne voyant pas d'autre moyen de me la procurer, j'ai décidé de recourir à l'ultime ressource de la prostitution.

Pourtant il m'était venu à l'esprit une de ces solutions qu'on qualifie volontiers, à cause de leur ambiguïté ou de leur subtilité, d'élégantes. Je m'explique : l'argent pour la veste tricotée, je le gagnerais « avant » le mariage; mais la veste tricotée, je l'inaugurerais « après » le mariage, durant le voyage que je ferais avec mon époux, dans la province méridionale où il est né. Seulement voilà, je m'étais solennellement juré à moi-même qu'après le mariage je cesserais de me prostituer. Pourquoi ce serment? Dans le fond, pour rien de très précis. Peut-être que je m'étais dit qu'avec un mari, un bébé, une maison à tenir, ce goût pour les vêtements sortirait enfin de ma tête. En attendant, la solution « élégante » demeurait. Cette veste tricotée allait-elle me faire enfreindre mon serment, oui ou non?

Récemment, je suis allée dans une bijouterie pour acheter les deux alliances que mon époux et moi échangerons à l'église. J'entre, le magasin est petit, une affaire familiale, probablement; il y a là une vieille dame et une jeune, à peu près de mon âge, qui lui ressemble beaucoup, sa fille, je pense. La jeune est en train de présenter à une cliente, et manifestement sans enthousiasme, un plateau de velours noir plein de bagues ornées de vraies pierres précieuses : saphirs, émeraudes, rubis, brillants. Je demande à la mère de me faire voir des alliances et, en attendant, je regarde négligemment le plateau des bagues et alors je me dis qu'un seul de ces bijoux, même vendu à perte, suffirait à répondre d'un seul coup à ma question « élégante » ainsi qu'à d'autres questions mineures du même genre. Et, brusquement, j'ai l'impression – exaltante et étonnante à la fois – de franchir la frontière du nouveau et de l'inconnu, éprouvée il y a deux ans lorsque j'avais découvert, de façon inattendue, l'universellement connue, l'archivieille prostitution. Cette fois encore, je découvre quelque chose de très ancien, de très connu, de très commun qui pourtant, pour moi, possède la fraîcheur d'une absolue nouveauté : le vol. Comment n'y avais-je pas pensé plus tôt? Serait-il donc vrai que les choses cachées sont les plus visibles, je veux dire celles que nous avons, pour ainsi dire, sous le nez?

La cliente s'en va sans avoir rien acheté. La fille l'accompagne jusqu'à la porte. Au même moment la mère me tourne le dos pour ouvrir je ne sais quel tiroir. Aussitôt, je prends la bague au rubis qui se trouve sur le plateau de velours et je mets à la place mon petit anneau sans valeur que j'avais enlevé pour essayer l'alliance. Je passe la bague à mon doigt et je remets mon gant. Je dis que je n'ai pas trouvé ce que je cherchais et je sors.

Dans la rue, j'entre sous une porte cochère. Je retire la bague de mon doigt et je la glisse entre mon collant et ma peau; entraînée par son poids, elle descend et s'arrête au-dessous de mon ventre, exactement là où l'enfant qui va naître verra le jour. Et puis, sûre d'avoir bien réussi mon coup, je commence, fébrilement, et tout en marchant, à me répéter : « Ce n'est que ça? Que ça? Est-ce bien vrai? Que ça? » Lorsque je sens qu'on me prend par le coude. Je me retourne; c'est la vieille dame de la bijouterie, ses cheveux gris au vent, l'air affolé, qui me dit : « La bague, il me manque une bague, la bague avec un rubis. »

Sans laisser voir mon inquiétude, je retourne au magasin avec elle. Nous entrons. Je proteste d'une voix vibrante, je montre mes mains privées de bagues, je renverse mon sac sur le comptoir. La mère, haletante et furieuse, ne fait que répéter : « Moi je ne sais qu'une chose, je sais seulement que la bague qui est là vous l'avez ôtée pour essayer l'alliance. Je l'avais remarquée parce que c'est un bijou bon marché, avec une imitation de pierre précieuse que je n'avais encore jamais vue. Je vous dis que je l'avais remarquée et maintenant c'est votre anneau qui est à la place de ma bague. » Quant à sa fille, elle ne dit rien. Elle me regarde fixement d'une curieuse manière qui semble vouloir me pénétrer, mais elle se tait. A la fin, elle se décide à faire une proposition : « Je voudrais dire quelque chose à la *signorina;* mais seule à seule. Venez avec moi. » Elle me fait un signe de la main et je la suis dans l'arrière-boutique.

Elle a fermé la porte et, gentiment, elle dit : « Je t'ai vue prendre la bague. Après avoir accompagné ma cliente, je me suis retournée et je t'ai vue. Je ne l'ai pas dit à ma mère. De toute façon, je ne le lui aurais pas dit; c'est elle qui s'en est aperçue. »

Etonnée, je lui ai demandé : « Pourquoi dis-tu que de toute façon tu...? »

Elle a d'abord souri et puis : « Supposons que je ne m'entende pas bien avec ma mère. Supposons qu'ici je ne fasse la vendeuse que contrainte et forcée. Supposons, enfin, que j'aie découvert que ce qui compte dans la vie, ce ne sont ni les bagues ni les rubis. »

« Toi? Tu as découvert ça? »

« Oui. Qu'est-ce que cela a d'étonnant? A notre âge, il peut nous arriver de faire des découvertes, non? A présent, rends-moi la bague. Tire-la d'où tu l'as mise et rends-la-moi. J'inventerai une histoire à raconter à ma mère. »

Je n'ai pas insisté. J'ai passé la main à l'intérieur de mon collant pour repêcher la bague sous mon ventre déjà un peu tendu à cause de ma prochaine maternité. La jeune fille l'a prise, puis elle a ouvert la porte, a fait le geste de se baisser, comme pour ramasser un objet par terre, et s'est exclamée : « Oh! maman! Regarde, la voilà! » J'ai profité de l'émotion de la mère pour me glisser dehors.

Et dans la rue, de nouveau, j'ai eu l'impression d'avoir fait une découverte. Mais cette fois ma découverte regardait le fait de faire des découvertes. Moi j'avais fait une découverte, la jeune fille du magasin en avait fait une autre, très différente, mais pourtant aussi d'une chose connue, ancienne, commune. Mais combien de découvertes en une seule journée!

# Table

# Le Livre de Poche Biblio

*(Extrait du catalogue)*

**Sherwood Anderson**
Pauvre Blanc

**Guillaume Apollinaire**
L'Hérésiarque et Cie

**Miguel Angel Asturias**
Le Pape vert

**Adolfo Bioy Casares**
Journal de la guerre au cochon

**Karen Blixen**
Sept contes gothiques

**Mikhaïl Boulgakov**
La Garde blanche
Le Maître et Marguerite

**André Breton**
Anthologie de l'humour noir

**Erskine Caldwell**
Les Braves Gens du Tennessee

**Italo Calvino**
Le Vicomte pourfendu

**Elias Canetti**
Histoire d'une jeunesse - *La langue sauvée*
Histoire d'une vie - *Le flambeau dans l'oreille*
Les Voix de Marrakech
Le Témoin auriculaire

**Blaise Cendrars**
Rhum

**Jacques Chardonne**
Les Destinées sentimentales
L'Amour c'est beaucoup plus que l'amour

**Joseph Conrad et Ford Madox Ford**
L'Aventure

**René Crevel**
La Mort difficile

**Iouri Dombrovski**
La Faculté de l'inutile

**Lawrence Durrell**
Cefalù

**Friedrich Dürrenmatt**
La Panne
La Visite de la vieille dame

**Jean Giono**
Mort d'un personnage
Le Serpent d'étoiles

**Jean Guéhenno**
Carnets du vieil écrivain

**Henry James**
Roderick Hudson
La Coupe d'Or
Le Tour d'écrou

**Ernst Jünger**
Jardins et routes
*(Journal I, 1939-1940)*
Premier journal parisien
*(Journal II, 1941-1943)*
Second journal parisien
*(Journal III, 1943-1945)*
La Cabane dans la vigne
*(Journal IV, 1945-1948)*
Héliopolis
Abeilles de verre

**Ismaïl Kadaré**
Avril brisé
Qui a ramené Doruntine ?

**Franz Kafka**
Journal

**Yasunari Kawabata**
Les Belles Endormies
Pays de neige
La Danseuse d'Izu
Le Lac
Kyôto
Le Grondement de la montagne
Tristesse et Beauté
Le Maître ou le tournoi de Go

**Andrzeij Kusniewicz**
L'État d'apesanteur

**Pär Lagerkvist**
Barabbas

**D. H. Lawrence**
L'Amazone fugitive
Le Serpent à plumes

**Sinclair Lewis**
Babbitt

**Carson McCullers**
Le cœur est un chasseur solitaire
Reflets dans un œil d'or
La Ballade du café triste
L'Horloge sans aiguilles

**Thomas Mann**
Le Docteur Faustus

**Henry Miller**
Un diable au paradis
Le Colosse de Maroussi
Max et les phagocytes

**Vladimir Nabokov**
Ada ou l'ardeur

**Anaïs Nin**
Journal 1 - *1931-1934*
Journal 2 - *1934-1939*

**Joyce Carol Oates**
Le Pays des merveilles

**Edna O'Brien**
Un cœur fanatique
Une rose dans le cœur

**Liam O'Flaherty**
Famine

**Mervyn Peake**
Titus d'Enfer

**Augusto Roa Bastos**
Moi, le Suprême

**Raymond Roussel**
Impressions d'Afrique

**Arthur Schnitzler**
Vienne au crépuscule
Une jeunesse viennoise

**Isaac Bashevis Singer**
Shosha
Le Blasphémateur
Le Manoir
Le Domaine

**Robert Penn Warren**
Les Fous du roi

**Virginia Woolf**
Orlando
Les Vagues
Mrs. Dalloway
La Promenade au phare
La Chambre de Jacob
Années
Entre les actes
Flush
Instants de vie

---

IMPRIMÉ EN FRANCE PAR BRODARD ET TAUPIN
Usine de La Flèche (Sarthe).
LIBRAIRIE GÉNÉRALE FRANÇAISE - 6, rue Pierre-Sarrazin - 75006 Paris.

ISBN : 2 - 253 - 04796 - 1

30/6552/1